영화 매니아를 위한
스토리 체크 포인트

영화 구조론:
33포인트

남궁 영 지음

머리말

21세기 글로벌 시대에 각 국가들은 자국의 문화산업을 보호·육성하기 위해 정책적·경제적으로 역량을 쏟아 붓고 있다. 문화산업 중에서도 중심은 영상산업이 차지한다. 디지털 시대에 영상산업은 수많은 산업으로 분화하지만, 근본적인 분야는 영상텍스트 산업이다. 현대의 영상텍스트 제작 작업은 많이 변하였으나, 근본적인 영상문법과 기본적인 제작원리 등은 여전히 유효하다. 영화는 영상텍스트의 맏형으로서 구조의 원형을 간직하고 있으며, 모든 영상컨텐츠의 전범(典範)이다. 따라서 영화의 구조를 이해하고 습득하는 것은 실용적으로 절실할 뿐 아니라, 학문적 차원에서도 바람직하다고 하겠다.

영화는 100여 년 동안 나름대로 쓰고 읽는 문제를 해결해 왔다. 그런데 쓰고 읽는 기술적인 문제가 아니라, 텍스트로서의 쓰기와 해독의 문제라면 달라진다. 인류의 두뇌는 이미 수천 년 동안 문자 텍스트에 익숙해져 왔기 때문이다. 현재 인류는 영화텍스트를 쓰고 읽는 데 있어서, 문자텍스트처럼 구조적으로 인식하고 취급한다는 것이다. 다시 말해 영화텍스트를 쓰는 데 있어서, 영상을 그대로 사용하지 못하고 문자텍스트로 일단 설계하여 익숙한 구조로 만든 다음, 쓰기를 행한다는 것이다.

즉 우리는 영화텍스트 내러티브를 쓰고 읽는 데 있어서, 우선 문자텍스트 내러티브를 대하듯이 구조를 만들고, 읽을 때 역시 그 의미를 문자텍스트 구조의 힘을 빌려 해석을 한다. 그 이유는 사고를 하는 우리의 두뇌구조가 문자 텍스트에 익숙해져 있기 때문이다. 이렇게 영화텍스트를 인식할 때, 익숙한 문자텍스트 구조로 전환한 다음에 인식을 하는 행위는 두뇌에서 '인지의 분절(articulation of cognition)' 작용이 순간적으로 일어나기 때문이다. 우리가 순간적으로 이러한 교환과정을 의식적으로 행하는 것은 아니다.

현실적으로 영화 한편을 만들기 위해서는 먼저 문자적 사고와 구조를 가지고 있는 시나리오를 완성해야 한다. 시나리오는 문학적이지만 소설과는 다르다. 영상언어로 가는 중간단계라고 할 수 있다. 영화를 만드는 메이커들이 가장 먼저 심혈을 기울이는 첫 단계가 시나리오이다. 이러한 사실은 영상적으로 사고하고 표현하기 전에, 우리는 먼저 문자적으로 사고와 표현을 사전에 준비하고 점검해야 한다는 현실을 잘 말해주고 있다.

코로나 시기(2020년~2021년)에 천정 높은 줄 모르고 치솟던 넷플릭스의 인기는 정점을 찍고 하향중이다. 후발주자인 OTT플랫폼들도 야심차게 영화와 드라마를 제작하고 있지만 컨텐츠 제작사업은 고전을 면치 못하고 있다. 해외 OTT들이 독립 플랫폼을 만드는 것보다 국내 플랫폼과 제휴를 모색하는 것도 시장에서 자신이 없기 때문이다. 국내 영화시장 환경도 비관적이기는 마찬가지다. 한때 OTT시장에서 제작비를 충당하던 관례는 깨지고 있으며, 몇몇 메이저 제작사들의 독과점 현상은 날로 심각해지고 있다. 이러한 문제는 여러 곳에서 찾을 수 있겠으나 가장 근본적인 문제는 컨텐츠의 빈약함이다. OTT플랫폼에 들어가서 영화(시리즈물 포함)를 보려고 하면 막상 볼 게 없다는 것이 현실이다. 유명작들이야 이미 본 경우가 많고, 제목에 끌려서 선택했다가 후회한 경험이 있기 때문에, 리모콘을 이리저리 돌리다가 결국 포기하고 만다. 심하게 말하면 영화(드라마) 축에도 못끼는 쓰레기들이 넘쳐난다.

좋은 영화를 만들기 위해서는 여러 사정이 충족되어야 하지만 그중 하나는 좋은 비평이 있어야 한다. 좋은 비평을 위해서는 훌륭한 영화 분석이 선행되어야 한다. 이 책은 좋은 분석을 위해 좋은 도구들을 제시할 것이다.

영화분석 작업이 절실한 또 하나의 이유는 분석작업이 궁극적으로 영화의 창작에 도움을 준다는 사실이다. 영화 분석작업은 영화라는 조형물을 해체하는 작업이다. 나중에 다시 조립할 수 있도록 알기 쉽게 재료들을 배열해 놓아야 한다. 창작작업은 분석작업의 역순이 될 것이기 때문이다.

이 책에서 제시한 분석방법론을 가지고 영화를 제작한다면 좋은 영화를 만드는 필요충분조건은 아니지만 필요조건인 것만은 확실하게 느낄 것이다. 제작자는 시나리오 선별 작업에서부터, 이 책에서 제시한 도구들을 활용하여 요약하고 포인트를 찍어가다 보면 무엇이 부족하고 무엇이 과한지 금방 알아볼 수 있게 된다.

작가는 시나리오 구축단계에서부터 포인트에 맞추어 사건을 만들고 배치해 나가면 훌륭한 영화 설계를 할 수 있다. '33포인트'는 설계단계인 시나리오 창작부터 제작단계인 촬영에 있어서도, 각 장면과 샷의 용도와 목적을 명확히 할 수 있어서 연출과 카메라 운용에 도움을 준다. 그리고 최종 편집 과정에서 위력을 발휘하는바, '33포인트' 룰을 따르면, 시간과 전후 배치를 정확하게 할 수 있다.

또한, 이 책은 OTT드라마 메이커들에게 스토리와 시나리오를 분석하는 지침서가 될 것이다. 관객(시청자)은 영화텍스트를 이해하는 데 유용한 참고서가 되어, 영화를 선택하고 소비하는 데 도움이 될 것이다. 학생들에게는 영화텍스트를 공부하는 교재가 될 것이다.

이 책의 연구방법과 구성은 다음과 같이 이루어졌다. 이론연구에서는 구조주의 기호학에 입각하여 영화텍스트를 시간과 공간의 입체적 구조로 파악한다. 먼저, 이 책은 영화텍스트를 통합체로 분석하였다. 영화 스토리의 캐릭터, 막, 에피소드, 시퀀스, 씬, 샷, 프레임 등에 대한 기존의 연구들을 참조하여 필자가 개념을 정의하였다. 그리고 정립된 이론에 따라 영화텍스트의 구조성분을 파악한다. 나아가, 시간축으로서 '33포인트'를 제시하고 개념적 정의와 사례연구를 행하였다. 영화 〈알라딘, 2019〉, 〈기생충, 2019〉, 〈링컨차를 타는 변호사, 2011〉, 〈타이타닉, 1997〉 등과 OTT드라마 〈오징어 게임, 2021〉을 분석하였다.

이 책의 구성은 맨앞에 필자가 주장하는 '33포인트론'을 배치하였다. 그 이유는 독자들이 총론을 읽느라 시간을 뺏기고, 지루해서 막상 중요한 대목에서 초점을 잃거나 포기할까봐서이다. 그러므로 영화콘텐츠의 구조와 좋은 영화의 조건에 관심 있는 독자는 제1부만 읽어도 충분히 소기의 목적은 달성할 것이다. 그리고 이론이 궁금하다거나 더 공부하고 싶은 독자는 제3부에서 소개하는 이론을 읽으면 많은 도움이 될 것이다. 제4부는 이 책의 이론들을 적용한 영화분석 종합사례로서 〈타이타닉, 1997〉을 분석한 내용이다.

여기서 선보이는 분석도구들은 10여 년간 동아방송예술대에서 수업시간에 소개하고 학생들이 과제로 활용하면서 발전하고 검증되었다. 수업을 경청하고 열렬히 호응해준 학생들이 있었기에 이 책도 빛을 보게 되었다. 학생들에게 고마움을 표한다. 한편, 선행연구자들의 결과를 오독(誤讀)했거나, 이론적 오류가 있다면 그것은 전적으로 필자의 책임이다. 아무쪼록 이 책을 읽는 독자들이 좋은 영화와 드라마를 관람하고, 만들고, 이해하는 데 도움이 되었으면 한다.

차례

PART 01 33포인트론

PART 02 사례분석

PART 03 구조론

PART 04 통합체분석 종합 사례

PART 01

33포인트론

Ⅰ. 33포인트

1. 3막구조

아리스토텔레스는 『시학』 제7장에서 플롯의 구조를 논하였다. 비극은 완전(complete)하고 전체적(whole)이며 일정한 크기(a certain magnitude)가 있는 행동의 모방이라고 하였다. 여기서 전체라 함은 구성물이 처음(beginning), 중간(middle), 끝(end)으로 되어 있음을 뜻한다. 처음은 그 이전의 어떤 사건과도 인과적 관련이 없지만, 자연스럽게 다른 어떤 것이 다음에 있거나 온다는 것을 의미한다. 앞에는 없고 뒤에는 뭔가가 있는 시작 지점이다. 끝은 반대로 이전에는 어떤 사건이 있어서 그 뒤를 이어 필연에 의해 또는 보편적 법칙에 따라 자연적으로 생기지만, 그 어떤 다른 것이 뒤에는 따르지 않는다. 행동의 종료 지점이다. 중간은 앞에 있는 뭔가를 뒤따르고, 또 뒤에 뭔가가 잇달아 일어나는 것이다. 앞의 행동을 이어가고, 뒤에도 어떤 행동이 이어지는 가운데 지점이다. 그러므로 잘 고안된 플롯은 아무 데서나 시작하거나 끝나지 않고, 앞뒤가 잘 연결된 형태를 갖는다.[1]

어떻게 보면 단순한 이 시작 중간 끝이라는 단계가 아리스토텔레스가 주장한 '3막

1 박정자 역·해설, 아리스토텔레스의 시학, 인문서재, 2017. pp.79−81.

구조론'이다. 아리스토텔레스가 당시 상연되었던 희랍극들을 연구하여 발표한 극적구조의 본질이 2,300여 년이 지난 지금까지도 면면히 이어지며 위력을 발휘하고 있다. 현대의 드라마 역시 도입부(beginning), 중간부(middle), 결말부(end)로 구성되고 있기 때문이다.

아리스토텔레스의 '3막 구조론'은 논리학에서 흔히 제시하는 서론 본론 결론의 3단 논법에 상응하는 논리구조다. 이 같은 3단 구조는 인류가 구축해 온 지식의 체계이며 사물을 이해하는 구조적·탐색적·분석적 체계라고 할 수 있다. 3막구조는 다른 말로 설정, 갈등, 해결 단계이고, 이는 다시 발단, 전개, 결말 부분이라고 부를 수 있다.

영화텍스트 역시 이러한 희랍극의 전통을 이어받아 3막(ACT)[2]으로 구성되는 게 보통이다. 우리나라에서 1,000만 명 이상 관객을 동원하는 데 성공하였거나, 보통 대중적으로 사랑을 받은 영화들, 그리고 세계적으로 흥행에 성공한 할리우드의 유명 영화들은 대개 전통적인 3막 구조를 가지고 있다.

아리스토텔레스의 3막 구조에서 도입부는 설명부(exposition), 중간부는 분규(complication), 결말부는 해결(resolution)이다. 설명부에는 선동적 사건(incident)과 절정(climax)이 있으며, 이야기의 근거가 되는 선행 상황들에 대한 배경 설명이 있다. 관객이 이야기의 흐름을 파악하기 위해서 반드시 알고 있어야 하는 정보들이다. 따라서 이야기의 단서와 등장인물들이 소개된다. 아리스토텔레스는 도입부의 목적은 이야기를 설정(setup)하는 것이라고 하였다. 이야기의 전개에 대해 관심을 불러일으키기 위해서 몇몇 정보들이 관객에게 전달되어야만 한다. 이것을 설명부라 부르는데, 시간과 장소, 장르의 확립 그리고 주인공과 플롯의 단초에 대한 소개로 구성되어 있다. 영화의 도입부는 영화의 톤과 스타일을 확립하고, 관객이 이야기와 그 전개를 이해하기 위한 최초의 정보 제공이며, 기타 다른 구성요소들을 세우기 위한 토대를 마련하는 것이다. 분규(complication)는 갈등을 이루는 사건들로 구성된다. 아리스토텔레스에 의하면 사건들은 반전(peripety), 인식 또는 발견(anagnorisis), 그리고 그 결과로 느끼는 주인공의 비애감 또는 고통을 이루는 것들이다. 이런 사건들은 클라이막스를 지나 결말부에서 해결되고 여운을 가지며 끝을 맞는 구조다.

플롯은 선동적 사건(inciting incident)에 의해 시작된다. 이로 인해 현 상태의 균형이

2 ACT는 막(幕)과 상응한다. 어떤 책은 이에 해당하는 단위를 장(場)으로 표시하고 있다. 원래 Action은 Story와 같은 의미를 가지고 있었다고 한다. 본서는 텍스트 분석이 우선이므로 막(ACT)을 사용한다.

깨지고 주요 갈등과 액션이 촉매역할로 등장한다. 선동적 사건(인시던트)은 영웅(프로타고니스트)이 액션을 취해야 할 정도로 강력하고 극적인 상황을 만들어야 한다. 선동적 사건에 대한 반응(reaction)으로 취한 영웅의 액션은 메인플롯 라인을 이끌어가기 시작한다. 중간부는 대립으로 이어진다. 영웅은 선동적 사건에서 무너진 균형을 되찾기 위해 구체적인 행동을 취했기 때문에, 이제 여기서 외적·내적 문제들, 장애물, 분규와 반전의 맹렬한 공격을 받는다. 결말부의 요점은 해결이다. 플롯의 클라이막스가 이야기의 해결에 이르게 한다.[3]

제1막은 스토리를 셋업(setup)한다. 플롯과 캐릭터가 셋업된다. 등장인물 간의 관계와 상황을 설정한다. 이야기의 중심문제와 중심갈등, 이해관계가 확립된다. 주인공들인 영웅(protagonist)과 악당(antagonist)이 설정되고, 영웅은 스토리를 통해 성장해 간다. 영웅의 목적(want)과 결핍(need)이 확립되고, 이는 주인공이 영화 전편에 걸쳐 성취하고자 투쟁하는 것이다. 주요 캐릭터들의 욕망(need)이 제시되거나 적어도 암시된다. 주제의 전제(premis)들이 설정되고 논의가 시작된다.

중심 갈등의 씨앗은 가능한 한 신속히 뿌려야 한다. 갈등이 있어야만 관객은 집중할 수 있다. 우리는 본능적으로 갈등에 호기심을 갖고 있으며, 그 갈등이 어떻게 해결될지 궁금해 한다. 드라마(극)는 갈등 없이 존재할 수 없다. 우리가 사용하는 극(劇)이라는 말이 호랑이(범,虍)와 멧돼지(시,豕)가 다툰다(칼,刂)는 회의문자라는 데서도 알 수 있듯이 극(드라마)의 본질은 갈등이다.

드라마에서 의미는 등장인물들이 서로의 사건에 대해서 맺는 관계를 통해 발전된다. 때로는 서브플롯에서 인간관계가 구체화되기도 한다. 주인공은 영향을 주고받기 위해 다른 인물들과 상호작용할 수 있는 기회를 가져야 한다. 이를 통해 관객 역시 극중 인물들과 관계를 맺고 더 깊이 참여하게 된다. 우리는 인간들 간의 관계와 행위에서 의미를 찾고 주제를 유추하기 때문이다. 따라서 뛰어난 영화는 요점, 통일된 아이디어, 주제가 있고, 우리는 그것을 찾을 수 있다.[4]

제2막은 드라마의 캐릭터와 사건들이 얽히고설키면서 갈등이 고조되고 액션이 상승한다. 도입부에서 시작된 갈등이 명명백백하게 드러나기 때문이다. 대립되는 세력 간의

---

3 린다 카우길, 이문원 역, 시나리오 구조의 비밀, 시공아트, 2010, pp.23－24.
4 린다 카우길, 위의 책, p.29.

투쟁이 벌어진다. 사건이 전개되면서 갈등이 캐릭터를 압박하게 된다. 등장인물들이 누구이며 무엇을 지지하는지를 알게 되고 이해하게 된다. 곳곳에 장애물이 등장하여 영웅의 목표를 가로막고 저지한다. 영웅은 기존의 입장을 고수하기가 불가능해지고, 변화하면서 새로운 방향을 모색한다. 갖은 고생 끝에 영웅은 목표를 달성한다. 그러나 영웅의 임무는 완수된 것이 아니다. 영웅을 시기하고 방해하는 적들이 아직 살아 있어 언제나 그것을 무위로 돌릴 수 있기 때문이다.

중간부인 제2막은 장애물, 분규, 반전, 서브플롯, 위기, 클라이막스로 구성된다. 장애물은 악당이 나타나서 하는 물리적인 방해는 당연한 것이고, 영웅이 정서적으로 겪는 내적·심리적 문제도 해당된다. 또는 종교적이거나 초자연적인 어떤 힘 같은 것도 영웅이 극복해야 할 장애물이다. 분규는 직접적으로 위해를 가하지는 않지만 장차 액션의 변화를 야기시킬 수 있는 갈등이다. 주인공들이 예기치 못한 상황에 맞닥트릴 때 발생한다. 관객은 보통 분규에 대한 주인공의 반응을 예상하는데, 예측이 불가능할 때 긴장이 발생한다. 반전은 액션이 새롭고 예기치 못한 방향으로 전개되는 것이다.

제3막은 마지막으로 영웅과 악당이 피의 결투로 승부를 결정짓는다. 영웅과 얽힌 갈등과 문제들이 해결된다. 비로소 영웅은 임무를 완수하고 주제가 확정된다.

조셉 캠벨 역시 신화연구에서 신화 속 영웅이 떠나는 모험의 여정을 크게 3단계로 나누었다. 제1단계는 '출발(Departure)', 제2단계는 '입문(Initiation)', 제3단계는 '귀환(Return)'이다.[5] 세상의 모든 신화의 주인공들인 영웅은 자기가 살고 있는 세상을 구하기 위해서, 또는 우주적 진리를 찾아서 여행을 떠나서, 갖은 고생 끝에 이를 성취하고, 떠났던 곳으로 귀환해 자기가 구한 바를 세상 사람들과 나눈다. 이처럼 영웅은 출발, 성취, 귀환의 모험 과정을 겪게 되는데, 이는 곧 3막구조와 같은 단계이다.[6]

3막구조에서 제2막은 미드포인트(Mid Point)를 중심으로 앞부분과 뒷부분으로 나누어진다. 따라서 3막구조는 영화에서 보통 내용상 4부분(막)으로 이루어진다. 보통 120분(100%) 길이의 영화라고 할 때, 산술적으로 30분(25%)씩 4부분으로 구성된다. 제1막이 30분을 차지하고, 이어서 제2막 앞부분이 30분, 그리고 중심점(MP)을 기준으로 제2막 뒷부분이 30분, 제3막이 30분 등이다. 그러므로 한 영화는 보통 4단계(막, 부분)로 이루어진

5 Joseph Campbell, *THE HERO WITH A THOUSAND FACES*, 3rd edit., New World Library Novato, California, 2008. pp.41－210.

6 조셉 캠벨·빌 모이어스, 이윤기 역, 신화의 힘, 이끌리오, 2006. p.248.

다고 볼 수 있다. 현대 영화 텍스트의 경우는 스피드 시대답게 영화 전체 길이가 점점 짧아지고 있으며, 특히 제3막이 짧아지며(15분 내외) 빠른 종결을 시도하고 있다. 제1막 역시 짧아지고 있어서, 영화 시작과 함께 바로 인시던트가 나오고 소명도 거부와 수용 절차 없이 영웅이 곧장 행동으로 옮기는 경향이 있다. 전개 또한 군더더기 없이 단순한 사건들로 영웅이 여정을 떠나도록 유도한다.

2. 33포인트

(1) 포인트

포인트(point)라는 용어의 의미는 두 가지가 있다. 첫째는 **요소**(要所)로서 중요한 위치(at important points, positions)에 중점을 둔 개념이다. 영화 스토리상에서 특히 시나리오상에서 중요한 위치에는 반드시 중요한 영화적 장치가 존재한다는 의미이다. 둘째는 요소(要素)로서 영화 **스토리**, 특히 시나리오를 구성하는 **요인**(component, element, requisite)을 의미하는 개념이다. 요소로서의 포인트는 어떤 목적에 필요한 구성 요인(factor)을 의미한다. 결국 포인트는 영화텍스트(시나리오)의 구조(structure)에서 중요한 위치(요소, 要所)에 놓여 주요한 역할을 하는 요소(要素, elements)라고 정의할 수 있다. 따라서 포인트는 한 **지점**을 나타내기도 하고, 그 지점에 존재하는 요소가 덩어리(일정부분)를 이루고 분포할 수도 있다. 포인트는 일정 시점에서 어떤 내용이 특정한 **기능**(function)을 하는 것을 일컫는다. 필자가 계속해서 설명하는 개념들을 숙지하면 포인트에 대하여 보다 친숙하여지고, 나름대로 정의를 내릴 수 있을 것이다.

(2) 33포인트 개요

스토리는 영웅과 관객을 특별한 세계로 이끄는 여행이다. 이야기의 진실은 행동이나 말로 표현하지 않은 채 플롯에 의해서 스스로 드러나게 한다. **드라마**는 서서히 고통스럽게 드러나는 비밀에 관한 것이라고 할 때, 스토리는 겹겹이 에워싼 꺼풀(방어벽)을 하나씩 벗겨내며, 깊은 상처가 있는 비밀을 드러내는 것이다. 그러므로 스토리 전개는 차근차근 설명되며 마지못해 조금씩 드러나게 된다.

영웅이 새로울 것이 없는 일상에서 새롭고 낯선 미지의 특별한 세계로 **여행**함으로써, 관객도 그 여행에 동참하게 된다. 영웅의 일상에서 문제와 갈등이 제시된다. 특별한 세계의 전조(前兆)로서 복선(伏線)이 설치되기도 한다. 스토리는 영웅에 대하여 끊임없이 질문을 제기한다. 영웅은 어떤 사람일까? 우리의 주인공(영웅)이 목표를 달성할 수 있을까? 시련을 견뎌낼 수 있을까? 사건에 대한 영웅의 감정은 어떨까? 이러한 질문이 제기되었을 때, 관객의 감정이 이입된다. 관객은 영웅이 시련들을 잘 극복하면서 배우고 성장하여 문제를 해결하기를 기대한다.[7]

크리스토퍼 보글러는 그리스 로마 신화에서 비롯된 이야기의 주인공을 '영웅'이라 보고, 이야기 구성에서 영웅은 12단계의 **여정**을 겪는다고 하였다. 그것은 영웅의 ① 일상 세계, ② 모험에의 소명, ③ 소명의 거부, ④ 정신적 스승과의 만남, ⑤ 첫 관문의 통과, ⑥ 시험단계(협력자, 적대자의 등장), ⑦ 동굴 가장 깊은 곳으로의 접근, ⑧ 시련단계, ⑨ 보상, ⑩ 귀환의 길, ⑪ 부활, ⑫ 영약을 가지고 귀환 등이다. 크리스토퍼 보글러는 캠벨의 영웅적 서사를 12단계로 나누어 고찰한 것이다.[8] 필자는 그 단계를 더 상세히 나누고, 카우길이 주장한 5포인트[9]를 확장한 8포인트[10]를 합하여 새로운 '**33포인트**'의 구조를 주장한다.

필자가 단계라 하지 않고 포인트(지점)라고 한 이유는 보글러가 영웅이 겪는 여정의 과정을 중심으로 나누었다면, 본인은 영웅이 나아가는 여정의 각 단계별 주요 지점(위치)을 중심으로 보았기 때문이다. 따라서 33포인트는 드라마 전개상의 물리적 지점이다. 구체적으로 어떤 **변곡점**을 지시한다. 그리고 어떤(포인트 이름) 기능을 하는 **덩어리**(lump)나 **마디**(node)를 의미한다. 각 막이 끝나는 정확한 타임 역시 포인트에 포함된다. 필자가 제시한 33포인트를 스토리 전개 순서대로 정리하면 다음과 같다.

제1막은 ① 오프닝으로 시작하여, ② **일상** 세계, ③ **인시던트**가 발생하고, ④ 전령이 소명을 전달하지만, 영웅은 이를 **거부**한다. ⑤ 멘토의 충고로 영웅은 **소명**을 받아들이게 된다. ⑥ 제1막의 사건(시퀀스)들이 **전개**되며, ⑦ 제1막의 **클라이막스**가 나오고 스토리는 ⑧ 다음 세계로 **넘어가며**, ⑨제1막이 **끝나게** 된다.

---

7 크리스토퍼 보글러, 함춘성 역, 신화 영웅 그리고 시나리오 쓰기, 비즈앤비즈, 2013. pp.128－130.
8 크리스토퍼 보글러, 함춘성 역, 위의 책, pp.123－270.
9 린다 카우길, 이문원 역, 앞의 책, pp.53－68.
10 김무규 외, 영상이론과 실제, 커뮤니케이션북스, 2012. p.89.

제2막에서는 영웅이 지금까지 겪었던 세상과는 전혀 다른 세계가 펼쳐진다. ⑩ 다른 세계로 들어가는 길목에서 영웅의 진로를 방해하는 **수문장**이 나타난다. 영웅은 이 자를 꺾음으로써 앞으로 나아갈 수 있고 지혜도 는다. ⑪ 영웅은 계속해서 영웅으로서의 자질을 **시험**당한다. 갖은 시험 단계가 두세 차례 이어지고, 영웅은 이를 극복하면서 점점 강해지고 능력이 향상된다. 관객은 영웅이 이렇게 발전하는 모습을 보며, 장차 있을 악당과의 대결에서 영웅을 믿게 된다. ⑫ 전반부 **클라이막스**라고 할 수 있는 중대 사건이 터지고, ⑬ 휘몰아친 사건은 잠시 **숨을 고른다.** ⑭ 악당의 소굴에 들어간 영웅은 악당을 만나기 전, 또 한 번 부하들에 의해 **응접실**에서 대기해야 한다. 대전환을 앞에 두고 긴장감이 흐른다. ⑮ 드디어 영웅은 악당과 **맞닥트린다.** 이 지점이 스토리의 **중간부분**이며, 스토리의 큰 물줄기가 **대전환**을 이루는 지점이다. 악당과의 결투에서 악당에게 치명상을 입히거나, 또는 영웅 자신도 심각한 손상을 입고 소굴에서 벗어난다. ⑯ 이후 영웅은 **시련**이 연속된다. 2막 전반부에서 영웅으로서의 자질을 시험당했다면, 후반부에서는 영웅이기 때문에 악의 세계로부터 시기와 질투, 견제 속에서 갖은 시련을 겪게 된다. ⑰ 온갖 시련 속에서 영웅의 앞길이 꽉 막혔을 때, 뜻밖에 **도움**의 손길이 뻗친다. ⑱ 하늘의 도움을 받아 영웅은 악당에게 **승리**한다. ⑲ 영웅은 적을 제압하고 소기의 목적을 달성한다. **영약**을 구한다든지, 보검을 손에 쥐게 된다. ⑳ 승리한 영웅 일행은 승리를 축하하는 **캠프파이어**를 벌인다. 논공행상이 이루어지고, 때로는 전리품을 놓고 다투기도 한다. ㉑ 이때쯤 치명상을 입고 겨우 목숨을 부지한 채 달아났던 악당이 절치부심 복수를 위해 반격을 준비할 것이다. 따라서 영웅은 승리에 취해 머뭇거릴 때가 아니다. 구한 영약을 가지고 고향으로의 **귀로**에 오르든지, 안전한 곳으로 이동해야 한다. 어쨌든 영웅은 악당으로부터 **도피**해야 한다. ㉒ 그래서 영웅은 다음 세계로 **넘어가게** 된다. ㉓ 이렇게 제2막이 **끝난다.**

제3막은 또 다른 세계가 전개된다. 영웅은 이전과는 달리 영약도 구했고, 그만큼 강해지고 세상 이치를 깨달았기에 현명해졌다. ㉔ 그러나 죽은 줄 알았던 악당이 다시 살아나서 또는 그보다 더한 빅브라더 악당이 나타나서 영웅을 **추격**해온다. 이전보다 더욱 강해진 악당의 추격을 피해 영웅은 필사의 도망을 해야 한다. ㉕ 한시가 바쁜 영웅의 앞길을 가로막는 수문장이 나타난다. 악당이 직접 나타날 수도 있다. 목숨을 걸고 덤비는 악당에게 거의 **죽을 지경**에 이른 영웅은 회복 불능의 상태에 빠진다. ㉖ 거의 죽음 직전에 이른 영웅은 어떤 계기를 통해 **부활**한다. 멘토가 나타나 도와줄 수도 있고, 전혀 예기치 않은 협조자의 도움을 받아 목숨을 건진다. ㉗ 그리고 마지막 혼신의 힘을 다해 악당과 겨룬다. 드디어 영웅은 악당을 **처단**하는 데 성공한다. 여기서의 처단은 악당을 제압하는 데 성공한 것이다. ㉘ 제압당한 악당은 죽음에 이르던지 항복을 하고, 영웅은 **승리를 선언**하게 된다. 이때 관객은 스토리의 주제를 느끼게 된다. 이제 임무는 끝나가고, 소명은 완성 단계에 이른다. ㉙ 영웅은 잠시 숨을 돌리고 관객과 영웅은 **여운**을 만끽한다. ㉚ 영웅은 악당에게서 도로 찾은 영약이나 보물을 갖고 **귀환**한다. ㉛ 수많은 난관과 온갖 여정을 겪고 귀향한 영웅은 그를 기다리는 사람들과 해후하고 영약(교훈, 깨달음)을 **함께 나눈다.** ㉜ 영웅의 후일담 등 **에필로그**가 이어진다. ㉝ 제3막이 **종료**되고 영화는 끝나게 된다. 이를 표로 제시하면 다음과 같다.

•• 3막 33포인트

	제1막	제2막	제3막
포인트	P.1. 오프닝 P.2. 일상 P.3. **인시던트** P.4. 소명/거부 P.5. 멘토/수명 P.6. 전개1,2,3 P.7. **1막 CM** P.8. NTW P.9. **제1막 끝**	P.10. 시험1,2,3 P.11. 수문장 P.12. 2막앞CM P.13. 쉬어가기 P.14. 응접실 P.15. MP**(Mid Point)** P.16. 시련1,2,3 P.17. 천우신조 P.18. 승리/**2막 뒤 CM** P.19. 영약 P.20. 캠프파이어 P.21. 도망 P.22. NTW P.23. 제2막끝	P.24. 추격 P.25. 죽음직전(수문장) P.26. 부활 P.27. 처단 P.28. 승리/**3막 CM** P.29. 여운 P.30. 귀향 P.31. 홍익인간 P.32. 에필로그 P.33. **제3막 끝**

관객의 상상력을 사로잡는 데 성공한 영화들은 이러한 요소들의 대부분을 어떤 본질적인 방식으로든 재현하는 경향이 있다. 비록 영화가 설정이나 주제 측면에서 명백히 신화와는 상관없는 이야기를 한다하더라도, 영화는 어차피 주인공의 영웅적 이야기를 하는 텍스트이기 때문에, 완전히 관객을 사로잡을 힘을 가진 공통적인 원형적 요소들을 표현하는 경향이 있다.[11]

33포인트 중에서 물리적 지점은 각 막의 끝지점들(P9, P23, P33)이다. 이들 포인트는

11 윌리엄 인딕, 유지나 역, 시나리오 작가를 위한 심리학, 인벤션, 2018. p.240.

막이 끝나는 정확한 시각을 표시하면 된다. 나머지 포인트는 그 위치에서 내용상 포인트 이름의 기능을 하는 마디 또는 덩어리라고 할 수 있다. P3은 스토리 전개상 '인시던트의 기능'을 하는 포인트이다. 이 위치에서 도발적 사건이 전개된다. 도발적 사건은 또는 선동적 사건은 짧은 씬일 수도 있고, 여러 씬들에 걸쳐서 하나의 시퀀스가 전개될 수도 있다. 심지어는 대사 속에서 짧게 제시될 수도 있다. P15는 중간부분에서 'MP의 기능'을 하는 스토리 내용이 나온다. 영웅과 악당이 조우하는 장면이다. P31은 '홍익인간의 기능'을 하는 내용이 위치해서, 영웅이 구해온 영약을 먹고 고향 사람들의 병이 낫는다든지 영웅이 모험에서 얻은 결과를 백성이 향유하는 내용이다. 분석을 행할 때는 각 포인트의 마디가 시작되는 지점의 시각을 표시해준다. 포인트의 마디가 끝나는 시각을 함께 표시해주어 포인트의 지속시간을 알려줘도 좋다. 굵은 글씨는 3막8포인트[12]이다.

---

12 김무규 외, 앞의 책, p.89.

Ⅱ. 33포인트 해설

33포인트(33points)의 개념을 설명한다. 독자의 이해를 돕고자 사례로 연구한 영화들은 〈알라딘, 2019〉 〈기생충, 2019〉 〈타이타닉, 1997〉 〈링컨차를 타는 변호사, 2011〉 〈오징어 게임, 2021〉 등이다.[1] 사례 연구결과는 2부에 따로 제시하였다.

P1. 오프닝

오프닝(openning)은 영화(스토리)에서 관객의 호기심을 불러일으키는 리드 부분이다. 관객에게 영화 속의 세계로 여행을 떠나자고 제안한다. 관객이 경험하지 못한 미지의 세

1 〈알라딘, 2019〉 〈기생충, 2019〉은 우리나라에서 흥행에 성공한 1,000만 관객 영화이고, 〈타이타닉, 1997〉은 세계적으로 가장 많은 관객을 확보한 영화로 알려져 있다. 〈링컨차를 타는 변호사, 2011〉는 저자가 2012년 공저 《영화이론의 실제》에서 사례로 제시한 영화인데, 이번에 더 자세하게 33포인트의 사례로 들게 되었다.

계로 안내하는 첫인상이다. 주로 이미지 위주의 영상이 제시되며 본 이야기를 은유(메타포)하게 된다.

오프닝의 이미지는 스토리의 분위기를 대변한다. 스토리의 전개 방향을 알 수 있고, 주제가 암시되며, 앞으로 닥칠 문제에 대해서 관객이 마음의 준비를 하도록 시킨다. 오프닝에서는 스토리의 배경에 필요한 것이 제공되며, 스토리를 이해하는 데 필요한 설명이 진행된다.

오프닝은 서사적으로 시작하는 경우도 있다. 이를 프롤로그라 하며, 이야기를 시작하는 머리말에 해당한다. 물리적으로 영화의 첫 번째 장면이지만 이야기 본체와는 격리된 별개이다. 드라마가 시작되기 이전에 보여주는 씬으로서 메인 타이틀이 뜨기 전에 소개된다.

▲ 타이틀

영화의 제목이 나타난다. 현대적 영화의 경우 다양하고 화려하게 움직이는 CG를 활용하여 타이틀을 제시하고 있다. 타이틀의 로고 형태와 제시되는 방법, 비주얼, 그리고 BGM 등이 본 영화의 장르 또는 특성을 암시하는 경우가 많다. 어떤 영화는 오프닝 구분이 없이 바로 타이틀이 제시되고 시작하는 경우도 있다.

제목은 메타포에 영향을 미치고, 메타포는 관객이 흥미를 가지고 곧이어 체험하게 될 스토리에 적응할 수 있게 해준다. 제목은 작가의 관점과 스토리의 본질을 알 수 있는 중요한 단서가 된다. 주인공인 영웅과 그가 처한 세계의 상황을 알려주는 다층의 다양한 메타포 역할을 한다.[2]

P2. 일상

영웅이 살아가는 일상(日常)의 세계이고 발을 딛고 있는 현실계이다. 영웅의 일상이 그려진다. 영웅이기 이전에 평범한 한 시민으로서 살아가는 모습, 또는 맡은 바 임무를 성실히 수행하는 보통 인간의 모습이 보여진다.

영화 스토리를 영웅과 관객을 특별한 세계로 이끄는 여행이라고 할 때, 영웅을 새로

2 크리스토퍼 보글러, 함춘성 역, 앞의 책 pp.124-125.

울 것이 없는 일상에서 새롭고 낯선 미지의 특별한 세계로 여행케 함으로써, 관객에게도 그 여행에 동참하는 기회를 제공하는 것이다. 영웅의 일상에서 문제와 갈등이 제시되고, 특별한 세계의 전조(前兆)로서 복선(伏線)이 제시되기도 한다.[3]

P3. 인시던트

인시던트(Incident) 포인트는 선동적 사건이며 촉매, 촉발(trigger)의 역할을 한다. 즉 영화 스토리는 인시던트를 시발로 하여 여러 사건들이 연쇄적으로 일어나게 된다. 영웅(프로타고니스트)이 이 사건에 동기되며(motivated) 소명으로 나아가게 된다. 한편, 인시던트 포인트는 영웅의 일상을 깨는 도발적 사건이다. 영웅은 이 사건으로 말미암아 일상의 질서가 무너지고 평정심을 잃게 된다. 도발적 사건은 영웅의 삶을 송두리째 흩어놓는다. 영웅의 삶에서 코를 꿰는 사건이 터지는 것이다. 영웅은 자의든 타의든 이 사건에 연루되어 더이상 평범한 일상을 영위할 수 없게 된다. 영웅은 스스로 나서던지 떠밀리든지 깨어진 질서를 회복하고자 하는 운동에 휘말리게 된다.

인시던트의 위치는 '7분 룰[4]'이 보통이며, 현대극은 3분 내외에서 점점 일찍, 강하게 충격적으로 터지는 경향이 있다. 인시던트 포인트는 장르에 따라 다르기는 하지만 종종 비주얼, 음향효과 등을 동반하는 충격적 사건으로 제시된다. 또는 스토리가 영웅에게 사명을 주거나, 무언가의 상실, 결핍 그리고 필요(needs)의 형태로도 나타난다.

인시던트의 기능은 도발적 사건이 영웅의 삶을 옭아매어 옴짝달싹 못하게 만들고, 영웅은 모험을 떠날 수밖에 없는 상황이 된다. 여기서 중심갈등이 구축되며, 영웅의 문제와 구체적 목표가 제시되고, 관객은 영웅의 임무달성이 궁금해진다.

인시던트는 갑자기 찾아오며, 영웅이 인식하지 못하는 상황에서 자연스럽게 발생한다. 아니면 영웅의 일상에서 이미 벌어지고 있어서 어쩔 수 없이 주인공이 그것을 안고 가야만 하는 숙명적 사건이다. 도발적 사건은 역동적이고 충분히 발전된 사건의 모습으로 발생해야 한다. 이 말은 사건이 말 그대로 영웅의 삶을 흔들어 놓을 정도로 도발적이어야 한다는 것이다. 그로 인해 영웅의 삶을 주도해온 가치가 긍정적이든 부정적이든 어

3 크리스토퍼 보글러, 함춘성 역, 앞의 책, pp.128–129.

4 영화 시작하고 나서 7분 이내에 도발적 사건이 크게 터져야 관객을 붙들어 놓을 수 있지, 그렇지 않으면 관객의 흥미를 끄는 데 실패한다는 규칙이다.

떤 방향으로 크게 움직이게 된다. 도발적 사건은 영웅의 삶의 질서를 급격하게 뒤흔들어 놓는다. 이때 영웅은 도발적 사건에 대해서 반응해야 한다. 그러므로 도발적인 사건이 먼저 영웅의 삶의 질서를 깨트리고, 다음에는 영웅이 깨진 질서를 회복하고 싶은 욕망을 불러일으켜야 한다. 또한 도발적 사건은 영웅의 의식적 욕망(wants)뿐만 아니라 무의식적인 욕망(needs) 또한 자극한다. 영웅은 이 두 가지 욕망이 내부에서 갈등을 빚기 때문에 고통을 받는다.[5]

도발적 사건은 영웅이 '부지불식간에 저지르는 실수(A Blunder by the merest chance)'에 기인할 수도 있다. 그런데 그런 실수들은 우연히 생긴 것이 아니다. 프로이드가 밝혔듯이, 영웅의 욕망(desires)과 갈등(conflicts)이 억압된 결과로 나타난 것이다.[6] 어쨌든 이 사건으로 인해 영웅은 모험의 여정을 떠나야만 한다.

P4. 소명 · 거부

소명(召命)은 하느님으로부터 부여받은 영웅의 사명(使命)이다. 영웅은 인시던트로 인해 도탄에 빠지거나 피해를 입은 백성들을 구원할 소명을 부여받는다. 즉 도발적 사건으로 인해 무너진 질서를 회복하고 평화를 구현할 임무를 지게 된다.

소명의 형태는 메시지로 나타나든지, 사자(使者), 전령(傳令) 등의 메신저가 가져오며, 각성이나 꿈, 환타지, 계시(啓示) 또는 메타포 등으로 나타나기도 한다.[7] 영웅의 목표가 제시되고, 위험이 설정된다. 소명을 나르는 전령의 등장은 자아의 각성(the awakening of the self)을 암시한다. 소명은 정신적 통과의례를 수반한다. 지금까지의 삶의 양식과 정서는 몸에 맞지 않는다. 바야흐로 삶의 지평의 문턱을 넘어야 할 때가 도래한 것이다.[8]

신화에서는 소명을 둘러싼 전형적 환경이 나온다. 깊은 숲속(the dark forest), 큰 나무(the great tree), 졸졸 흐르는 샘물가(the babbling spring) 등에서 소명을 받고, 운명의 힘을 나르는 전령(the carrier)은 혐오스럽고 못생긴 외양이다. 이러한 장면들은 세계의

5 로버트 맥기, 고승범 · 이승민 옮김, 시나리오 어떻게 쓸 것인가(STORY), 황금가지, 1997. pp.279－285.

6 Joseph Campbell, *op. cit.*, p.42.

7 크리스토퍼 보글러, 함춘성 역, 앞의 책, p.145.

8 조셉 캠벨, 이윤기 역, 세계의 영웅 신화(*The Hero With a Thousand Face*), 대원사, 1996. p.54.

배꼽(the World Navel)을 상징한다.[9]

영웅은 소명을 받았을 경우 선뜻 받아들이고 행동에 나서기도 하지만, 대부분의 경우 반신반의하고 망설이거나 거부하게 된다. 왜냐하면 영웅은 일반사람들과 다름없이 일상을 영위하는 보통사람이기 때문이다. 거부는 명백한 거부일 수도 있지만 소명을 제대로 깨닫지 못하거나 오해하여 무관심할 수도 있다. 소명을 접한 영웅이 어떻게 처신할지 모르거나 주저하거나 두려움에 떨 수도 있다. 결단을 못 내리고 우유부단한 영웅일 수도 있고, 자신의 능력을 과소평가하고 소명을 회피할 수도 있다. 소명을 회피하기 위해 벌이는 갈등도 흥미롭게 전개된다. 소명을 피하려다 더 큰 재앙을 만나고 결국 꼼짝없이 소명을 받아들일 수밖에 없는 처지에 놓이기도 한다.

소명을 스스로 받아들이고 자진해서 모험을 떠나는 자발적 영웅이 있는 반면에 타의에 의해 억지로 사명을 지는 피동적 영웅도 있다. 자발적 영웅이라도 두려움이 앞서며 자신의 능력을 의심하고 주저하게 마련이다. 영웅 대신 다른 인물이 모험의 여정에서 발생할 위험이나 난관에 대해 말하기도 하고 두려움을 대신 표현하기도 한다.

보통 소명을 전달받은 영웅은 일단 거부하게 된다. 왜냐하면 지금까지의 삶이 큰 대과 없이 소중했으며, 변화를 싫어하고 두려워하는 것은 인간의 본능이기 때문이다. 이때 멘토가 나타나 주인공을 설득하는가 하면, 어떤 동기를 마련해준다.

한편, 소명거부의 변주들이 존재한다. 영웅이 소명을 따르려 하나 상황적·물리적으로 불가능하게 되는 경우도 있다. 이러한 경우는 영웅이 소명을 따르고자 하나 행위 불가능인 상태가 된다. 그러므로 소명을 따르기 위해서는 불가능한 상태가 해소되어야 한다. 소명을 받아들이기 불가능한 상태는 소명을 거부하는 것의 변주라고 보고 같은 포인트 기능에 포함시켰다. 또한 소명에는 반소명(反召命)도 존재한다. 반소명이란 영웅에게 처음부터 소명을 하지 말 것을 주문하는 경우이다. 이때에 소명거부는 결국 영웅이 소명을 받아들이는 게 된다.

---

9 Joseph Campbell, *op. cit.*, p.43.

수명(受命)은 소명을 받아들이는 것이다. 영웅이 처음부터 소명을 받아들이는 경우도 있으나, 대부분 망설이거나 잘 깨닫지 못하고 회피하는 경우에, 멘토가 등장하여 영웅을 설득하거나 충고하게 된다.

멘토(Mentor)는 오디세우스의 아들 텔레마코스를 훈육시킨 인물이다. 영웅을 가르치고 보호하며 재능을 부여한다. 영웅이 소명을 깨닫지 못하고 받아들이지 못할 때 멘토가 등장하여 격려와 지도편달을 하게 된다. 멘토는 이미 영웅이 겪을 바를 훤히 꿰뚫고 있으며, 영웅의 심리적 상태도 충분히 이해하고 있다.

멘토는 조셉 캠벨이 '초자연적 조력(Supernatural Aid)'이라고 명명한 단계에서 나타나는 노파나 노인이다. 영웅이 여정에서 만나는 첫 번째 보호자인 이들은 모험의 여정에서 영웅이 맞닥트릴 용의 괴력을 물리치고 지나갈 부적(amulets)을 준다.[10]

멘토가 구체적 인물이 아니라 내면화되어 나타나기도 한다. 안내자가 필요 없을 정도로 경험이 풍부하고 강인한 영웅에게는 스승의 원형이 내면화되어 있다. 책과 소도구가 내재화된 대상이 되기도 하여 영웅에게 능력을 부여한다. 꿈에서 계시를 받기도 하고, 종교적 영적 체험을 한다든지, 어떤 계기로 스스로 깨닫는 경우도 있다. 이런 경우는 멘토가 따로 존재하지 않고 영웅의 자아가 멘토가 된 셈이다. 멘토는 때로 다른 캐릭터의 모습으로 나타나기도 한다. 변신자, 익살꾼, 경쟁자 등이 멘토의 가면을 쓰고 나타나 영웅에게 다가간다. 따라서 멘토라는 고정된 캐릭터가 존재하지 않는다면, 멘토역을 누가 수행하는가를 보고 판단할 일이다. 여러 캐릭터가 복수로 멘토역을 할 수도 있고, 멘토가 다른 캐릭터 역할을 겸할 수도 있다. 멘토의 가르침과 우여곡절을 겪은 영웅은 비로소 소명을 받아들이게 된다. 최근 영화에서 특히 액션 영화에서는 소명의 거부 없이 즉각적으로 영웅이 소명에 뛰어들기도 한다.

소명을 깨닫고 받아들인 영웅은 모험의 여정에 오른다. 영웅들은 누군가에 의해 내몰리거나, 간절한 설득, 감언이설에 속아서, 유혹에 빠져서, 외적 강제에 의해 모험에 들어서기도 한다. 여행을 떠나는 영웅은 세 종류가 있다. 먼저 스스로 모험을 선택한 영웅이다. 자신이 살고 있는 세계를 구원하기 위해서 자발적으로 생사를 알 수 없는 길을 떠

10 Joseph Campbell, *op. cit.*, p.57.

나는 영웅이다. 반면에 자신의 의사에 반하여 여행길에 던져지는 영웅도 있다. 원하지는 않았지만 의무감으로 생사의 고난을 넘나드는 모험을 해야만 한다. 세 번째는 자신이 무엇을 하는지 모르고 있다가, 또는 어쩌다보니 문득 모험 길에 들어섰고, 자신의 변모하는 모습을 보면서 영웅이 되어가는 경우이다.[11]

P6. 전개

전개포인트는 소명을 받아들인 영웅이 사명을 따라 모험에 나서기 전에 겪는 일련의 사건들이다. 전개부분이 시간상으로는 제1막에서 차지하는 비중이 제일 많다. 사건은 보통 3개 정도 내외로 시퀀스들을 구성한다. 런닝타임이 긴 영화이거나 시리즈물은 이 전개포인트가 3개 이상 여러 개로 구성된다. 단편영화는 이 전개포인트가 1개의 시퀀스로 구성된 것이다.

영웅이 멘토로부터 기술을 전수받거나 공여자로부터 전권을 위임받고 주변을 정리하며 모험을 떠날 준비를 한다. 소명을 따르기로 한 영웅은 이제 머나먼 여정에 나서야 한다. 그것은 악당을 쫓아가서 보물을 탈환하거나, 납치된 공주를 구해야 하는 험한 여정이 될 것이다. 전개 부분은 영웅이 여정을 떠나기 전 준비하는 과정이다. 악의 세력들은 영웅이 소명을 전달받고 받아들이는 단계에서부터 모험을 떠나기까지 매 순간 영웅을 방해하고 괴롭힌다.

전개 부분은 또한 배경 스토리가 있을 경우 친절하게 설명해줘야 할 시간이다. 2막으로 넘어가기 전에 관객이 알고 있어야 할 사건 사항들을 보여준다. 그리고 대략적인 스토리 전개와 복선 등이 설치되어 눈치 빠른 관객은 앞으로 이어질 스토리를 짐작하게 된다. 그러나 능력 있는 영화작가는 영리한 관객의 예상을 깨고 허를 찌르는 두뇌싸움을 벌일 준비를 하여야 한다.

P7. 제1막 CM

제1막의 절정포인트다. 영웅이 모험을 떠나기 전 전개되는 사건의 CM(climax)가 나

11 조셉 캠벨 · 빌 모이어스, 이윤기 역, 앞의 책, p.238.

타난다. 액션이 급박하게 상승되며, 액션이 멈춘 후 정적상태(silent)의 감정적 고조 시간을 포함한다. 그리고 결말부분이 이어져 이야기의 매듭을 짓게 된다. 영웅은 더 이상 지체할 수 없다. 이 지점에서 영웅은 다음 세계로 떠밀려가게 된다.

P8. NTW

NTW(Next to The World)는 영웅이 다음 세상으로 넘어가는 포인트다. 여기가 전환점(plot point, turning point)이다. 모험의 여정을 떠난 영웅은 위험이 더 많은 특별한 세계로 진입하게 된다. 영웅은 돌아오지 못할 다리를 건너간다. 다음 세계는 영웅이 지금까지 경험해보지 못한 특별한 곳이며, 미지의 사건들이 영웅을 기다리고 있을 것이다.

우리가 신화적 영웅의 여행에서 '모험에의 소명(call to adventure)'이라고 부른 것은 운명이 영웅을 불렀고, 영웅은 정신적 무게중심을 그가 사는 사회의 영역에서 미지의 지역으로 옮겼음을 암시하는 기호이다.[12]

이 지점은 보통 영화적 장치들로 표시를 하게 된다. 영웅은 반드시 물리적 공간을 이동하게 된다. 다음 세계로 걸어간다든지, 미지의 세상으로 문을 열고 들어간다든지, 터널의 어둠을 지나간다든지, 비행기를 타고 하늘을 난다든지, 자동차를 몰고 다른 세상으로 이동한다. 영화를 만드는 사람들은 막의 경계지점, 즉 세계의 경계지점을 표시해 놓는다. 꿈에서 깨서 현실로 돌아오던지, 그 반대로 현실에서 환타지 속으로 들어가기도 한다. 물리적 장치를 하지 않고 갑자기 컷전환으로 막이 바뀌는 경우도 있다. 이때에도 반드시 영웅의 입장에서 컷전환이 이루어져야 한다. 간혹 영웅이 아니라 영웅과 한편인 협력자 또는 멜로드라마인 경우 영웅의 상대역 입장에서 NTW가 진행되는 영화도 있다.

P9. 제1막 끝

제1막이 끝나는 포인트다. 이 지점은 NTW포인트와 동시에 올 수도 있고, 앞뒤에 나타날 수도 있다. 막의 경계지점이 바로 제1막이 끝나는 시각이 된다. 그런데 세밀하게 관찰하면 NTW가 끝나고 다음 세계가 전개되기도 하고, 다음 세계가 전개되면서 영웅이

12 Joseph Campbell, *op. cit.*, p.48.

물리적 공간을 이동하는 경우도 있기 때문에, P8과 선후가 바뀌는 경우도 발생한다.

제1막에서 주요 등장인물의 소개가 끝나야 한다. 캐릭터들과 관객이 친숙할 시간이 필요하기 때문이다. 1막에서 서브플롯이 시작되거나 적어도 서브플롯의 주인공은 소개를 마쳐야 한다.

여기까지가 총 영화상영 길이의 25%에 해당한다. 120분 영화라면 보통 30분경에 이 지점이 있다. 스토리 전개가 빠른 현대 영화의 추세에서 제1막이 짧아지는 경향이 있다.

P10. 수문장

제2막은 영웅이 본격적으로 모험을 떠나는 여정이다. 성배를 찾아 떠나는 원탁의 기사들은 길이 나 있지 않은 숲으로 들어간다. 만일 길이 있다면 그곳은 다른 사람이 지나간 길이기 때문에 모험이 아니다. 그렇지만 길을 지났던 적이 있는 사람에게 가르침을 받을 수는 있고, 선험자에게서 실마리를 얻을 수는 있다. 우리의 의도, 우리의 여행, 우리의 목표는 지금까지 이 세상에서 존재하지 않았던 어떤 것, 곧 자신의 가능성을 실현하는 것이다.[13] 우리의 영웅이 그 일을 대신해주고 있고 우리는 응원하고 있다.

수문장포인트에서는 다음 세상에 도착한 영웅의 앞길을 막는 자가 나타난다. 영웅이 새로운 세계에서 처음 맞닥트리는 난관이다. 물리적 공간을 이동하는 시·공간의 변화가 암시되고, 영웅은 신세계에서 본격적인 모험을 시작한다. 새로운 세상은 결코 영웅을 환영하지 않는다. 영웅을 기다리는 것은 관문을 지키는 수문장(Gate Keeper)이다. 수문장은 영웅을 시험하려 든다. 영웅을 괴롭혀서 의지를 꺾으려 한다. 영웅을 더 이상 나아가지 못하게 한다. 영웅은 새로운 세상에 발을 들여놓거나 제대로 살아가기 위해서는 반드시 수문장을 꺾고 나아가야 한다. 굴복한 수문장이 협력자가 되어 영웅을 안내하기도 한다.

13 조셉 캠벨, 과학세대 역, 신화의 세계(*Transformation of Myth Through Time*), 까치, 2009. p.259.

문지기는 2막의 시작 지점에서 불현듯 나타나 길을 막고 영웅을 시험한다. 영웅은 문지기의 본성을 이해하고 어떻게 다룰지 알아야 관문을 통과할 수 있다. 관문의 통과는 한순간에 일어날 수도 있고, 긴 난관을 통과할 수도 있다. 이때 영웅의 의지와 기량이 시험되며, 영웅은 이를 극복하고 관문을 통과해야 다음 세계로 나아갈 수 있다. 문지기는 악당의 부하 내지는 그와 공생관계이다. 영웅은 협력자, 조력자의 도움을 받기도 한다.

영웅은 제1막의 세계와는 전혀 다른 제2막의 세계로 들어가는 관문을 통과하는 것이다. 관문을 지나면서 영웅은 정신적으로나 육체적으로도 보다 지혜로워졌고 성숙해진다. 신념의 도약이나, 특별한 세계를 탐구하겠다는 의지가 보인다. 신세계에서는 영웅의 용기와 결단력이 필요하며, 과거로의 회귀는 용납되지 않는다.

관문은 심리적으로 나타나기도 한다. 신경증이나 내부의 편견, 상처 입은 감정, 불운, 억압, 편견, 내부의 악마 같은 존재, 자신의 굴레 등이다. 자연적 장애물인 기후, 지진 등으로 나타나기도 한다. 영웅은 내면의 악마를 극복하고 삶에서의 중대한 변화를 시도해야 한다. 그런데 수문장(악마)이 이를 못하게 방해한다. 수문장은 풍자적 인물, 관료일 수도 있으며, 영웅은 자신의 신분을 소개하고, 증거물을 제시해야 하며, 스스로 영웅임을 증명해야 한다. 영웅은 자유의지로 수문장을 상대하며, 그의 머릿속으로 들어가(지피지기) 그의 생각을 간파하고, 또는 그의 외양을 모방하든지 하여 관문을 통과해야 한다. 영웅은 통과과정에서 배운다. 정면으로 대항하기보다는, 그를 이용하는 법을 배우기도 한다. 술수를 배우든지, 연민을 유도하든지, 그의 능력을 초월하든지 각종 시험을 거쳐 실력을 쌓고 지혜를 축적해야 한다. 문지기는 영웅의 자아가 되기도 한다. 영웅은 무의식적으로 자신을 괴롭히는 자아(또 다른 나)를 극복해야만 앞으로 나아갈 수 있다.

이러한 과정은 제의(ritual)로서 기능한다. 특별한 세계로의 진입에는 입문의식(mythterius), 통과제례(ritual)가 행해지며, 신참자는 공포스러운 체험, 죽음의 맛을 본 다음에야 비로소 새(new) 일원이 될 수 있다. 신세계로의 진입은 그에 상응하는 대가를 지불해야 한다. 고난극복을 통해 존재가치를 입증해야 한다. 영웅은 입장료를 지불하든지, 아니면 우회로를 찾아야 한다. 영웅은 관문을 통과함으로써 영웅임을 입증해야 한다.

신화에서 영웅은 관문을 통과하기 위해서 관문 수호신에게 희생제물을 바치거나 의식을 치러야 한다. 수호신은 첫 소득을 바친 농부, 목동, 어부에게 풍요를, 치유의 성지에 제대로 접근한 사람에게는 건강을 선사한다. 또한 세계의 배꼽(World Navel) 즉, 옴파로스(Omphalos)에 대한 지혜를 하사하기도 한다. 관문을 통과하면 우주적 근원인 성스러운 땅에 한 발을 들여놓는 것이기 때문이다. 플루타크의 키벨레(Cybele) 황홀경, 디오니소스의 박쿠스 광란(the Bacchic frenzy), 뮤즈에 영감받은 시적인 광란(the poetic frenzy), 전쟁의 신 아레스의 전투적 광란, 그리고 이성을 마비시켜 파괴적이고 창조적인 어둠의 괴력을 발산하는 신에 대한 열정(enthusiasm)으로서의 사랑의 광란(the frenzy of love) 등은 진탕 먹고 마시는 의식의 황홀경들이다.[14]

P11. 시험

제2막에 들어서는 영웅을 시험(Test)하는 사건이 연속해서 전개된다. 조셉 캠벨의 신화 속 영웅은 '시험의 길(The Road of Trial)'에 들어선 것이다.[15] 영웅이 되기 위한 조건이며 고난극복의 과정이다. 시험포인트는 영웅을 테스트하는 사건, 즉 영웅이 헤쳐나가야 할 사건의 더미들이다. 보통 제1차 관문을 통과하고 시험적 사건 1,2,3이 전개된다. 수문장이 지키고 있던 관문도 시험의 일종이 되기도 한다.

시험포인트는 이 인물이 정말 영웅인지 아닌지, 이 사람이 과연 이 일을 해낼 수 있는지, 정말 위험을 극복할 수 있는지, 용기와 지식, 능력이 있는지의 여부를 판별하기 위해서 영웅의 앞길 곳곳에 설치해놓은 난관들이다.[16]

실제 영화텍스트에서는 시험적 사건들(P11)이 먼저 나오고, 수문장(P10)이 등장하기도 한다. 물론 시험을 하는 각 관문마다 문지기가 있을 수 있겠고, 반대로 특별한 문지기가 드러나지 않을 수도 있다. 굳이 수문장포인트(P10)를 두는 이유는, 특별한 인물이 수문장 기능을 하면서 영웅의 의지와 태도를 드러내게 하기 때문이다. 수문장이 2막의 세계 진입로에서 영웅을 가로막고 모험을 나서지 말라고 타이르거나 돌아갈 것을 종용한다. 당연히 영웅은 이를 거절할 것이다. 이때 영웅과 일전을 벌이는 자가 수문장이다. 이 수문장은 악당의 부두목쯤 되거나 영웅과는 반대편에 서 있는 적대자일 경우가 많다. 때로는 영웅편에서 영웅을 진심으로 아끼는 마음으로 충고를 해주는 인물이 수문장일 수도 있다.

14 Joseph Campbell, *op. cit.*, p.67.
15 Joseph Campbell, *op. cit.*, p.81.
16 조셉 캠벨·빌 모이어스, 이윤기 역, 앞의 책, p.233.

관문을 통과하고 맞는 특별한 세계는 다른 규칙이 지배하는 전에 경험하지 못한 신세계이다. 영웅은 이전의 세계, 모태의 원초적 공간과의 이별을 고해야 한다. 영웅은 새로운 세계를 맞는 기대와 감회에 젖기도 한다. 이 부분에서 중심갈등, 드라마의 핵심문제, 주인공이 풀어야 할 과제, 임무 등이 제시되고, 절정의 순간을 예고한다. 즉, 제3막의 해결과제를 던진다. 이 지점에서 인물들은 서로와 사건에 대해서 맺는 관계를 통해서 발전하며, 서브플롯(subplot)의 인물들이 상호작용한다. 관객 역시 극중 인물과 관계 맺고 드라마에 참여하게 된다.

시험포인트는 임무포인트라고 할 수 있다. 영웅이 영웅이기 위해서는 시험을 당함에 스스로 어떤 조건들을 충족시켜야 한다. 그리고 임무를 부여받았음에 그것을 수행하고 완수하여 영웅임을 스스로 증명하고, 지혜를 축적하는 과정이다. 특별한 세계에서의 시험과 임무수행은 영웅을 성장시키고 영웅답게 만들어준다. 이러한 영웅의 성숙 과정은 관객들에게 신뢰감을 쌓고 동정을 얻으며 몰아일체감이 형성된다. 따라서 잔악한 악당을 처치해주리라는 기대감을 갖게 된다.

시험포인트의 전개에서 캐릭터 상호간 서로의 차이점을 인식하는 기회를 제공하고, 영웅과 동료들의 체험과 인식의 범위를 확장시킨다. 캐릭터 상호간에 상대방의 면면을 파악하고 서로를 이해하고 신뢰하며, 아군과 적군을 확인하는 과정이다. 관객은 캐릭터 힘의 향배를 알 수 있고, 정보를 축적한다.

영웅은 신세계에서는 초심자일 뿐이어서 새롭고 두려운 체험을 하는 것이다. 로마에 가면 로마법을 따르라고, 영웅은 특별한 세계를 지배하는 새로운 규칙을 습득해야만 한다. 적과 대면할 자격을 갖추는 준비단계이며, 영웅은 여러 시험을 통과해야만 한다. 영웅이 영웅이기 위한 테스트가 이루어진다. 테스트 과정에서 영웅은 혹독한 훈련과정을 겪게 된다. 아픈 만큼 성숙해진다고 훈련이 고될수록 성취감과 능력은 배가 된다.

조셉 캠벨은 이 지점을 설명이 불가할 정도로 가변적이고 다의한 형태인 꿈의 영지라고 하였다. 시험포인트는 요나가 들어갔던 고래의 뱃속이다. 이 지점에서 작가의 창작적 역량이 무한이 발휘되는 곳이다. 작가는 아무런 제약 없이 상상의 나래를 펴서 관객을 예전에 경험하지 못한 전혀 새로운 세상으로 안내해야 한다. 이곳에서 영웅은 거듭되는 고난을 극복하고 살아남아야 한다. 무사히 고래뱃속을 탈출해야만 소명을 완수할 수 있는 능력을 갖추었다고 관객이 인정하게 된다.

마법의 관문(the magical threshold)을 통과한다는 것은 재탄생(rebirth)을 의미한다.

이 같은 아이디어는 자궁 이미지(womb image)를 상징하는 고래의 뱃속(the belly of the whale)으로 들어가는 것이다. 영웅은 문지기의 세력과 싸우거나 화해하는 대신에 미지의 세계 속으로 빨려 들어가서 외관상 죽은 것처럼 보인다.[17]

특별한 세계는 물리적 공간이며 특별한 공간이다. 이곳에서 영웅은 시험에 든다. 제2막 시작 부분에서 호된 신고식이 벌어지고 영웅은 일원이 되기 위해 규칙을 체득하고, 일련의 시련과 도전을 통해 다가올 더 큰 시련을 예비한다. 그렇지만 영웅의 생사여탈까지는 아니다. 영웅은 시험단계에 들면서 새로운 친구를 만나고 조력자나 협력자를 만나 함께 시험을 통과한다. 익살꾼이 나타나 희극적 해우를 제공하고, 영웅이 지닌 고지식함을 풀어주고, 진지한 영웅이 결여하고 있는 유머를 선사한다. 악당의 수괴는 영웅이 특별세계에 등장할 때 하수인을 보내 영웅과 조우케 하여 위협적 사건을 일으킨다. 적대자는 그림자, 꾸러기, 수문장, 전령의 가면을 착용하고 그 역할을 수행하기도 한다.

한편, 경쟁자가 나타나 영웅과 공을 다투기도 한다. 경쟁자는 여타의 야심만만한 계획에서 영웅과 겨룬다. 영웅은 팀을 구성하기도 한다. 팀의 통제권을 놓고 경쟁자와 겨룬다.

특별한 세계의 진입은 러시안 인형(마트료시카)처럼 다른 규칙이 지배하는 또 다른 세계, 더 작은 특별한 세계에의 진입을 유도한다. 연속한 특별세계로 진입함으로 막장에 이르며 결국 악당의 힘의 근원인 핵심에 다다르게 된다.

P12. 2막 앞 CM

제2막 전반부는 영웅이 악당을 만나서 그와 겨룰 자격이 있나 시험을 거치는 단계이다. 영웅은 난관을 뚫고 나아가는 과정에서 점점 실력을 키우고 지혜를 모아가게 된다. 그리하여 마침내 악당과 마주하여 그를 대적할 능력이 있음을, 영웅의 조건을 충족하고 악당을 처치할 자격이 있음을 스스로 증명하며 관객에게 보여줘야 한다.

이 과정에서 하나의 클라이막스(CM; climax)를 맞게 된다. 시험 즉 영웅의 조건을 만족하는 사건이 3개 정도 나오며, 그중에서 언덕을 넘는 액션 또는 감정의 폭발이 나타난다. 여기가 제2막 전반부 클라이막스이다. 사건이 여러 개일 경우 각각에서 소규모 클

17 Joseph Campbell, *op. cit.*, p.74.

라이막스가 나오기도 한다. 동화적 스토리나 가벼운 액션 위주의 영화에서는 각 사건마다 돌기를 만들어 여러 개의 CM이 나오기도 한다.

제2막 전반부에서 시험의 사건들이 전개되면서 소절정을 맞는 것이다. 제2막 후반부에 나오는 절정보다는 약하지만, 영웅이 모험의 여정에서 결정적인 경험을 하게 되는 사건이 벌어진다. 앞 CM은 보통 영웅의 능력시험 마지막 단계에서 일어난다. 영웅은 실력을 연마하여 비로소 시험을 마칠 정도가 된다. 잇단 시험을 통과한 영웅이 관객에게 신뢰를 얻고 악당과 맞서 싸울 정도가 되었음을 보여준다. 깊은 산속에서 열심히 수련하는 영웅에게 스승이 마지막 테스트를 한 후, 이제 됐으니 그만 하산하라고 명하는 것이다. 앞 CM은 영웅이 시험의 고초를 겪으면서 고조되는 언덕배기이다.

P13. 휴지기

영웅이 잠시 쉬어가는 휴지기다. 제2막의 앞 CM을 겪은 영웅이 쉬면서 숨을 돌리는 숨돌리기포인트이다. 숨 가쁘게 달려왔기 때문에 주인공도 관객도 잠시 여유를 갖고 쉬면서, 지금까지의 이야기를 복기할 시간이 필요하다. 영웅은 숨을 돌리면서 자신이 겪은 사건들을 반추하고 앞으로 어떻게 대처할지 점검하게 된다. 이때 서브플롯이 전개되기도 한다.

P14. 응접실

영웅이 악당과 조우하기 전에 거치는 부속실이다. 악당의 부하들이 영웅을 맞으며 상태를 살피기도 하고 한바탕 소란이 일기도 한다. 캠벨의 '영웅의 여정'에서는 악당이 머무는 깊은 '동굴의 입구'에 해당한다. 악당이 살고 있는 동굴 가장 깊은 곳으로의 진입 국면이다. 영웅이 악당을 만나 일전을 겨루기 전에 악당 부하들과 만나는 장소이다. 여기서 전초전을 치러야 비로소 동굴 속으로 들어가 악당을 만날 수 있다.

악당이 머무는 요새의 길목에는 악당이 영웅을 맞을 최후의 채비를 하고 있다. 입구에는 가장 센 부하들을 배치시켜 놓고, 영웅과 일전을 벌인다. 영웅은 악당을 만나러 가는 외나무다리이며 돌아설 수 없는 입장이다. 외나무다리 양끝에는 악당의 졸개들이나 경쟁자 등이 영웅을 기다리고 있다. 영웅은 이들을 이기고 동굴 깊숙한 곳으로 돌진해야 악당과 만날 수 있다.

영웅도 악당을 만나기 전 정찰을 하고 정보를 수집하고, 계획을 수립한다. 조직을 점검하고 무기를 점검하고 화력을 보강한다. 학생은 중간시험을 앞두고 공부하고, 사냥꾼은 숨어서 사냥감에 몰래 접근하며, 모험가는 중대사를 앞두고 정사를 벌이기도 할 것이다. 투우사는 화려한 의상을 손질하면서 결전을 준비하고, 무장은 상처를 치료하면서 휴식을 취하고 소일하면서 마지막이 될지도 모를 순간을 기꺼이 즐길 것이다. 연인이 있다면 구애(求愛) 의식이 치러지고, 로맨스는 시련을 앞두고 사랑의 결실을 맺는다. 영웅은 몸단장을 하며 악당을 만날 마음의 준비를 한다. 영웅은 크나큰 시련에 직면할 것임을 알고 있다. 영웅은 온 힘을 다하여 다가올 시련에 대비하는 현명한 존재여야 한다. 이 지점에서 영웅은 정체성에 혼란을 겪기도 한다. 영웅은 팀을 재정비하고 구성원은 목표를 공유하며, 적재적소에 인물을 배치하고 최후의 돌격 준비를 한다.

응접실포인트는 호랑이굴 입구에서 만나는 난관이다. 동굴 입구의 문지기는 악당의 제2인자 또는 오른팔 격으로 지금까지의 문지기보다는 훨씬 센 적이다. 의외로 풍자적 인물이나 관료 등일 수도 있다. 인간의 진솔한 감정이 관문을 여는 열쇠가 되기도 한다.

영웅은 적장을 향해 돌진하며 사지로 뛰어든다. 막상 적진에 진입할 때는 단도직입적이고 용감무쌍하게 들이닥친다.

P15. MP

MP(Mid Point)는 영화 상영시간의 중간점이며, 영화텍스트의 중앙지대(middle point)를 차지하는 포인트이다. 이 지점에서 이야기 흐름의 대전환이 일어난다. 이전까지는 영웅과 악당이 각자의 영역과 추종자를 이끌면서 대립했다면, 이때부터는 직접 만나 전투를 벌인다. 그렇기 때문에 이야기의 흐름이 빨라지며 한 방향으로 급격히 쏠리게 된다. 캐릭터들은 머뭇거릴 여유가 없이 사건의 홍수에 내몰려 내달리기 바쁘다.

롤러코스트에 비유하면, 이 지점까지는 기계적 장치를 이용하여 높은 곳까지 스토리를 끌고 가야 한다. 끼릭끼릭 힘겹게 이 지점까지 차를 끌고 오면, 이때부터는 동력없이 차가 내리막길을 쏜살같이 질주하고, 그 탄력으로 언덕을 넘으며 올라갔다 내려갔다, 360도 공중회전을 하고 종착지에 다다르게 된다. 관객은 비명을 지르며 언제 도착했는지도 모르게 차가 멈추어야 한다.

MP는 영웅이 악당(적장)과 대면하는 지점이다. 동굴의 막장에 다다랐으며 문제의 핵심에 접근하였다. 여기서 액션의 강력한 반전이 행해지며 영화를 본궤도로 돌려놓는다. 영웅과 영웅의 그림자(악당)는 각자의 길을 걷다가 이 지점에서 조우하고 교차하면서 이야기의 큰 물줄기가 합류한다. 영웅과 악당은 목숨을 건 승부를 펼쳐야 한다. 이야기는 전혀 새로운 국면이 전개된다. 영웅과 악당은 본격적으로 얽히고설키면서 이야기를 주도해나간다.

칼 융의 심리학에서 이중성의 개념은 대면(encounter)과 통합(integration)을 전제로 하고 있다. 꿈이나 신화에서 페르소나는 그림자를 대면해야만 하며, 갈등이 해결되기 전에 두 자아는 자기(the self) 속으로 통합돼야만 한다. 영웅이 주인공의 페르소나라면 그 그림자는 악당이다. 따라서 영웅과 악당은 대면하고 통합되어야 존재로서 의의가 있다. 영웅과 악당은 완전히 다른 캐릭터이지만 대조적이고 상호보완적이다.[18] 그리고서 제3막 결말부에서 영웅은 악당과 합일을 이루어 비로소 완전한 인간이 되는 것이다.

상영시간상으로 이 지점이 중간점으로 영화 전체 길이의 중앙(50%)에서 대칭축을 이룬다. 지금까지의 모든 협력자들과 축적된 지혜들이 수렴되어 영웅캐릭터를 완성한다. MP는 스토리의 중앙이자 중심사건이 되며 중간에 놓인다. 중심점은 전체 드라마의 흐름을 뒤집는 대반전의 사건이다. 영웅은 이 지점에서 그간의 태도를 바꾸고 삶의 방향을 일대 전환하게 된다.

영웅이 이곳에 이르면 도망갈 구멍이 없다. 도망갈 궁리를 해보고 발버둥을 쳐봐야 출구는 막히고, 절체절명의 순간이 오고 덫에 갇히고 만다. 영웅은 돌파를 감행할 수밖에 없다. 임전무퇴의 자세로 대격돌을 향해 나아가야 한다. 이 포인트에서 영웅이 결코 악당을 이기지는 못한다. 만약 악당이 죽는다면 스토리는 여기서 끝나고 말 것이다. 영웅이 결투 초반에 이기는 것 같으나 아직 악당을 당할 수는 없다. 다 이겨 논 악당이 이즈음에서 꼭 딴소리하며 여유 부리다가 영웅에게 한 방 당하고, 영웅이 구사일생 살아나기도 한다.

캠벨에 의하면 제2막의 앞부분이 샤먼의 세계로 푸닥거리를 하는 과정과 유사하다고 한다. 샤먼이 수많은 난관에 부딪혀 고군분투 끝에 명계(冥界)[19]에 이르렀다. 그 앞에

18 윌리엄 인딕, 유지나 역, 앞의 책, p.181.
19 저세상, 사람이 죽으면 간다는 영혼의 세계.

는 명계의 수령이 무시무시한 경고와 함께 입을 벌리고 있다. 샤먼은 사자(死者)의 왕국을 지키는 장수들을 달래고 물리치면서, 드디어 명계의 왕을 만나게 된다.[20] 샤먼과 명계의 왕이 만나는 순간이 바로 미드포인트다.

중심점은 한편의 영화를 관통하는 중요지점이다. 미드포인트의 특성은 첫째, 물리적으로 중간지점에서 발생한다. 둘째, 영웅과 악당이 직접 만난다. 이전에 둘이 상종한 적이 있었을지라도, 그때는 영웅과 악당이 적으로써 만난 것은 아니다. MP에서는 영웅과 악당이 정체를 드러내고 적으로서 만나 생사를 건 결투를 벌인다. 셋째, 이 지점부터 이야기의 흐름이 대전환이 이루어져 한 방향으로 급류를 타게 된다. 영웅은 이 지점을 기점으로 지금까지와는 상반되는 입장에서 드라마를 전개시켜 나가게 된다. 이제 영웅에게 남은 스토리는 오직 악당을 제거하는 것만이다. 그래야 임무를 완수할 수 있기 때문이다. 따라서 작가와 관객의 입장에서는 드라마를 전반부와 후반부로 나누게 되는 지점이다.

P15.1. 유예 MP

한편, 유예된 MP가 존재하는 경우도 있다. 제2막의 중간 이후에 MP가 유예되어 나타나는 것이다. 유예 MP의 위치는 보통 전체 상영시간을 기준으로 길이상 황금 비율(5:3)로 배치된다.[21] 앞부분이 63%, 뒷부분이 37%를 차지한다. 120분 영화를 기준으로 하면, 75분경에 MP가 오는 경우이다. 이럴 때는 정위치(중간점, 60분경)에서 가짜 MP가 존재하며, 이야기가 진행되다가 75분경에 수면에서 진짜 MP가 불쑥 드러난다. 보통 서브플롯(sub plot)의 중심사건이 가짜 MP로 중간에 위치하게 되면, 메인플롯(main plot)의 MP가 유예되어 나타난다. 진짜 MP는 영웅을 중심으로 벌어지는 사건이다. 따라서 영웅과 같은 편인 협력자, 멜로드라마인 경우는 상대역 등이 악당과 조우하는 경우가 있는데, 이런 경우가 가짜 MP를 구성한다. MP에서 영웅과 악당이 직접 조우하지 않고 그 대리인들이 만나거나, 영웅과 악당이 서로 적으로서의 정체를 인식하지 못하고 만나는 것은 보통 가짜 MP이다. 뒤에 조건을 충족하는 진짜 MP가 나온다. 유예된 MP에서는 대전환이 뒤로 한 단계 밀리면서 나타난다.

20 조셉 캠벨, 이윤기 역, 앞의 책, pp.96－98.
21 크리스토퍼 보글러, 함춘성 역, 앞의 책. p.209.

P16. 시련

영웅이 악당에게서 시련을 받는 포인트다. 영웅의 시련 사건 1,2,3이 전개된다. MP에서 영웅과 악당은 사투를 벌이고 서로에게 상처를 주지만 피차 목숨을 부지한다. 영웅은 악당을 처치하기에는 아직 힘이 달리거나 운이 없었다. 겨우 살아나 도망간 영웅을 악당은 내버려 두지 않는다. 끝까지 추격하여 영웅을 죽이고 후환을 없애려 한다. 이때부터 영웅은 시련을 겪게 된다. 2막 전반부에서는 영웅이 되기 위한 사건들이었다면, 2막 후반부에서는 살아남기 위해서 악당과 벌이는 투쟁이다.

시련포인트는 MP에서의 결투로 육체적 정신적으로 상처를 입은 악당이 독을 품고 적의를 불사르는 지점이다. 영웅이 두려움에 떠는 곳이지만 승리를 앞두고 견뎌내야만 하는 시기이다. 등산로의 7, 8부 능선에 항시 존재하는 깔딱고개로서 죽음의 순간이 나타난다.

영웅은 죽음과 살아남을 되풀이 하면서 변신(화)한다. 영웅은 잔인한 운명과 대면하면서 절체절명의 위기에서 죽거나 죽은 것처럼 보여야 한다. 영웅이 생사의 기로에서 죽음을 눈앞에 두었을 때, 관객은 희망이 절망이 되는 순간이며 스릴과 서스펜스가 일어난다. 그리고 영웅이 살아났을 때 안도와 신비로움을 느낀다. 영웅과 함께 하는 죽음의 체험은 관객이 자신을 영웅과 동일시하게 된다. 영웅과 더불어 하는 죽음의 언저리 체험은 좌절과 재생, 희열을 함께 하는 것이다. 육체적 고통과 함께 영웅은 정신적 변모를 겪는다. 지금까지 사고했던 방법을 바꾸어 다른 방식으로 생각해보아야 한다. 의식의 변모는 시련이나 계시를 통해 이루어진다.[22]

영웅이 죽음을 맞으리라 예상되는 순간과 지점까지 와본 인물은 많았지만 모두 살아나오지 못한 곳이다. 영웅이 이 지점에 다다를 때, 수많은 희생자들의 잔해가 가로막는다. 영웅도 이곳에서 죽음에 직면하지만 살아남는다. 스승이 전수한 비법과 공여자가 준 권능, 영웅이 그동안 축적해온 지혜와 경험으로 죽음을 멋지게 극복하고서 재생의 길로 나아간다. 이 과정에서 영웅은 변해야만 한다. 변하지 않고서는 죽음의 언저리에서 혹독한 시련을 이겨낼 수 없다. 영웅은 죽음과 재생을 거쳐 변화하고 변모하여 일상세계로 귀환하게 된다.

22 조셉 캠벨·빌 모이어스, 이윤기 역, 앞의 책, p.234.

P17. 천우신조

이 지점은 신혼(神婚)포인트로 캠벨이 말한 신비스러운 혼례이다. 전통적인 드라마 구조에서 볼 때는 천우신조(天佑神助)가 일어난다. 고대 그리스 연극에서 스토리가 막힐 때 하늘에서 내려온 사다리를 타고 신이 내려와서 문제를 해결하는 장치[23]에서 유래한다. 갑자기 등장한 신이 드라마를 이끄는 신비한 해결에서 비롯되었다고 볼 수 있다. 여신과의 만남을 통해 합일(合一)을 이루기도 한다. 다른 측면에서 영웅의 숨겨진 측면, 즉 영웅이 자신의 아니마 혹은 아니무스 캐릭터 등과 합일하는 경우가 있다. 이는 신성한 혼례도 해당되며, 사랑하는 시퀀스 또는 사랑하는 자와의 결별도 해당된다.

조셉 캠벨이 영웅과의 여정에서 여신과의 만남을 말한 것은 영웅이 모든 장애물을 극복하고 마지막으로 치르는 의식이라고 하였다. 승리한 영웅은 세계의 여왕인 여신과의 신비스러운 혼례를 치른다는 것이다. 이는 영웅이 겪는 마지막 위기에서 발생한다. 영웅은 천저(天底), 천정(天頂) 혹은 땅끝, 우주의 중심점, 신전의 성소 혹은 마음속의 가장 어두운 방안에서 위험에 처한다. 영웅이 여신을 만나는 것은 사랑의 은혜(자비, 곧 운명에 대한 사랑)를 얻기 위해 영웅이 맞는 마지막 시험 단계이다.[24] 필자는 캠벨의 여신과의 혼례를 신과의 결합 내지는 도움으로 해석하고, 절체절명의 위기에 처한 영웅을 하늘이 도와주는 포인트로 만들었다. 실제로 수많은 우수 영화텍스트들은 모두 이같이 신의 도움이라고밖에 할 수 없는 극적인 상황이 등장한다. 영웅이 시련을 겪으며 도저히 풀지 못하는 문제를 성스러운 장소에서 신비스런 인물이 나타나거나 또는 신비스런 사태가 벌어져 문제를 푸는 실마리를 제공한다. 조셉 캠벨도 고래 뱃속에 들어간 영웅이 부싯돌로 불을 일으켜 고래를 죽이고 뱃속을 도망쳐 나오는 에스키모 신화에서 '여신과의 결혼'의 원형을 찾았다. 두 개의 부싯돌은 여성과 남성을 상징하고, 부딪혀서 나오는 불빛은 새롭게 잉태된 생명이다. 영웅이 고래의 배안에서 불을 일으키는 행위는 성스러운 결혼의 변형이라고 할 수 있다.[25]

---

23 데우스 엑스 마키나(deus ex machina). 아리스토텔레스는 이 장치를 사람이 알 수 없는 과거나 미래의 사건같이 극의 범위 밖에서 생긴 사건에서만 사용되어야 한다고 하였다. 왜냐하면 신들은 모든 사실을 볼 수 있다고 간주되기 때문이다(박정자 역·해설, 앞의 책 p.108)

24 조셉 캠벨, 이윤기 역, 앞의 책, pp.107－117.

25 조셉 캠벨, 이윤기 역, 앞의 책, p.244.

신혼(神婚)포인트는 보다 주관적으로 영웅이 자신의 퍼스낼러티나 직관과 합일하여 보다 완성된 자아를 찾고 변신하는 것도 해당된다. 용서(죄사함)를 받기 위해서는 진정한 회개가 선행되어야 한다. 영웅은 자신의 과오와 오만을 깨닫고 진심으로 반성하고, 순수한 마음으로 다가갈 때 하늘의 도움도 얻게 된다. 이 지점은 위기의 순간에 위기의 해결사가 나타나 기적적 해결의 단초를 제공하는 것이다. 생사의 기로에서 수많은 자아가 합일되고 퍼스낼러티의 다른 측면과 교섭하여 문제를 해결한다. 난관에 부딪힌 영웅이 하늘의 도움이라고 생각할 정도로 전혀 예상치 못한 사건으로 문제를 해결한다. 영웅이 악당과 싸울수 있는 힘을 얻는 것도 포함된다. 뜻하지 않은 도움의 손길이 나타나 영웅을 도와주는 것이다. 영적 조우인 여신과의 만남은 영웅이 가장 약해진 순간에 감성적 힘과 회복력을 제공한다.[26]

멜로드라마에서는 애정의 위기가 갑자기 찾아오고, 사랑의 배신으로 이혼하게 되는 경우가 있을 수 있다. 이러한 경우는 신혼의 역설적인 반신혼(反神婚)이 되겠다. 욕망하지만 두려운 대상, 로맨스의 어두운 순간, 영웅이 배신당하거나, 관계가 깨지는 체험을 하는 경우 역시 반신혼에 해당한다.

신혼이 이루어지는 장소 자체도 신비스런 물리적 공간이다. 신비스런 공간을 가진 땅, 호수, 강, 신령이 깃든 숲과 나무, 환상적 공간, 땅끝, 우주 공간의 어느 지점, 신전, 고향 집, 교회, 성당, 십자가, 종탑 또는 마음속에 그리던 어느 장소에서 영웅이 해결점을 찾는다.

P18. 승리

승리포인트이고 영웅이 악당을 제압하는 지점이다. 하늘의 도움으로 영웅은 악당을 제압하고 승리를 쟁취한다. 물론 한 차례 이겨 승리를 구가하지만 완전히 악당을 제거한 것은 아니다. 이 지점에서 영웅은 갖은 고생을 겪은 끝에 결국 악당을 물리치고 승리하게 된다. 악당은 죽음을 모면하고 후일을 기약하며 달아난다. 목숨을 연명하고 도망간 악당은 재기를 도모할 것이다.

여기부터 제2막의 절정(CM)이 시작된다. 2막의 CM는 두 번 나타나는데, 대칭축인

26 윌리엄 인딕, 유지나 역, 앞의 책, p.229.

중간점을 전후해 등장한다. 첫 번째는 MP 직전에 나오고 이것이 제2막의 앞 CM이다. 시험 사건 1,2,3이 등장하면 3번째 사건의 절정이 2막 앞 CM가 된다. 물론 사건 1,2도 나름대로의 절정을 갖고 있기는 하지만 미미하다. 2막의 두 번째 CM는 MP 이후 2막이 끝나기 전에 나타나서 제2막의 절정 기능을 한다. 물론 MP 이후 시련의 사건 1,2,3,이 나올 때마다 각각 소절정이 존재하지만, 그중에서도 가장 강렬한 절정이 제2막의 CM가 된다.

클라이막스(climax)는 영화에서의 절정이고, 갈등이 결판나는 순간을 일컫는다. 그러나 영화텍스트에는 크고 작은 여러 개의 절정들이 존재하고, 이것들이 모여서 시너지 역할을 하게 된다. 절정은 반드시 위기 뒤에 오고, 갈등이 해결되는 지점이다. 각각의 사건들은 나름의 문제를 제기하고 해결의 결말을 봐야 하기 때문에 소절정을 갖게 된다.

갈등의 해결은 주로 강력한 액션(클라이막스)을 수반한다. 그리고 물리적 액션이 끝난 다음에는 정서적 고조(카타르시스)가 뒤따른다. 이러한 순간은 캐릭터가 이야기 전체에 영향을 미치는 중대한 무언가를 발견하거나 깨달을 때 가장 강렬해진다. 그리고 관객 역시 영웅의 이러한 강렬한 순간을 함께하며 감정을 공유하게 된다. 따라서 클라이막스는 하나의 지점이라기보다는 액션의 고조가 일어나고 감정의 고조가 뒤따르는 과정[27]이라고 봐야 한다. 클라이막스는 한 장면을 다 차지할 수도 있고, 대사 한 줄이나 침묵의 한순간일 수도 있다. 또한 여러 장면에 걸쳐서 진행될 수도 있다.[28]

P19. **영약**

영약(靈藥, elixir), 보상(補償), 전리품(戰利品) 등으로 불리는 포인트다. 제2막 뒤 CM에 해당한다. 승리(P18) 이후 성취(P19)의 순간이다.[29] 영약은 악당을 꺾고 승리한 영웅이 쟁취하는 무엇이다. 영웅이 손에 넣는 승리의 대가이다. 시련극복의 결과 무엇인가 영웅이 간절히 바라던 것을 얻는다. 병든 고향 사람들을 살릴 영약, 대대로 전해오는 잃어버린 보검, 보물, 목숨을 걸고 찾아 헤매던 성배 등의 물리적 대상이 될 수도 있다. 마법, 지식과 경험, 화해, 사랑의 쟁취, 통찰, 궁극의 은혜, 자신감 회복, 영혼의 깨달은 바 등

27 절정은 그리스말로 '사다리, 점진적인 상향'을 의미한다고 한다. 따라서 하나의 과정으로 보는 게 타당하다. 크리스토퍼 보글러, 함춘성 역, 앞의 책, p.256.

28 린다 카우길, 이문원 역, 앞의 책, p.43.

29 승리와 성취의 순간이 동시에 발생하기도 하지만, 어쨌든 순간적이라도 분리된 행위이다.

정신적 성취도 존재한다. 멜로드라마에서는 사랑을 쟁취하고 결실을 얻는다.

영약은 만병통치약, 장생불사의 명약, 처방을 위한 수단이나 도구, 암시의 위력을 지닌 보약, 죽음의 세력을 극복하는 능력, 생명을 회복시켜주는 마법의 물질 등이 있다. 우매한 대중을 깨우치는 한 조각 진리일 수도 있다. 영웅이 갖은 고생을 통해서 얻은 결과이다. 그것을 가지고 고향으로 돌아가서 영웅을 손꼽아 기다리는 사람들에게 나누어줄 무엇이다.

정신적 보상은 초능력이나 통찰력이 불현듯 나타날 수 있다. 죽음의 극복으로 새로운 힘과 새로운 자각이 삶에 대한 인식을 심화시키고, 미지의 것에 대한 새로운 통찰력과 이해가 수행되고, 거짓도 꿰뚫어 볼 수 있다. 통찰의 본질은 불현듯 인식하는 것이고, 삶에 대한 의미를 부여하는 것이다. 영웅은 투시력을 얻어 변신자재자의 가면을 꿰뚫고 실체를 파악할 수 있게 되고, 텔레파시를 통해 만물에 대한 직관력을 갖게 되고, 신(神)의 경지인 불사(不死)의 능력을 보유하기도 한다.

영약포인트는 조셉 캠벨이 모험에 나선 영웅이 두 번째 세계로 입문한 후 여섯 번째로 겪는 '궁극의 선물' 단계라고 할 수 있다. 영웅이 경험하는 먹어도 먹어도 없어지지 않는 빵과 양고기, 또는 불멸하는 생명의 술, 젖, 불 등을 얻는 것이다. 만병통치약은 곧 마르지 않는 젖꼭지이고, 영원히 젖과 꿀이 흐르는 땅이며, 육체와 영혼의 양식, 마음의 평화 등은 불멸의 존재가 주는 최고의 은혜이다.[30]

한편, 영웅은 변화되었음을 타인들에게 알리게 된다. 변신(變身)을 넘어 현신(顯神)한 것이다. 타인도 영웅의 변모를 인식하게 된다. 영웅의 변모는 표식을 보이고, 신의 불멸성(不滅性)이 공표됨으로써 사람들이 알아본다. 현신의 순간에 신성(神性)의 벼락 같은 깨달음이 일고, 신성의 체험, 신이 들어오는 환희, 신격화가 벌어진다. 우리가 세상만물과 긴밀한 관계를 맺고 있으며, 신성하고 신령스러운 존재의 깨달음이 나타난다. 모든 것을 영웅 스스로 경험하게 된다.

영약의 왜곡현상도 존재한다. 죽음의 정복이 인식의 왜곡을 초래하여, 영웅의 에고가 부풀려져 오만, 자만, 거만, 남용이 일어난다. 영웅은 진정한 가치를 왜곡 인식하여 자신의 재능을 과대평가하고 죽음이나 악에 물들 수 있다. 악당, 범죄자의 불법적이고 비도덕적인 수단을 습득·활용하는 경우도 있다. 최고 시련의 중요성을 과소평가하고 시련과

30 조셉 캠벨, 이윤기 역, 앞의 책, pp.171－175.

재생 자체를 부정하게 된다. 비탄과 회한에 빠져 힘을 소진하고, 운이 나빴을 뿐이라고 자위한다.

영약포인트는 캠벨이 말한 통찰의 탐색(vision quest)이 이루어진다. 영웅이 세상을 이롭게 할 무언가를 찾은 것이다. 영웅은 이것을 획득한 후 고민에 빠질 수 있다. 첫째, 영약을 가지고 또는 보배나 통찰을 얻은 상태로 그냥 그곳에 머물면서 달콤한 만족을 즐기기를 유혹받는다. 둘째, 그것을 가지고 고향으로 돌아가 널리 이롭게 할 것인가를 결정해야 한다.[31]

P20. 캠프파이어

승리를 만끽하는 모닥불 파티(camp fire) 포인트다. 영웅과 주변인들은 모닥불을 피워놓고 주위를 돌며 승리의 축제를 벌인다. 사냥감들을 모아놓고 신에게 감사를 드리며 춤을 춘다. 성공의 축하연(祝賀宴)이 벌어지고 통과제례와 입문의식이 행해진다. 선택받은 자는 소그룹에 진입하고, 새로운 서열이 매겨지며 새로운 출발을 한다. 새로운 이름과 지위가 부여된다. 축제는 본질적으로 환희와 희희낙락이 있게 마련이다. 이때, 영웅은 시련을 반추하고 희생자를 추모하며, 일행에서 벗어나 홀로 사색하고 회고한다. 궁극적으로 관객과 함께 무엇이 이 지점까지 오게 했는가? 어떤 사건과 인물이 나를 여기까지 오게 했는가? 영웅이 겪은 삶의 격랑에 숨은 뜻은? 무엇 때문에? 등에 관한 답을 묻게 된다. 평안과 죽음 극복 후의 휴식, 안도감, 후일담 등이 오가며 다소 과장되는 경향이 있고 대부분 향수에 젖는다. 이 포인트에서는 논공행상이 벌어지고 성과를 분배한다. 승리의 과실 분배와 전리품 쟁탈을 놓고 갈등이 벌어지기도 한다.

관객은 숨을 고르며, 스토리를 정리하고 반추하며 사건의 퍼즐 맞추기에 들어간다. 캐릭터들의 관계도를 상상하고 캐릭터가 스토리 속 상황을 어떻게 받아들이는가의 단서 파악에 여념이 없게 된다. 정적인 순간이며 서정적인 무대가 펼쳐지고, 캐릭터들 서로가 상대를 알아가는 지점이며, 함께 시련을 통과해 살아남는 과정에서 형성된 동질감을 바탕으로 신뢰를 구축한다. 관객도 캐릭터를 더 잘 알게 된다.

31 조셉 캠벨 · 빌 모이어스, 이윤기 역, 앞의 책, p.236.

P21. 귀환

영웅의 귀로(歸路)이자 악당으로부터 도피하는 포인트다. 영약이나 전리품, 보배를 손에 쥔 영웅이 고향으로 돌아가기 위해 행동한다. 영약을 빼앗기고 목숨을 겨우 부지한 악당이 잔존 세력들을 모아 복수를 하러 올 것이기 때문에 달아나야 한다. 악당은 원래 영웅 것이었지만 도로 빼앗긴 보배의 진가를 비로소 파악하고 진용을 갖추어 반드시 찾으러 올 것이다. 영웅은 고향을 향해 서둘러 길을 떠난다. 고향에는 되찾은 보배를 기다리는 사람들이 학수고대하고 있을 것이다.

영웅은 그간의 모험에서 배운 것, 얻은 것, 탈취한 것, 특별세계에서 수여받은 것까지를 한데 모아 임무에 성공하고 뒤풀이(캠프파이어)까지 했으니 이제는 돌아갈 차례이다. 적지에서의 탈주와 앞으로 전개될 모험, 귀환 등의 새로운 목표를 위해 지금까지 습득한 모든 것들을 정렬하고 점검한다. 먼저 영웅의 고향인 일상세계로 귀환하겠다는 결심을 하게 된다. 당연히 특별세계에 머물도록 하는 유혹이 뻗친다. 특별세계에 잔류하며 보상으로 얻은 영광 속에서 살아갈 것을 유혹한다. 영웅은 망설이고 갈등하게 된다. 영웅은 신격화를 통해 변했기 때문에 더 이상 과거의 자신이 아니며, 옛날의 그곳으로 돌아가서 평범한 삶을 살 수 있을지 확신이 안 선다. 따라서 영웅은 귀환을 망설이게 되고, 심지어 귀환을 거부하기에 이르기도 한다. 그러나 영웅은 통찰력으로 마귀의 손으로부터 고향을 해방시켜야 하는 것이 자신의 운명임을 깨닫는다. 선택의 기로에서 고향(원점)으로 돌아가기로 결심하고 귀환하게 이른다.

귀로의 장도에 오른 영웅은 고민에 여전히 빠진다. 돌아갈 세상에서는 영웅의 갖은 모험과 기사회생을 불신할 것이다. 모험 자체가 설명할 수 없는 불가사의한 것이었기 때문이다. 한편으로 영웅은 지혜(영약)와 신비로운 힘이 범속의 세계에서 빛을 잃을까봐 두렵기도 하다. 그러나 영웅은 보상으로 얻은 귀한 영약을 세상에 고루 나누고자 되돌아간다.

신화에서는 모험하는 영웅이 근원을 꿰뚫고 혹은 남성이나 여성, 인간과 동물로 화신한 자 등의 은혜를 입고 임무를 완수하였을 때, 영웅은 인생을 역전시키는 전리품을 가지고 귀환해야 하는 여정을 계속해야만 한다. 원질신화(the monomyth)의 규범인 완전한 순환 체계는 영웅이 영약(지혜서, 황금양털, 잠자는 공주)을 가지고 인간의 왕국으로 돌아오는 수고를 시작하도록 요구한다. 그곳에서 이 영약(the boon)이 작동하여 공동체, 국가,

행성, 또는 일만세계를 새롭게 만드는 데 환원(redound)될 것이기 때문이다. 그러나 이 책임성은 자주 거부되어지곤 한다.[32] 영웅이 귀환을 거부하였을 때는, 제1막 '소명과 거부(P4)'의 경우처럼 멘토가 등장하거나 어떤 사건으로 영웅이 깨달음을 얻어 귀환을 결심하게 된다.

이 지점은 제2막에서 제3막에 이르는 길목으로 전환점이다. 스토리의 목적에 변화가 일어난다. 목적 달성 스토리에서 도피 스토리로 변하는 것이다. 새로운 전개 방향에 따라 새로운 정보가 주어져야 한다. 스토리는 영웅을 최종적인 시험의 길로 또 하나의 위기의 순간으로 이끈다. 영약을 구했으나 악당을 처치하지 못했기 때문에 악당은 마지막 힘을 다해 공격해 올 것이다. 영웅은 어서 빨리 영약을 가지고 돌아가야 한다.

P22. NTW

제3막에 이르기 위해 넘어가는 NTW(Next to The World) 포인트다. 영약을 가지고 귀환하는 영웅은 보통 물리적 공간을 이동하게 된다. 영웅은 이제 모험 여정을 마치면서 다음 세상으로 진입하게 된다.

두 세상(the two worlds), 신과 인간의 세계는 삶과 죽음, 낮과 밤처럼 서로 완전히 다르게 구별되는 세상이다. 영웅은 우리가 알고 있는 세상에서 어둠 속으로 모험을 떠난다. 거기서 영웅은 모험을 완수하든지, 우리에게서 단순히 잊혀지거나, 거기에 갇히거나 위험에 빠지게 된다. 그의 귀환은 저쪽 영역(zone)으로부터 돌아오는 것으로 묘사된다. 그럼에도 불구하고 두 왕국(the two kingdoms)은 실제로는 하나다. 여기에 신화와 상징(myth and symbol)을 이해하는 데 중요한 열쇠가 있다. 신의 권역(the realm)은 우리가 알고 있는 세상의 잊혀진 차원(dimension)이다. 그리고 그 차원에 대한 탐험은, 영웅이 자발적으로 했든 타의에 의해서 했든지, 영웅의 행위(the deed)를 온전히 이해(the whole sense)하는 것이다. 일상생활에서 중요하게 보이던 가치나 차이는 예전에 오직 타자(otherness)였던 것과 자아(the self)를 강력하게 동화시킴으로써 사라져버린다.[33]

NTW는 스크린상에 광학적 장치 등으로 표식을 하기도 한다. NTW의 특징은 먼저

32 Joseph Campbell, *op. cit.*, p.167.

33 Joseph Campbell, *op. cit.*, p.188.

영웅이 물리적 시공간을 이동한다. 그리고 팬 등 카메라 앵글의 조작이나, 페이드아웃, 암전 등으로 세계가 바뀜을 알려준다.

P23. 제2막 끝

제2막이 끝나는 포인트다. 여기까지가 120분 영화 중에서 3/4인 90분경이 된다. 이러한 포인트는 영화에서 두 번 나타난다. 제1막과 2막의 경계지점에서, 그리고 제2막과 3막의 경계에서 NTW 포인트와 함께 막의 종료가 발생한다.

P24. 추격

제3막의 세계가 시작된다. 스토리의 세계가 변하게 된다. 2막 다음에 펼쳐지는 세상은 영웅이 떠나온 곳일 수도 있고, 영웅이나 관객이 겪어보지 못한 세상일 수도 있다. 비록 영웅의 고향이라 할지라도 영웅이 떠나올 때와 비교해서 완전히 딴 세상이 되었을 것이다. 왜냐하면 영웅이 모험하는 만큼의 시간이 흘렀고, 그동안 악의 세력의 지배를 받았을 것이기 때문이다.

추격포인트는 악당이 끈질기게 영웅을 추격해간다. 이전보다 더욱 강해지고 포악해진 악당은 영웅의 뒤를 바짝 쫓아온다. 긴박하면서 긴장감 넘치는 추격전이 펼쳐진다.[34] 도망가는 영웅은 혼자인 경우가 드물다. 중요한 보배를 보호하느라 힘도 들지만 함께 탈출하거나 귀향하는 사람들 때문에 행로가 더디기만 하다.

영웅의 약점을 간파한 악당이 전열을 가다듬고 맹렬히 추격해오자, 비로소 영웅이 귀로를 서두르게 되기도 한다. 다시 말해, 추격의 포인트는 제2막의 끝부분에서 시작되기도 한다. 귀환포인트(P21)보다 먼저 추격(P24)이 시작되고 이어서 도망(귀환)을 하는 스

34 윌리엄 인딕, 유지나 역, 앞의 책, p.234.

토리다. 그리고 다음 세계로 넘어가는 NTW(P22) 포인트가 전개되기도 한다. 또는 캠프파이어(P20) 이후 NTW 포인트(P22)가 나오고, 제2막이 끝나고서(P23), 도망과 추격이 발생하는 스토리도 있다. 즉 P21(도망), P22(NTW), P23(제2막 끝), P24(추격) 포인트는 반드시 존재하지만, 나오는 순서는 앞뒤가 바뀌어 나타날 수도 있다. 추격포인트는 보통 제3막의 시작 부분에서 발생하여 스토리의 에너지를 재상승시킨다. 관객의 나른함을 갈등과 긴장으로 깨운다.

추격포인트는 악당의 최후 반격과 보복이 펼쳐진다. 악당이나 잔당이 되살아나 더 강한 모습으로 영약을 탈환하기 위해 반격을 감행한다. 영웅이 가엾어서 살려준 적대자가 배신하고, 영웅 자신의 신경증, 결점, 나쁜 습관, 그릇된 욕망, 중독 등이 일시적으로 후퇴했다가 영웅을 다시 괴롭힌다. 영웅은 반격해오는 그림자 때문에 분노하고 에너지가 생긴다.

악당이 패한 부하를 용서해주고 추격을 지시하거나, 혹은 악당의 위단계인 빅브라더가 나타나기도 한다. 쌍둥이나 형제, 부모같이 악당의 분신이 달려들기도 한다. 영웅은 귀환하기 바쁜 와중에 갈수록 태산을 만난다. 영웅의 귀로에서 동료가 치명적 타격을 입고 희생되기도 한다. 영웅은 변신하거나 변장, 변화함으로서 도피에 성공하기도 한다. 이러한 변신과 변모는 추격과 도망의 중요한 특징이다.[35]

추격은 변용되기도 한다. 영웅을 따르는 무리에 악당의 추종자가 있어서 귀로에 오른 영웅을 몰래 뒤쫓아 간다. 악당이 영웅을 추격하는 대신, 악당을 따르는 추종자가 영웅의 발길을 따라간다. 영웅은 잔당을 소탕하러 가는 길이다. 시련을 극복하고 난 영웅에게 만사가 순풍을 탄다. 그러나 순조로운 운명을 갑작스럽게 뒤집어 놓는 재앙이 발생한다.

영웅은 필사의 힘을 다해 도망가야 한다. 초자연적인 힘에 의한 비상한 힘이 탈출을 돕기도 한다. 영웅은 탈출하는 동안 동굴 속에 갇힌 희생자나 영웅에게 도움을 줬던 인물, 혹은 도움의 손길을 기다리는 희생자를 구출하기도 한다. 피구출자는 서브플롯의 주요인물이 될 수도 있다. 영웅 자신이 신으로부터 구원되기도 한다. 영웅은 가능한 한 모든 방법을 동원하여 악당의 추격을 저지해야만 살아남아 귀환할 수 있다. 영웅은 악당의 추격을 저지하기 위해 전리품의 일부를 어쩔 수 없이 내던져버려야 하는 상황에 처하기도 한다.

---

35 크리스토퍼 보글러, 함춘성 역, 앞의 책, p.245.

조셉 캠벨의 《천의 얼굴을 가진 영웅》에서 영웅의 모험 '귀환'에서 두 번째 단계(제7단계)에 해당하는 포인트이다. 만약에 승리한 영웅의 전리품(the trophy)이 보유자의 의사에 반해 얻은 것이거나, 영웅이 속세로의 귀환을 바라는 의도가 신이나 악마의 분노를 자아낸다면, 이 신화적인 순환의 마지막 단계에서는 격렬하고 때로는 익살스러운 추격이 벌어진다. 이러한 탈출(the Flight)은 마법적(magical)인 저지(obstruction)와 도피(evasion)의 수단이 경이로울수록 복잡해진다.[36]

P25. 죽음 직전

영웅이 악당의 추격에 걸려 죽음 직전까지 몰리는 포인트다. 영웅이 넘어간 제3막의 세계에도 길목을 가로막는 수문장이 존재한다. 빼앗긴 영약을 탈환하기 위해 악당은 혼신의 힘을 다해서 공격해온다. 수문장이 등장하여 갈 길 바쁜 영웅의 발걸음을 잡고, 귀로를 방해한다. 뒤에서는 악당이 달려오고, 앞에서는 수문장이 영약을 내놓든지 목숨을 내놓으라고 한다. 진퇴양난에 빠진 영웅이 마지막 힘을 다하는 지점이다. 수문장은 악당과 한패거나 경쟁자이다. 또한 수문장은 가면을 쓰고 변신자재자가 되어 영웅의 귀로를 유도하는 안내자 역할로 나타나기도 한다. 이때 영웅은 속절없이 당하든지, 아니면 통찰력으로 그의 정체를 꿰뚫어봐야 한다.

영웅은 뜻하지 않게 결정적 실수 또는 변신자의 배신으로 죽음 직전에까지 몰린다. 영웅의 오만 때문에 일이 벌어지기도 한다. 그 어느 때보다도 강력해진 악당은 영웅을 제패하고 최후의 승리를 맞는 것처럼 보인다. 영웅이 죽음을 맞이하는 순간이 다가온다. 영웅은 상징적 죽음이 아닌 진짜 죽음의 가능성에 처하게 되는데, 그것은 영웅으로 하여금 바로 순교와 같은 행위를 반복하여 아버지와 진실로 하나가 되게 해준다(아버지와의 합일). 죽음의 상징은 영웅이 물질세계에서 가진 것을 포기하는 것이다. 그는 아버지로 인해, 그의 민중들로 인해, 그리고 자기 자신으로 인해 자신을 완전히 포기한다.[37] 죽어야 다시 살 수 있는 것이다. 그렇다고 반드시 영웅이 죽어야 하는 것은 아니다. 영웅의 죽음을 대체하는 사건이 만들어지기도 한다. 영웅이 타인의 죽음을 목도하는 것이다. 동료,

36 Joseph Campbell, *op. cit.*, p.170.
37 윌리엄 인딕, 유지나 번역, 앞의 책, p.236.

연인, 분신이 죽임을 당한다. 마치 자신의 죽음처럼 생생하게 경험한다. 영웅은 슬픔, 분노, 위기, 자책감에 빠지고 이러한 감정은 관객에게 전이된다. 희생자들은 영웅을 대신해 죽은 것이다. 또한 영웅이 죽음의 원인을 제공하기도 한다. 살인행위를 한다든지 아니면 살인에 가담하여 자기 영혼의 죽음을 초래한다. 영웅은 도덕적 사망을 하게 되며 육체적 죽음에 버금가는 정신적 죽음을 맞는다.

영웅이 죽음에 맞서는 가장 위험스러운 최후의 대면이다. 지금까지 겪은 것 중 가장 험난한 여정이며 영웅이 배운 것을 보여주는 기회이다. 제2막 CM에 이어 두 번째 사생의 순간이 찾아온 것이다. 그러나 그때보다도 더한 위기가 엄습한다. 진짜로 영웅이 죽은 것처럼 보인다. 그리고 이때 또 한 번 신으로부터 도움의 손길이 뻗치기도 한다.

P26. 부활

부활(復活) 포인트는 죽음의 문턱에서 영웅이 가까스로 살아난다.[38] 다시 태어나기 위해 영웅은 반드시 죽어야 한다. 죽음은 실패, 관계의 파국, 구태의 종식 등으로 나타날 수 있고, 거대한 두려움, 야망의 실패, 퍼스낼러티의 종식 등으로 표현되기도 한다. 부활은 성공, 회복, 새로운 결실 등으로 나타나기도 한다. 이렇게 죽음과 부활의 과정을 보는 것은 바로 관객의 즐거움이다. 관객이 죽음과 부활의 순간을 체험한다. 영웅이 죽음을 비웃듯이 극복하고 새로 태어나는 것은, 가장 중요한 시험을 통과하고 영웅이 탄생하는 순간이다.

관객은 영웅이 죽도록 고생해서 더 이상 일어나지 못할 것이라고 믿는다. 죽음에까지 몰린 영웅은 극적으로 부활하게 된다. 물론 이때 신의 도움이 나타나거나 멘토가 등장하기도 한다. 다시 살아난 영웅은 악당에게 최후의 일격을 가하기 위해 전력을 집중한다.

부활은 영웅에게 희생을 요구하기도 한다. 그게 무엇이든 영웅은 포기해야 한다. 낡은 습관, 신념, 애지중지하던 물건, 사랑의 포기, 무엇인가는 되돌려줘야 한다. 무엇인가는 집단 전체의 이익을 위해 공유해야 한다. 영웅이 포기하고 되돌려 주는 행위는 희생이고 스토리를 정화시킨다. 그리스인들의 제주(祭酒)는 신에게 잔을 올리고, 술의 향연을

38 어떤 책에는 재상(再生)이라는 용어를 쓰기도 하나, 부활이 더 극적이다.

벌이는 것이다. 라틴어의 희생은 성스럽게 한다는 의미이다.

죽음과 삶의 신화는 곧 환생의 신화이다. 동양에서는 환생이 서양에서는 연옥에 해당한다. 연옥에 머문다는 것은 재생(再生)의 기회, 광명을 경험할 수 있도록 주어지는 기회이다. 영웅이 아직 준비가 안 된 채 죽는다면, 연옥에서 죄를 씻게 된다. 동양의 신화에서는 또 다른 생으로 되돌아가게 된다.[39] 죽음과 부활은 신화 이래 인류의 영원한 꿈이었다.

부활은 조셉 캠벨의 영웅의 모험 여정에서 13단계 '불가사의한 탈출(The Magic Flight)'과 14단계 '외부로부터의 구조(Rescue from Without)'에 나오는 초자연적인 지원과 세계가 합세하여 영웅을 도운 결과이다.[40] 승리한 영웅이 여신이나 신의 축복을 얻고, 세상을 구원할 영약을 가지고 돌아갈 임무를 부여받을 때가 되면 모험의 마지막 단계에 이르는데, 이때 영웅의 초자연적인 후원자들이 모든 역량을 동원해서 영웅을 돕게 된다.[41]

죽음에서 부활로 진정한 영웅이 탄생한 것이다. "죽었다 살아났네!"라는 탄성이 절로 나온다. 부활은 재생이고 다시 태어남이다. 적이 어둠과 죽음에서 최후의 결정적 공격을 하지만, 영웅은 시련에서 획득한 교훈과 영약으로 최후의 시험을 통과한 것이다. 죽음과 부활의 순간에 영웅은 변모하여 완전한 존재가 된다. 이 과정에서 시련에서 체득한 교훈을 제대로 받아들였는가? 점검과 확인이 필요하고 영웅 스스로 관객 또는 신에게 변화된 모습을 보여줘야 한다. 영웅이 부활하지 못하고 희생되어 타 영웅을 부활시키기도 한다.

죽음과 부활의 현장에는 반드시 증인으로서의 목격자가 있기 마련이다. 관객은 당연히 현장을 생생히 바라본 제일의 목격자가 된다. 영웅의 죽음(희생)을 목도한 증인은 죽음을 확인하고 애도와 슬픔에 젖으며, 영웅이 부활하는 순간 환희에 빠진다. 관객은 자신을 영웅과 동일시하게 되며, 죽음의 고통을 공유하고 죽음의 아릿한 맛을 체험한다. 역설적으로 삶의 달콤함을 자각하게 되며, 자신에 대한 확고한 신념과 가족의 소중함, 그리고 시간의 귀중함과 함께 살아있음을 감사하게 된다. 죽음에 가까이 갈수록 삶은 더욱 생생해진다. 관객은 죽음의 맛을 느끼기 위해 기꺼이 돈을 지불한다.

---

39 조셉 캠벨, 과학세대 역, 앞의 책, p.205.
40 조셉 캠벨, 이윤기 역, 앞의 책, pp.196－206.
41 Joseph Campbell, *op. cit.*, p.170.

P27. 처단

부활한 영웅이 비로소 악당을 처단하는 포인트이다. 최후의 시험을 통과하고 적을 일망타진한다. 결국 영웅은 악당에게 죽음을 선사한다. 끈질기게 추격하여 영웅을 괴롭히던 악당은 말로를 맞이한다. 악당은 돌이킬 수 없는 치명상을 입고 죽음에 이르거나 또는 사라져버린다. 비극인 경우에는 영웅 자신에게도 해코지가 일어난다.

처단포인트에서는 영웅이 악당의 가슴에 칼을 꽂는다. 역설적으로 영웅이 아끼는 어떤 것을 잃게 되는 경우도 발생한다. 영웅이 간절히 바라던 무엇, 원하던 어떤 관계가 종말을 맞는다.

처단포인트는 액션의 상승이 일어난다. 캐릭터(영웅)는 육체적 에너지를 다 쏟아 부을 테고 관객 역시 흥분하게 된다. 즉 이 지점부터 클라이막스가 시작된다.

P28. 제3막 CM

제3막의 절정이자 승리포인트다. 영화 전체의 CM(climax)이 된다. 영웅은 악당을 처단하고 승리를 선언한다. 악당은 죽거나 더 이상 대적할 수 없는 상태에 이르렀음을 관객에게 확인시켜준다. 최후의 처벌과 보상이 행해진다. 악당은 최후의 심판을 받고 벌은 죄과에 상응하며, 정의의 진실이 무엇인지 보여준다. 영웅의 임무 수행은 완성되고, 영웅은 보상받고, 보상은 희생에 상응한다.

클라이막스에서는 중심갈등이 해결되고 중요한 문제가 해결되는 강렬한 지점이다. 이때 반전이 일어나 플롯의 방향을 바꾸거나, 관객의 기대를 뒤엎는 기능을 하기도 한다. 고요하고 차분한 절정도 있다. 감정의 파고가 부드럽게 고조된다. 일체의 갈등이 조화롭게 해결되고 긴장이 평화롭고 즐거운 감정으로 전환된다. 영웅이 사랑하는 자의 죽음을 체험하면서 그것을 이해하고 수용할 때 고요하고 차분한 절정이 이루어진다. 스토리의 뼈대에서 생성된 긴장이 매듭되고 최후의 깨달음 앞에 적개심이 누그러진다.[42]

사실 클라이막스는 앞의 처단포인트(P27)부터 뒤의 여운포인트(P29)까지 이어지는 과정이다. 제3막의 CM(절정)은 악당을 처단하고 적을 일망타진할 때부터 시작해서, 악당

---

42 크리스토퍼 보글러, 함춘성 역, 앞의 책, p.256.

이 더 이상 대적할 수 없음을 확인한 영웅이 승리를 선언하고, 이어서 침묵의 순간을 지나 여운까지 이어진다.

영화텍스트 전체에서 각막(3개의 막)은 보통 결말지점에서 클라이막스를 장치해 놓는다. 제2막은 중간부 앞부분에 CM을 하나 더 배치해 놓게 된다. 제1막의 선동적 사건과 제2막의 중심점포인트도 CM이라고 할 때는 보통 총 6개의 CM이 존재한다. 이 중에서도 제3막의 CM이 가장 강렬하며 전체의 절정이다. 당연히 앞에서의 CM들은 3막의 그것보다는 약하다. 그 밖에 제1막의 전개부분과, 제2막의 전반부 시험과 후반부 시련의 사건들마다 작은 클라이막스들을 갖게 마련이다. 결론적으로 이렇게 많은 CM들은 등급이 있어서 평탄한 이야기 행로에서 돌기와 언덕배기, 동산, 야산, 중봉, 대청봉을 구성하게 된다.

P29. 여운

여운포인트는 격정의 여정을 끝낸 영웅과 관객이 한숨 돌리며 여유를 갖고 주제를 음미하는 시간이다. 주제가 발현되는 포인트이다. 작가의 시점이 반영되어 세상을 바라보는 눈, 스토리의 관점을 제시한다. 숨가쁘게 달려온 관객에게 숨을 돌리며 뒤를 돌아보게 만든다. 관객이 스토리의 과거를 되새기며 음미할 장치를 마련해준다. 절정 후의 안도감이 온다.

사실상 클라이막스라고 하면 처단부터 승리를 거쳐 여운까지 이어지는 과정이라고 했다. 액션의 상승과 함께 카타르시스가 클라이막스를 구성한다. 클라이막스는 사건을 통해 주제를 구체적으로 만든다. 모든 액션은 결국 클라이막스라는 명확한 목표에 맞추어짐으로써 일관성 있고 통합된 움직임이 창조된다. 클라이막스는 영화텍스트 구조에서 모든 요소들의 타당성을 가늠하는 판단기준이 된다. 만일 어떤 장면이나 사건, 또는 액션이 클라이막스로 발전되거나 연결되지 않는다면, 그것은 재고하거나 삭제하여야 한다.[43]

클라이막스에서 관객은 카타르시스(catharsis)를 경험한다. 카타르시스는 그리스어로 토해내는 것, 불순물·꺼림칙한 것을 제거한다는 뜻이다. 아리스토텔레스에 의하면 카타르시스는 정서적 배설(emotional punging)이며, 모든 극적 장치들이 이것을 위해 존재한

43 린다 카우길, 이문원 역, 앞의 책, p.46.

다. 모든 이야기 속 사건들이 관객들의 마음속에서 반드시 성취해야 하는 것이 카타르시스이다. 영화 관객들이라면, 그들은 영화와 함께 정서적·심리적 여행을 떠나는 것이다. 훌륭한 영화는 크든 작든 간에 삶의 진실을 날카롭게 드러내고 관객은 어떤 종류이든 감정적 반응을 보여야 한다. 관객들은 그것 때문에 기꺼이 돈을 내고 영화를 보러 가는 것이다.[44]

영화가 끝날 무렵 관객들은 플롯(구조)을 통해 구축되어온 연민과 공포를 배설하는 순간을 만끽한다. 관객은 영화가 휘저어놓은 감정뿐만 아니라, 살면서 마음속에 가지고 있던 쓰레기도 함께 배출한다. 카타르시스를 통하여 관객들은 다시 마음이 맑아지고 살아가면서 사람 노릇을 좀 더 잘 할 수 있을 것 같은 느낌을 가진다. 아리스토텔레스에 의하면 이야기 속에 있는 모든 것이 바로 이 경험을 위해 구축될 때 카타르시스는 가장 잘 작동한 것이 된다. 결국 카타르시스는 영화의 맨 마지막 순간에 일어나기는 하지만, 이야기 내내 구축되어가다 마지막 순간에서 마침내 풀어내는(release) 것임을 이해해야 한다.[45] 카타르시스는 영웅의 억압된 감정의 정서적 해방이기 때문에 영웅의 주요 갈등과 직접 연결되어야 한다. 카타르시스는 제3막의 해결 절정부(클라이막스)에서 없어서는 안 될 필수적인 요소이다.[46]

카타르시스는 감정상의 해방을 이루어 정화(淨化)하고, 막힌 감정을 뚫어버리는 것이다. 정신분석에서는 무의식의 내용물을 표면으로 끌어올려 우울과 분노에서 구해내는 기법이다. 스토리텔링에서 작가가 주인공, 영웅과 관객에게 유발하려는 카타르시스는 그들이 가장 의식적인 상태에 있는 인식의 층위에서 정점에 도달해 있는 순간이다. 작가는 영웅과 그 여정에 참여하는 관객의 의식도 고양시킨다. 진정한 카타르시스는 감정의 차원에서 절정을 보여주어야 한다. 웃음과 눈물 등 감정을 육체적으로 표현할 때 일어난다.[47]

44 마이클 티어노, 김윤철 역, 스토리텔링의 비밀/아리스토텔레스와 영화, 아우라, 2008. p.26.
45 마이클 티어노, 김윤철 역, 위의 책, pp.143－144.
46 윌리엄 인딕, 유지나 역, 앞의 책, p.235.
47 크리스토퍼 보글러, 함춘성 역, 앞의 책, pp.257－259.

P30. 귀환

귀환포인트는 소명을 받고 떠난 영웅이 마침내 임무를 완수하고 귀로에 오른다. 고향으로 돌아오는 길에는 욕된 몸을 씻고 정화할 성스런 장소가 존재한다. 영웅은 '환향의 강'에서 몸을 씻고, '세검정'에서 칼에 묻은 피를 닦는다. 정화의식은 일상의 공동체로 돌아가기 전에 죽음의 향내를 맛본 영웅을 씻겨주는 것이고, 영웅의 손에 묻은 피를 닦아주는 것이다. 전사의 피를 정화(淨化)하여야 진정한 부활을 맞이할 수 있다. 죄를 사함받고 거듭나는 과정이다. 행동과 모습의 변화를 보여주고 부활해서 거듭남을 증명하여야 일상(보통)세계로 돌아갈 수 있다.

영웅은 지혜와 영약, 황금양털을 가지고 혹은 잠자는 미녀를 데리고, 본향으로 돌아오는 또 한 번의 수고를 요구받는다. 그래야 영웅이 받은 은혜가 가족, 마을, 사회, 국가 또는 세상을 이롭게 하는 데 환원될 수 있기 때문이다. 그러나 영웅도 인간인 이상 이 순간에 주저하고 고민하게 된다. 불로불사의 음식을 먹고, 여신이 축복하는 땅에 그대로 눌러앉아 살고 싶은 유혹에 빠진다.[48] 영웅은 본연의 임무를 자각하고 결국 귀환의 여정에 오른다. 영웅은 어둡고 좁은 통로를 지나 종교적이고 성스러운 분위기의 숲이나 건축물을 통과한다. 어둠의 공간에서 햇빛 속으로 이동한다. 귀환의 지점은 스토리에서 제기한 일체의 이슈와 질문들 그리고 서브플롯들을 마무리지어야 할 때다.

영웅이 출발점으로 회귀했을 때는 떠날 때의 상태를 상기하고 출발과 귀환의 상황이 얼마나 다른지 비교한다. 영웅이 얼마나 멀리 왔는지, 변했는지, 낡은 세계가 얼마나 달라졌는지 가늠하고, 영웅이 초기에 해결 못한, 불가능하게 여겨졌던 것들을 수행한다. 관객은 영웅이 얼마나 변했는지 알 수 있다. 완전함의 성취는 새로운 관계의 시작이고 행복한 결말(Happy Ending)을 맺는다.

한편, 가짜 영웅이 나타나 자신이 영웅의 임무를 성취했다고 거짓 주장을 하며 전리품을 내놓으라고 한다. 가짜 영웅이 갑자기 나타나 진짜 영웅한테 실제인지 아닌지 증명해보이라고 요구한다. 영웅의 희망은 좌절되지만 증거를 제시하고, 가짜와 경쟁해서 우월을 입증해야 한다.

48 조셉 캠벨, 이윤기 역, 앞의 책, 1996. p.192.

P31. 홍익인간

영웅이 가지고 돌아온 영약으로 세상을 이롭게 하는 포인트다. 영웅은 세상을 밝히고, 교훈을 반포하여 인간다운 삶을 진작시켜야 한다. 영약을 타인과 함께 공유하고, 폐허가 된 땅을 치유할 수 있는 힘을 발휘한다. 그러기 위해서 영웅이 고향을 떠나 죽음의 여정을 한 것이다.

일상세계로 귀환에 성공한 영웅이 영약을 현실에 적용하여 평화와 질서를 회복하고 궁극적으로 홍익인간(弘益人間)을 이룬다. 영웅은 그간의 경험과 영약으로 세상을 널리 이롭게 하고, 더불어 사는 인간 세상을 만들어 모두가 행복하게 된다. 불을 훔친 프로메테우스가 인간에게 불을 주는 것이다.

홍익인간에 사용되는 영약은 우리를 변화, 각성시키고, 생명력 넘치는 존재로 완벽한 인간을 지향한다. 일체 만물의 전체이자 일부가 된다. 영약은 그곳에 갔음을 증명하고 다른 이들에게는 전범(典範)이 된다. 일상세계에서의 삶을 회복시켜주는 힘이 된다. 그것은 물질(보물, 약, 돈, 탈취물)이며 은유(명성, 권력, 사랑, 평화, 행복, 성공, 건강, 지식, 유익한 이야기)가 되기도 한다. 영웅의 깨달음은 곧 만인의 것이다. 개인적으로는 작은 성취를 이루고, 멜로드라마에서는 연인에게 진정한 사랑을 베풀게 된다.

영웅은 돌아온 세계의 주인이며, 그가 여행한 모험세계의 주인이기도 하다. 두 세계의 주인인 영웅은, 이제 다음 세대에게 영감을 줘야 하는 멘토이기도 하다. 영웅은 여정의 마지막 단계에서 멘토로 발전하고, 멘토에서 전설이 되는 신화적 원형을 완성한다. 신화가 된 영웅은 모든 사람에게 영원한 영감을 준다. 신화적 구조를 갖는 영화 텍스트들은 모두 결말에서 영웅의 죽음을 맞이한다. 순교자보다 더 위대한 전설이나 영감은 없다. 용감하고 단호한, 절정에서의 죽음은 영웅의 여정에서 가장 적합한 극적 장치이다.[49]

조셉 캠벨은 영웅의 여정 마지막 제17단계에서 '삶의 자유(Freedom to Live)'를 말하고 있다. 영웅이 불가사의한 여정을 끝내고 귀환한 결과는 무엇인가? 영웅이 지나간 전쟁터는 삶의 현장의 상징이다. 그곳에서 모든 피조물은 다른 피조물의 주검(희생) 위에서 살아간다. 자기 삶을 영위하려면 타인을 짓밟는 죄악을 피할 수가 없다. 영웅은 이러한 점

49 윌리엄 인딕, 유지나 역, 앞의 책, pp.237－238.

을 깨닫고 불가피한 죄악을 거부하려 한다. 그러나 대부분의 인간은 자기 입장을 합리화하고 죄의식을 느끼지 못한다. 보통 인간의 자기 합리화와 위선은 자신에 대해서는 물론 인간과 우주에 대한 본질에 이르기까지 오해를 불러일으킨다. 신화의 목적은 개인의 의식과 우주적 의지를 화해시킴으로써 죄를 짓고도 인식하지 못하는 자기 합리화의 무지를 추방하는 데 있다. 이러한 목적은 덧없는 시간적 현상과 삶과 죽음이 혼재하는 불멸의 삶과의 진정한 관계를 자각해야 달성될 수 있다. 영웅은 이러한 과정과 깨달음을 모험하고 우리에게 몸소 보여준 존재이다. 우리의 몸속에는 벨 수 없고, 태울 수 없고, 적실 수 없고, 시들게 할 수 없는 자아(the Self)가 존재한다. 이것은 모든 존재의 심연에 두루 퍼져 불변이요, 부동(不動)이다.[50] 따라서 자아는 영원히 하나이다.[51] 만약 이승 세계의 인간이 자기 행위의 결과에 초연하게 이 '자아'를 살아 있는 신의 무릎에다 올려놓을 수 있다면, 그는 이 제물에 의해 죽음의 고해에서 풀려날 수 있다. 이를 성취한 자가 바로 신화 속 영웅이고 모든 인간의 우상이다. 그래서 애초에 신은 영웅에게 '애착을 떠나 마땅히 해야할 바를 행하라. 속세의 인연을 끊고(별리) 소명을 다하라. 너의 모든 일을 나에게 맡기고, 네 생각을 가장 높은 자아에 모으고, 원망과 이기심에서 벗어나, 흐트러지지 말고 나가 싸워라.'라고 명한 것이다.[52] 그리고 영웅은 맡은 바 임무를 완수하고 돌아온 것이다.

P32. 에필로그

에필로그(epilogue) 포인트는 후기이며 여운이고 못다한 말이다. 또 다른 다음 세계로의 여정을 위한 발걸음이다. 미래의 어느 시점에서, 그 캐릭터가 어떻게 되었는지, 중차대한 인물이 어떻게 죽었는지, 살아남은 후 어떻게 살았는지 등을 효과적으로 알려줌으로써 스토리를 완성한다.[53] 동화에서처럼 영웅은 '사랑하는 사람들과 잘 먹고 잘 살았더라'에 해당한다.

조셉 캠벨은 신화적 영웅은 여정의 끝에서 마지막 보상을 받는다고 하였다. 영웅은

50 조셉 캠벨은 이것을 '세계의 배꼽'이라 하였다.
51 Joseph Campbell, *op. cit.*, pp.205－206.
52 조셉 캠벨, 이윤기 역, 앞의 책, pp.235－236.
53 크리스토퍼 보글러, 함춘성 역, 앞의 책, p.280.

전설이 되고 멘토가 된 것과는 별도로 궁극적 선물, 즉 '사랑의 선물'로 보상받는다. 실제로 영웅이 결말에서 여성을 얻거나, 아니면 영적으로 '여신에게로의 귀환'이라는 보상을 받는다. 영웅은 위대한 전설이 되고자 순교자의 죽음을 맞이한다. 그들은 죽음의 순간에, 아내의 얼굴을 보거나 그녀의 품에 안기고, 또는 조국의 영광을 보거나 남아 있는 민중들에게 귀환한다. 마지막 보상은 관객으로 하여금 침울하기보다는 행복한 느낌을 갖게 해준다. 우리의 영웅이 피 흘리며 고통스럽게 죽었음에도 불구하고, 관객은 영웅이 사후세계에서 다시 소중한 아내와 사랑하는 조국과 재결합할 것임을 확신할 수 있다. '사후세계에서의 영원한 행복'이라는 주제는 영웅이 죽는 영화의 표준화된 구조이다. 비록 그것이 진부해 보임에도 불구하고, 그것은 신화적 영웅전설의 계급적 구조(영웅이 전형적으로 죽는 구조)와 할리우드 영화의 현대적 구조(관객이 해피엔딩을 기대하는 구조) 사이에서 이루어진 비교적 합리적인 타협이다.[54]

영화텍스트의 결말에서 영웅이 여성을 얻는 것은, 남성인 영웅이 아니마와 통합하는 것으로 영웅 캐릭터의 완전성을 추구하는 것이다. 남자의 영웅캐릭터에는 남성성과 그 그림자인 아니마(여성성의 원형)가 동시에 존재한다고 하였다. 그리고 영웅은 여정의 끝에서 아니마와 통합해야 한다. 영화텍스트에서 흔히 아니마는 애정문제를 제기한다. 비록 멜로드라마가 아니더라도 사랑은 모든 드라마에 반드시 들어있기 마련이다. 관객은 사랑이 모든 영화에서 필수적으로 존재한다고 직관적으로 느끼고 있다. 그래서 영화가 끝났을 때, 관객이 영웅의 캐릭터가 사랑문제에 있어서도 충분히 성숙하여 어떤 식으로든 사랑을 완성(성취)했다고 느끼게 할 필요가 있다. 영웅은 자신의 그림자(악당)를 정복하여 자기(self)를 완성했으며, 사랑도 성취했으므로 비로소 한 인간으로서 성장한 것이다. 따라서 관객은 에필로그 포인트에서 영웅이 사랑하는 여자와 결혼할 수도 있고, 그 후 행복하게 오래오래 살아갈 것이라는 기대를 하거나 상상을 하게 된다.[55]

P33. 제3막 끝

제3막의 끝 지점으로 마지막 포인트이다. 실제로 영화가 끝나는 시간이다. 이렇게

54 윌리엄 인딕, 유지나 역, 앞의 책, pp.239-240.
55 윌리엄 인딕, 유지나 역, 앞의 책, p.191.

해서 120분간에 걸쳐서 영웅이 여정을 끝마치게 된다.

요즈음의 영화는 예전과 달리 끝 표시(THE END)가 없는 경우가 많다. 본 영화가 끝나고 계속해서 크레딧이 이어지는 동안 OST가 흘러나온다. 기록필름 또는 NG필름 등이 삽입되기도 한다. 영화관에서는 이 정도에서 관객이 일어나며 영화가 끝난다. DVD나 OTT 등에서는 크레딧과 OST가 다 끝나고 나서야 스크린이 끝나게 된다.

분석에서 영화가 끝나는 시각은 마지막 장면이 종료되고 크레딧이 올라가기 시작하는 순간으로 잡았다. 물론 엔딩 타이틀(The End)[56]이 나올 때는 그 시각까지를 런닝타임으로 잡는다. 따라서 영화 소개 사이트나 포스터에서 제시하는 시간과는 차이가 난다. 오직 영화 텍스트의 길이만을 의미한다고 보면 된다.

---

56 요즘에는 타이틀(제목)이 또 나오기도 한다.

PART 02

사례분석

알라딘

영화 | Aladdin | 2019

<알라딘>은 가이 리치가 연출한 멜로 드라마로 동화를 소재로 한 환타지다. 런닝타임은 총 120분으로 측정되었다. 33포인트의 분석 사례로 최적의 길이를 가지고 있다.

<알라딘>의 캐릭터는 영웅 역할을 하는 프로타고니스트로서 알라딘이 있다. 멜로 드라마의 경우 프로타고니스트의 상대역이 안타고니스트가 된다. 때로는 이 둘의 캐릭터가 혼합되어 하나의 프로타고니스트 기능을 하여, 적대자(훼방꾼)의 상대역할을 하는 포인트를 구성하기도 한다. 안타고니스트는 자스민(아그라바 왕국의 공주)이다. 악당역의 적대자는 자파이고, 그의 부하로 앵무새 이아고가 나온다. 사랑의 훼방꾼이자 파더, 전권공여자 역할은 술탄(아그라바의 왕)이고, 영웅의 부하로 원숭이 아부가 등장한다. 그리고 영웅의 멘토이자, 협조자, 익살꾼으로 램프의 요정 지니가 나온다. 안타고니스트 자스민의 협조자로는 시녀 달리아가 등장하고, 변신자 캐릭터는 장군 하킴이 수행한다.

<알라딘>의 메인플롯은 알라딘과 자스민의 사랑 이야기이다. 서브플롯은 2개로 볼 수 있는데, 하나는 자스민이 술탄 등극을 위하여 자파와 벌이는 권력투쟁 스토리이고, 지니와 시녀 달리아와의 사랑이야기가 두 번째 서브플롯을 구성한다.

영화 텍스트의 33포인트를 분석하기 위해서는 영화의 장르와 캐릭터 특히 프로타고니스트와 안타고니스트(영웅과 악당), 적대자 등이 지정되어야 한다. 그러므로 <알라딘>의 33포인트는 멜로 드라마적 입장에서 알라딘과 상대역인 자스민, 그리고 연인들의 상대역(악당)인 자파의 관점에서 분석될 것이다.

P1. 오프닝 (1;30)[1]

인간인 지니가 바다 한가운데 떠 있는 살림 배에서 아들과 딸에게 요술 램프 이야기를 들려준다.

(2;25) 타이틀 'Aladdin'이 나타났다 사라진다.

시장 풍경과 아그라바 왕국의 모습들이 노래와 함께 펼쳐진다.

사자 동굴 앞에서 요술램프를 꺼내는 데 실패하는 자파.

크레딧이 끝나고(4;45) 본격적인 스토리가 시작된다.

1 괄호 안은 재생시간의 분과 초이다. 영화장면이 나타난 시각이다. 따라서 재생플레이어 프로그램에 따라 몇 초간 차이는 발생할 수 있다.

P2.1. 일상1 (5:37)

도둑질이 일상인 알라딘과 아부. 어려운 아이를 돕기도 하는 착한 심성이다.

P2.2. 일상2 (6:43)

시장을 돌아보는 자스민 공주의 일상. 배고픈 아이들에게 빵을 집어준다. 멜로 드라마의 상대역인 안타고니스트의 일상이다. 사실 프로타고니스트인 알라딘과 견주어 작다고 할 수 없는 캐릭터다. 그러나 어디까지 영웅은 알라딘이고 그의 입장에서 포인트가 전개된다.

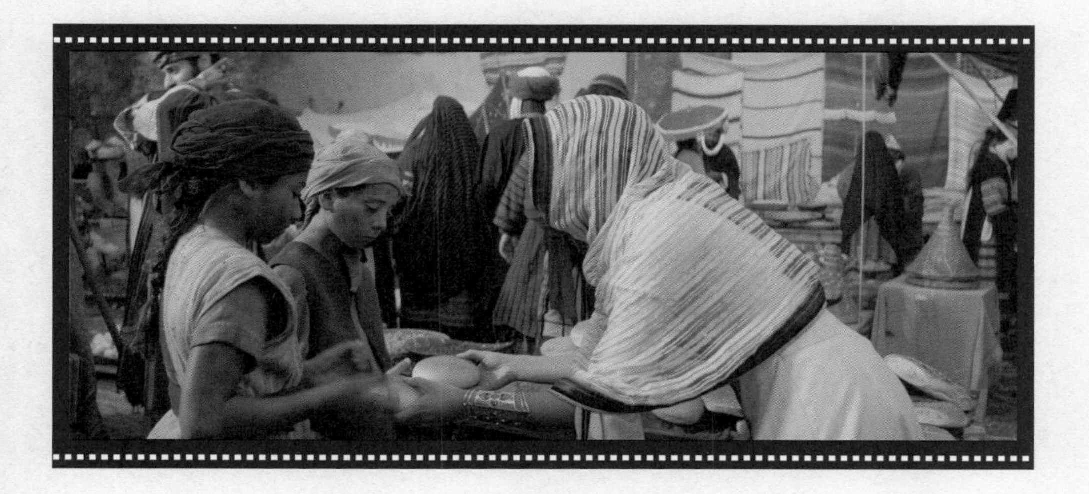

P3. 인시던트 (7:21)

알라딘과 자스민의 첫 만남. 알라딘이 도둑으로 몰린 자스민을 구해준다. 자스민의 팔찌로 빵값을 계산하고 도로 훔쳐낸다. 도망치는 알라딘. 우연한 만남이 운명이 된다. 7분룰을 지킨다.

P6.1. 전개1 (12:57)

1인자가 되기 위해서 램프가 필요하다는 자파. 전개포인트가 소명포인트보다 먼저 나왔다. 자파는 연적으로 메인플롯의 적대자이자, 자스민 공주가 왕이 되려는 서브플롯에서는 상대역인 악당이다.

P6.2. 전개2 (16:32)

다락방으로 공주를 초대한 알라딘. 공주와 도둑, 둘은 태어난 운명대로 살아갈 것이 겁이 난다. 공주는 이웃 나라 왕자와 결혼해서 조국을 떠나야 하고, 도둑은 평생 저잣거리에서 도둑질이나 하고 살아야 하는 운명이다. 운명을 거스르며 생에 도전하는 것이 삶 아닌가. 얽힐 것 없는 두 사람이 자기 운명을 저주한다는 점에서 얽혔다. 결과적으로 두 사람의 운명이 어떻게 얽히는지 보라.

P4.1. 소명 · 거부1 (18:52)

아부가 감추었다 내놓는 공주의 팔찌를 보고 알라딘은 돌려주어야 한다고 생각한다. 공주가 궁으로 들어가며 도둑이라고 멸시했었다. '소명 · 거부 포인트'는 명백히 나타나지 않지만, 앞에서 공주가 팔찌를 달라고 했을 때, 아부가 훔쳐가 줄 수 없었던 것으로 대체된다. '소명불능'이 된다. 또한 일개 도둑이 궁에 들어가 공주(알라딘은 시녀로 알고 있지만)를 만난다는 것은 거의 불가능에 가깝다. 따라서 소명거부 포인트는 '소명불능'에 해당한다. 또한 소명 · 거부 포인트가 뒤에서 안타고니스트인 자스민의 행동으로 대신 나오기도 한다.

P6.3. 전개3 (19:48)

이웃나라의 왕자가 청혼을 하러 왔다. 자스민 공주의 운명이 조여오기 시작한다.

P4.2. 소명 · 거부2 (22:02)

서브플롯의 소명 · 거부이다. 공주는 술탄이 되고 싶지만 왕과 자파가 반대한다. 자스민이 왕이 되고 싶다고 하나, 술탄은 1,000년 왕국에서 그런 일은 없었다며 거절한다. 멘토인 아빠 술탄이 전령이 되어 소명을 전달하는데, 그 소명이 자스민이 바라는 바와는 반대인 술탄이 될 수 없다는 것이다. 부정적인 소명이 된다. 자스민은 이런 부정의 소명을 받아들이지 않고 항변함으로써 거부한다. 여기서의 소명과 거부 포인트는 멜로드라마의 상대역인 안타고니스트(자스민)의 포인트다. 멜로 드라마는 상대역이 포인트 기능을 대신하는 경우가 종종 발생한다. 그런데 문제는 영웅과 악당의 공동에 관련된 소명이 아니라는 점이 걸린다. 자스민이 왕이 되고 싶어하는 것과 알라딘은 아무런 관련이 없다. 그런데 해결점에서 이 둘이 얽히는 것을 보라.

P5.1. 멘토/수명1 (22:43)

자스민은 완강히 설득하는 아빠를 더 이상 거역할 수 없어서 몸을 돌려 돌아간다. 거부를 멈춤으로써 결국 소명(술탄이 될 수 없음)을 부작위로 받아들이는 결과가 된다. 자스민의 소망이 왕국을 다스리는 술탄을 이어받는 것이라면, 현재 술탄인 아빠가 여자라서 술탄이 될 수 없다고 하는 것은 부정의 소명에 해당되고, 멘토인 아빠 술탄은 전령이 된다. 원래 'P5.포인트가 멘토/수명'이라면, <알라딘> 영화는 멘토가 전하는 부정의 소명을 소극적으로 받아들이는 것이 된다. 한편, 술탄이 될 수 없다는 부정의 소명을 자스민이 거부했다는 것은 결국 이중부정이 되어 긍정을 뜻한다. 따라서 자스민의 소명은 술탄이 되는 것이다. 이 또한 프로타고니스트(알라딘)의 상대역인 안타고니스트(자스민)의 소명과 거부, 수명이다. 자스민은 프로타고니스에 버금갈 정도로 화려한 조명을 받는 캐릭터이다. 또한 알라딘은 비천한 신분으로 공주의 시녀로 알고 있는 자스민에게 인정받고 싶은 존재이다. 비중 등을 고려할 때 자스민이 알라딘의 포인트 기능을 대신했다고 이해할 수 있다.

P5.2. 멘토/수명2 (24:55)

알라딘이 팔찌를 돌려주기 위해 입궁한다. 자파의 심복인 앵무새 이아고가 지켜보고 있다. 어떻게 보면 알라딘이 궁으로 들어가는 여기가 제2막으로 넘어가는 NTW이고, 이아고가 수문장처럼 보인다. 그러나 더 확실한 경계가 뒤에 나온다.

이 지점은 영웅이자 프로타고니스트인 알라딘이 소명을 실천하는 포인트다. 미천한 신분인 알라딘의 소명은 이처럼 소박하다. 공주의 시녀한테 단지 약속을 지키고 신뢰를 얻고 싶을 뿐이다. 알라딘은 그런 소명을 깨닫자마자 실천에 옮긴다. 물론 이 길이 사랑을 위한 길임을 자신도 알 것이다. 프로타고니스트(영웅, 알라딘)의 멘토는 나타나지 않고, 알라딘은 '수명포인트'를 행동으로 보여준 것이다.

P6.4. 전개4 (25:41)

자파는 술탄이 되기 위해서 반드시 램프를 손에 넣기를 원한다. 궁에 숨어들어온 알라딘을 보고 이아고가 자파에게 그가 바로 '진흙 속의 다이아몬드'라고 알려준다. 램프를 꺼내오기 위해서는 '진흙 속의 다이아몬드'가 사자입 동굴에 들어가야 한다. 그런데 그 진흙속의 다이아몬드가 바로 알라딘이라고 이아고가 말하는 것이다.

P6.5. 전개5 (29;07)

알라딘이 궁으로 들어가 난관을 뚫고 자스민을 만나 팔찌를 돌려준다.

P7. 제1막CM (33;48)

사자 바위의 눈과 입에서 불빛이 뿜어나온다. 단 한 사람, 진흙 속의 다이아몬드만이 동굴로 들어갈 수 있다고 사자가 말한다.

P8. NTW (34;07)

동굴로 들어가는 알라딘. 영웅은 미지의 세계로 들어간다. 그 세계는 위험이 가득하고 누구도 가본 적이 없는, 살아서 돌아온 적 없는 세계이다. (24;55)에 알라딘이 궁으로 들어가는 장면이 NTW라고 하면 시간상으로는 정확하지만, 여기 (34;07)가 구조상 더 정확한 포인트다.

P9. 제1막끝 (34:15)

이후로는 마법의 세상이 펼쳐진다. 120분 영화에서 34분에 1막이 끝났으니 적당한 셈이다.

P10.1. 시험1 (37:30)

수많은 보물들의 유혹을 물리치고 바위 꼭대기에 있는 램프를 겨우 손에 넣는 알라딘. 영웅으로서의 자격시험이 치러진다. 다른 보물에 손을 대지 말라는 규칙을 지킨다.

P11. 수문장 (39:16)

알라딘에게서 램프를 받은 자파가 알라딘을 죽이려 한다. 자파가 알라딘의 앞길을 막는 수문장으로 등장한다.

P12. 앞CM (41:21)

램프를 문지르자 나타난 지니, 지니는 알라딘을 동굴 밖으로 데려다준다.

P13. 휴지기 (50:50)

램프의 마법을 경험한 알라딘과 지니는 여러 가지를 상상하며 재미있게 시간을 보낸다.

P14.1. 가짜 응접실 (58:58)

자스민 공주를 만나기 위해 왕궁의 홀에 들어섰다. 알라딘은 첫 번째 소원으로 왕자가 되어 궁으로의 화려한 행진을 마치고 마침내 자스민을 만나기 직전이다. 서로 정체를 모른 채 만나려 하기 때문에 가짜응접실이다.

P15.1. 가짜MP (60:00)

알리 왕자가 된 알라딘이 자스민을 만난다. 이때도 서로 정체를 모르고 만났기 때문에 진짜 MP가 아니다. 시간상으로는 이 지점이 정확한 MP지만 가짜다. 따라서 진짜 MP가 나올 것이다.

P15.2. 서브MP (70:33)

지니와 달리아의 만남. 서브플롯의 MP가 나왔다.

P10.2. 시험2 (75:38)

양탄자를 타고 나르는 알라딘과 자스민. 알라딘의 능력을 보여준다. 나를 믿느냐는 물음에 그렇다고 답한 자스민이 알라딘과 양탄자를 타고 나른다. 둘은 신뢰의 시험을 통과했다. 나를 믿으라는 말은 자스민이 시장에서 도둑으로 몰렸을 때 알라딘이 하면서 팔찌로 위기를 모면한 적이 있었다.

P14.2. 진짜 응접실 (78:24)

보름달 아래 양탄자에 앉아서 축제의 도시를 바라보는 둘. 알라딘은 보름달이 뜰 때 만나자는 약속을 저버렸었다. 자스민이 사람들이 아름답다는 것을 아는 지도자가 필요한 건데, 나는 그게 왜 나라는 생각이 드는지 모르겠다고 한다. 이에 알라딘은 "당신이여만 하니까"라며 용기를 돋아준다. 대화 도중 원숭이 아부 언급에 자스민은 알리 왕자가 알라딘이라는 것을 알아챈다. 알라딘은 좀도둑이 어떻게 그런 많은 것을 거느린 왕자가 되겠느냐며 자신은 알리 왕자이고, 도시를 알고 싶어서 미리 일찍 와서 도시를 탐색했다고 한다.

P15.3. 유예 MP (80:15)

둘은 키스한다. 진정으로 만남 셈이다. 진짜 MP가 나왔다. 알라딘이 정체를 드러내고(거짓말했지만) 나서의 키스이다. 물론 자스민은 알리 왕자가 알라딘이라는 것은 알지만, 시장의 좀도둑이라는 사실은 아직 모른다. 전체 영화시간 120분의 66%인 80분에 유예 MP가 나왔다. 유예 MP의 위치는 보통 전체 상영시간의 63% 부분에서 나온다고 한 룰을 지키고 있다.

P16.1. 시련1 (82:35)

알라딘의 시련이 시작된다. 알라딘을 의자에 묶고 바다에 던지는 자파.

P17. 천우신조 (84:47)

바닷물 속에서 램프 속 지니가 나타나 알라딘을 구한다.

P18. 승리 (88:30)

자파의 코브라 지팡이를 파괴한다. 자파의 정체가 폭로된다. 지하감옥으로 잡혀가는 자파. 승리포인트는 89분 25초까지 이어진다.

P19. 영약 (89:56)

술탄이 알리 왕자를 아들로 삼는다. 알라딘은 갖은 고생 끝에 사랑할 수 있는 신분을 얻었다.

P20. 캠프파이어 (91:24)

논공행상. 알리 왕자인 척 거짓말을 계속하느냐, 세 번째 소원으로 지니를 사람으로 만들어 주느냐. 알라딘은 알리 왕자 노릇하며 자스민을 속이는 것에 대해 양심의 가책을 느끼고, 마지막 소원을 공헌자인 지니에게 사용할까를 고민한다.

P21. 귀로(도망) (92:03)

알라딘이 지니의 충고를 따라 기분 나쁘지만 시장통으로 돌아가기 위해 궁을 나선다.

P22.1. 추격1 (92:11)

이아고가 램프를 쫓아서 알라딘을 추격한다. 악당의 부하가 악당을 대신해 추격한다. 추격포인트가 2막에서 도망포인트 바로 다음에 나왔다.

P23. NTW (92:18)

알라딘이 램프를 가방에 넣고 아부와 시장통으로 돌아왔다.

P24. 제2막 끝 (92:19)

막이 끝남을 알리는 커튼이 드리워진다.

P25.1. 수문장/죽음직전1 (103:00)

자파가 알라딘의 램프를 소매치기해서 마법을 부리고, 알라딘을 지구 끝으로 추방한다. 자파는 귀환한 세계의 수문장이고, 알라딘은 죽음의 얼음계곡에 버려졌다.

P25.2. 죽음직전2. (106:02)

자스민이 자파와의 결혼식에서 램프를 낚아채 뛰어내린다. 안타고니스트, 서브플롯의 죽음 직전 포인트이다.

P26.1. 부활1 (105:13)

양탄자가 날아와서 알라딘을 구한다. 알라딘이 영웅이기 때문에 이 지점이 진짜 부활 포인트이다.

P26.2. 부활2 (106:09)

빙하에서 죽음 직전의 알라딘과 아부를 구한 양탄자가 날아와서 자스민을 구해 하늘로 솟구친다. 자스민의 부활 포인트이다. 알라딘, 자스민, 아부가 양탄자를 타고 날아간다. 멜로 드라마에서, 특히 어린이들을 위한 동화적 드라마에서 자스민의 존재감은 무시할 수 없다. 그렇기 때문에 이 영화를 만든 작가는 자스민을 알라딘 못지않게 비중을 두고 이야기를 전개한다. 따라서 각 포인트마다 알라딘과 자스민의 포인트 기능을 복수로 지정하며 이야기를 신나게 이끌어간다.

P22.2. 추격2 (106:27)

자파는 앵무새를 독수리로 변하게 하여 양탄자를 쫓게 한다. 양탄자에는 알라딘과 자스민 아부 그리고 램프가 있기 때문이다. 제2막에서 추격포인트가 약했었다, 제3막에서 본격적인 추격 공중 액션이 벌어진다. 지상에서와 비교하자면 박진감 넘치는 자동차 추격장면에 버금갈 것이다.

P27. 처단 (112:43)

지니는 자파를 램프의 요정으로 만들어서 램프에 가둔다. 지니는 램프를 신비의 동굴로 던져버린다. 확실한 처단이다.

P28.1. 승리1 (113:17)

마법에서 풀린 술탄과 자스민, 알라딘.

P28.2. 승리2 (115;40)

알라딘의 마지막 소원으로 지니가 사람이 된다. 둘은 포옹을 한다.

P28.3. 승리3 (116;40)

지니가 달리아에게 청혼 한다. 애 둘을 낳기로 한다. 서브플롯의 CM이다.

P28.4. CM/승리 (117;42)

술탄이 반지를 빼서 자스민에게 준다. 술탄은 법을 바꿀 수 있다고 한다. 알라딘은 좋은 청년이라고 말함으로써 사실상 자스민에게 술탄과 결혼을 허락한다. 진짜 승리포인트이다. <알라딘>이 동화적 소재이다 보니, 신나는 장면을 많이 만들어놨다. 그래서 승리 CM 포인트가 많아졌다.

P29. 여운 (118;16)

알라딘이 성을 나와 성문을 뒤돌아본다.

P30. 귀향 (118;25)

시장으로 터벅터벅 돌아오는 알라딘과 아부. 자스민의 머리띠 핀을 들어보는 것은 여운(여진)이다.

P31. 홍익인간 (118:58)

키스, 백성은 박수치고 환호한다. 사랑의 결실이자, 백성의 기쁨이다.

P32. 에필로그 (119:35)

모두가 행복하게 잘 살았다. 아부도 양탄자를 타고 난다.

P33. the end. (119:50)

영화가 끝나고 마치 뮤지컬 피날레 같은 무대에서 출연진이 모두 나와 춤을 춘다. 흥겨운 축제가 열린다.

기생충

영화 | Parasite | 2019

봉준호 감독의 <기생충>은 제72회 칸 영화제 황금종려상을 수상(2019)하면서 세간의 이목을 끌더니, 급기야 제92회 미국 아카데미시상식에서 감독상과 작품상, 각본상을 휩쓸면서 기염을 토했다. 런닝타임 약 128분의 길이를 가지고 있는 <기생충>은 장르면에서 많은 논란을 야기하였다. 범죄 소재이긴 하지만 범죄물로 보기에는 좀 약하고, 스릴러라고도 하지만 대체적으로 스릴러 분위기는 아니다. 블랙 코미디는 더욱 아니며, 피카레스크라고 보기에도 좀 지나치다. 장르를 한마디로 정의하기 난해한 영화임은 분명하다. 어떤 이들은 혼합장르로 중간에 장르의 변화가 일어난다고 평하기도 하지만 무책임하다. 어떤 이는 아예 '봉준호 장르'라고 이름붙여서 새로운 장르를 구상하기도 한다. 영화 홍보물에는 '드라마'로 소개되고 있지만, 드라마 아닌 영화가 어디 있겠는가. 굳이 따지자면 필자는 '가족 드라마'라고 본다. 더 나간다면 '사회 드라마'라고 할 수 있겠다. <기생충>에는 날카로운 사회적 비판이 담겨 있으며, 자본주의의 계급사회가 충돌하는 모습을 적나라하게 보여주고 있다. 따라서 영화 텍스트를 분석하고자 할 때 영화의 장르적 특성을 고려해야 한다. 다시 말해 <기생충>의 캐릭터들은 영화가 계급갈등을 그리고 있다는 내용에 걸맞게 철저하게 계급화되어 있다. 즉 가족이라는 구성원도 있지만 네 편 내 편이 더욱 확실하게 구분되어 캐릭터의 역할과 포인트의 기능에서 편을 이루어 수행된다는 것이다. 같은 편끼리는 캐릭터의 기능들을 공유하고 대신하기도 하는 현상을 발견할 수 있다.

<기생충>의 프로타고니스트는 기우라고 할 수 있다. 혹자는 아버지 기택이라고 하기도 하지만 드라마의 전개가 기우 중심으로 흘러가기 때문에 영웅은 기우이다. 그리고 기우의 가족들, 기택, 기정, 엄마 등이 협조자로서 한 편을 이루는 가족을 구성한다. 같은 편인 기택, 기정 등이

기우의 캐릭터 역할과 포인트 기능을 대신해 나타나기도 한다.

안타고니스트는 박사장이다. 보통 안타고니스트가 악당을 뜻하지만 <기생충>에서 박사장은 그다지 악당 역은 아니다. 그런데 마지막으로 처단당할 때는 여느 악당 못지않게 처절하게 당한다.

경쟁자와 적대자는 문광과 그녀의 남편(근세)이 같은 편을 이룬다. 희생자는 기정이고, 전령과 멘토역인 친구 민혁은 단 한번 나온다. 사실 <기생충>에서 모든 사건의 발단을 제공한 사람은 민혁인데 그는 한 번 등장하고 증발한다. 대신 그가 갖다 준 수석 돌멩이가 대신해서 기우의 멘토역을 한다.

<기생충>의 메인플롯은 기우가족과 다송가족, 김기택과 박사장, 가진 자와 못 가진 자, 숙주와 기생충의 관계설정과 파국이다. 서브플롯은 기우가족과 문광가족, 반지하 가족과 지하방 가족의 대립이다. 문광과 그녀 남편의 삶은 관심사항이기는 하지만 플롯까지는 발전하지 못했다. 기우와 다혜의 사랑 역시 메인플롯에 연결되기는 하지만 플롯은 아니다. 플롯과 캐릭터에서 한 가지 아쉬운 점은 친구 민혁이다. 그가 기우를 택한 이유가 다혜를 사랑해서 보호하고 싶은 마음이었는데, 그냥 사라져버린다는 점이다. 다혜와 기우, 민혁, 거기에 다정까지 낀다면 멜로스릴러 서브플롯을 구성할 수 있었을 텐데 말이다. 멜로스릴러가 되지 못한 장면은 또 하나 있다. 사모님이 기택을 2층 사우나실로 불러들여서 좁은 공간에서 손을 맞잡는 것은 지나가는 해프닝이었다. 그러나 이 장면은 기택이 박사장을 죽일 때 하나의 이유가 되었음직도 하다. 어쨌든 <기생충>은 풍부한 서브플롯을 가지고 있지는 않다. 메인플롯에 충실하게 디테일한 사건 전개로 시간이 많지 않았을 것이다.

P1. 오프닝.타이틀 (1;02)

반지하방의 창문에 타이틀이 나온다. 오프닝 없이 차분히, 그러나 약간 음산하게 영화가 시작된다.

P2. 일상 (6:21)

반지하방의 일상. 창문 앞 취객을 올려다보는 가족.

P3. 인시던트 (9:02)

민혁이 친구 기우에게 다혜 과외를 부탁한다. 도발적 사건도 대단하게 터지지 않는다. 나중에서야 이게 인시던트였구나 할 정도로 조용하게 농담처럼 던져진다. 인시던트포이트가 오프닝 시퀀스 없이 바로 시작한 것을 계산하면 다고 늦게 나온 셈이다. 그만큼 차분하고 은밀하게 영화분위기를 끌고 간다.

P4. 소명.거부 (10:34)

기우는 처음에 과외 알바를 거부한다. 대학생이 아닌 나를 그 집에서 받겠냐는 게 걱정이다.

P5. 멘토 · 수명 (11:00)

민혁의 설득으로 제안을 수락한다. 전령 역할을 하는 민혁이 구라를 좀 치고 자기가 소개하는 거면 가능하다는 말에 기우가 받아들인다. 소명 · 거부(P4)와 멘토 · 수명(P5) 포인트는 모두 소명에 관련된 포인트이다. 따라서 두 포인트가 동시에 오는 경우가 많다. <기생충>도 한 장면에서 대사 속에 동시에 나타났다. 또한 순서가 바뀌어서 등장할 수도 있다. 굳이 구분하는 이유는 소명을 전달하고 깨닫고 받아들이는 과정에서 많은 액션과 스토리가 나올 수 있기 때문이다. 그리고 소명과 관련한 이들 포인트는 반드시 드라마 구성에 필요한 요소라고 할 수 있다. 그래서 하나의 대사에서일지언정 소명과 거부, 수용의 절차는 드러내는 게 스토리의 긴장을 위해서 반드시 필요하다.

P6. 전개 (11:11)

기정이 기우의 성적 증명서를 위조한다. 위조서류를 들고 면접 본 기우가 과외선생 자리를 얻는다. 기우는 기정을 일리노이 시카고 주립대 응용미술학과 출신으로 추천한다.

P7. CM (27:29)

기정의 말에 박사장 부인이 기겁한다. 기우의 가족은 이제 한몸, 일심동체이다. 기능도 혼합된다. 소위 가족 사기단의 출현이다. 어떻게 보면 황당하고 재밌고, 장난처럼 시작된 가족 취업이 어떠한 비극을 낳을지는 아무도 짐작 못한다. 영화가 이에 대한 눈치를 전혀 주지 않기 때문이다. 한 가지 의심스러운 점은 무심코 지나갔지만, 민혁이 가져와서 선물한 돌멩이를 아무도 주목하지 않는다는 사실뿐, 아무 이상 없다.

P8. NTW (30:22)

미술선생으로 취업한 기정이 차를 타고 나온다. 제시카(기정)는 첫날부터 박사장의 차에 팬티를 벗어놓는다. 아버지 기택의 기사 취업을 노리고 있다. 기우와 기정이 취업을 완료했다. 첫날부터 기정의 도발적인 음모가 어떤 결과를 가져올 것인가? 이제 막 숙주를 빨기 위해 빨대를 꽂은 기생충 가족의 행각은 어떻게 진행될 것인가. 2막의 세계로 넘어가는 과정이다.

P9. 제1막 끝 (30:41)

컷 전환으로 2막으로 넘어간다. 제2막의 소리가 선행된다. 전체 128분 영화에서 약 24%인 31분이 제1막에 할애되었다. 시간 배분은 나쁘지 않다. 다만 막의 경계가 좀 뚜렷하지 못해서 놓치기 십상이다. 이제 이들 가족에게는 뚜렷한 행동목표가 정해졌다. 생기발랄하고 의욕 넘치는 세상이 전개되는 것이다.

P10.1. 시험1 (31:27)

제2막에서 영웅으로서의 자격이 시험된다. 기생충 집안, 사기꾼 가족으로서의 자격능력 테스트가 시작된다. 기사식당에서 이들의 본격적인 음모가 논의된다. 이들의 행각은 어디까지 이어질 것이며, 박사장과 심플한 사모님은 어디까지 당할 것인가. 가장인 기택은 치킨 망하고, 대만 카스테라 망하고, 발레 뛰고, 대리운전하고, 지금은 피자 포장박스를 접어 생계를 유지하고 있다.

P10.2. 시험2 (38:22)

운전기사로 취업하는 기택. 팬티 사건으로 결국 윤기사를 자르고 가장이 기사로 취업하는 데 성공한다.

P10.3. 시험3 (46:12)

쫓겨나는 문광. 기우 가족의 합작으로 결국 해고당하고 삶의 터전에서 쫓겨나는 것이다.

P10.4. 시험4 (50:41)

엄마가 가정부로 입성했다. 사기꾼 가족의 합작으로 엄마 충숙이 마지막으로 박사장 집에 가정부로 입성하는 데 성공한다. 기우 가족은 시험을 통과하여 모두 기생충 가족이 될 자격을 획득하였다. 이 과정에서 또 다른 기생충 하나가 떨어져 나갔다. 그러나 별로 신경 안 쓴다. 관객도 마찬가지다. 문광도 큰 저항 없이 순순히 물러났다.

P11. **수문장 (51:54)**

어린 다송이 수문장 역할이다. 다송이 기택과 충숙의 냄새를 맡아보고 똑같다고 한다. 다송이 귀신같이 기택과 충숙의 정체를 알아냈으나 어른들은 무시한다. 관객은 '들키는구나' 뜨끔했다. 여기서 관객들은 누구 편일까? 박사장 가족을 옹호하는 편은 침입자들인 기택과 부인이 들켰으면 했을 테고, 기택의 가족에게 애정이 있는 관객은 '안 돼, 저 꼬마 녀석!' 했을 것이다. 그러나 대부분의 관객들은 '아차'하며 조금 긴장했을 뿐, 별 감정 없이 무덤덤하게 보았을 것이다. 왜냐하면 스토리상 관객이 캐릭터들과 친해질 시간이 아직 부족하여 그들을 속속들이 알지 못한다는 점이다.

P12. **앞CM (52:52)**

지하방에 모여서 가족 전체 취업을 기념하는 맥주 파티를 벌인다. 즐길 때 즐겨라. 이들 앞에는 마냥 해피한 것들만이 기다리지는 않을 것이라는 걸 관객들은 알고 있다.

P13. 휴지기 (54:07)

가족 나들이 가는 박사장네. 기우 가족은 주인 없는 집에서 신나게 낮잠을 자고, 잔디에 누워 해바라기 하고, 목욕을 즐긴다. 기생충 가족이 태풍 앞에서 고요하고 달콤한 휴식을 즐기고 있다. 캐릭터들이 영화텍스트 구조상 주어진 휴지기 포인트를 제대로 즐기고 있다.

P14. 응접실 (56:49)

남의 집 거실에서 가족 파티하는 기생충들. 사기 성공의 열매를 만끽한다. 이 장소에서 악당과 조우하게 된다.

P15.1. 가짜 MP1 (63:25)

문광이 나타난다. 비오는 날의 불청객. 기괴한 모습으로 초인종을 누르는 문광. 영화는 이때부터 분위기를 바꿀 채비를 한다. 어떤 평자는 이때부터 영화가 스릴러로 진행한다고 한다. 사실 문광이 비를 흠뻑 맞고 현관의 모니터에 잡힌 모습과 나타난 타이밍은 스릴러물이 되기에 충분하다. 그러나 두 요소만으로 스릴러라고 단정할 수는 없다. 이후의 씬들은 코미디에 더 가깝다.

여기가 <기생충>의 딱 중간지점이다. 이 지점이 MP 같지만 아니다. 시간상으로는 중간부분이지만 MP의 요건에 맞지 않는다. 문광이 기습적으로 나타나 충격은 주었지만, 문광은 안타고니스트가 아니라 경쟁자일 뿐이다. 따라서 관객한테 주의를 주고, 더 충격적인 MP가 기다리고 있다.

P15.2. 가짜 MP2 (70:40)

기우가족과 문광(가족)이 지하방에서 충격적인 방법으로 조우한다. 정체가 탄로 나고 상황이 역전된다. 원래는 기우와 박사장이 부닥쳐야 하나, 경쟁자 서브플롯의 MP가 등장했다. 이때부터 스토리의 흐름은 급류를 타고 한 방향으로 흐른다. 이 지점도 진짜 MP는 아니다. 왜냐하면, 문광 가족은 메인플롯이 아니기 때문이다.

P16.1. 시련1 (72:52)

기우 가족이 벌을 서고 있다. 기우 가족은 시련을 겪는다. 원래 진짜 MP 다음에 나와야 하나, 가짜 MP이 문광 가족이었기 때문에 시련 또한 그들한테서 받는다.

P15.3. 진짜 MP (87:15)

유예된 MP이다. 기우 가족과 박사장의 가족이 조우한다. 소파 위와 탁자 아래에서(상하관계) 만나는 운명의 두 가족이다. 가진 자와 못가진 자. 가진 자에 기생하는 기생충 가족. 그리고 지하방에는 지하 가족이 갇혀 있다.

진짜 MP이 총길이의 68% 지점에서 등장했다. 유예된 MP는 보통 전제 영화 길이의 65% 내외에서 나타난다. 응접실과 시련1의 포인트가 길다보니 늦게 나타났다.

P16.2. 시련2 (88:31)

천상(소파 위)의 교성을 들으며, 지하(탁자 밑)에서 숨죽이고 있는 기우가족들. 박사장은 지하철 타면 나는 냄새 같은 게 난다고 한다.

P17. 천우신조 (90:32)

소파에서 잠든 상류사회 인간들. 천상(소파 위)에서는 천둥소리(코고는 소리)가 들리고, 지하(탁자 아래)에서는 지하 인간들이 숨소리도 못 내고 숨어있다. 엄마의 톡이 날아온다. 구세주의 메시지와 같다.

P18. 승리 (92:14)

탈출성공. 악당의 소굴(가진 자의 궁전, 숙주)에서 탈출에 성공하는 기우 가족. 거실 탁자 아래에서 기어 나와 차고를 빠져나온다.

P19. 영약 (92:54)

욕망의 끝은 무위(無爲)이다. 욕망은 빗물에 씻겨 끝없이 흘러내리고, 기우 가족도 한없이 물과 함께 밑으로 내려와 지하터널에 이르렀다. 지하터널은 일방통행이고 저 끝에는 빨간 불빛이 위험 신호를 보내고 있다.

P20. 모닥불 (94:15)

한없는 추락 끝에 땅바닥에 발을 디딘 기우 가족. 기정이 문광 가족을 걱정한다. 어떻게 할 건데? 계획이 있느냐고 묻는 기정. 기우는 엉뚱하게도 민혁이라면 이런 경우에 어떻게 했을까를 묻는다. 기정은 그 오빠라면 이런 일이 절대로 안 생긴다고 화를 낸다. 기택은 아무 일도 없었던 거라고 한다. 기택이 나서서 처음으로 계획이 다 있으니까 너희들은 잊어버리라고 한다.

P21. 귀로 (95:14)

도망쳐 집으로 돌아오는 길에 비는 억수로 내리고 골목길은 빗물이 고여 있다.

P22. ntw (98:56)

물에 잠긴 골목길을 피난민의 스치로폼이 화면을 가로지르며 지나간다. 누군지는 알 수 없지만 분위기로 봐서 이 지점이 3막으로 넘어가는 경계지점이라고 본다. 부감. 여기부터 <기생충>은 관찰자 시점으로 넘어간다.

P23. 제2막 끝 (99:00)

암전. 흔히 쓰이는 막의 경계지점 표시이다. 3막의 시간배분이 적당하다.

P24. 추격 (101:07)

제3막이 시작됐다. 체육관 대피소. 추격이 시작된다. 추격하는 대신 형태를 달리해서 박사장 가족이 기우네 가족을 수배해서(전화로) 불러 모은다. 다송이 생일 파티를 집에서 하기로 한 것이다.

P25.1. 수문장. 죽음 직전 (110:53)

지하방으로 내려간 기우를 근세가 옭아맨다. 기우는 근세에게 돌멩이로 찍히고 죽음에까지 이른다.

P25.2. 죽음직전 (113:10)

문광남편이 기정의 가슴을 칼로 찌른다. 기정은 프로타고니스트와 같은 편이다.

P26. 부활 (113:51)

다혜가 기우를 업고 간다. 죽은 기우가 살아났다.

P27.1. 처단1 (114:33)

충숙이 꼬치칼로 근세의 가슴을 찌른다. 근세는 적대자 편이고, 같은 편인 기정을 찔렀다.

P27.2. 처단2 (115:11)

기택이 박사장의 가슴에 칼을 꽂는다. 진짜 처단이다.

P28. 승리.CM (115:22)

쓰러진 박사장. 박사장을 찌르고 잠시 멍하니 서 있다가 주위를 둘러보는 기택. 승리를 확인한다. 관객도 얼떨떨하다. 왜 기택이 박사장을 죽였지, 실수였나, 진짜 죽였나? 의심하던 차에 기택의 행동으로 봐서, 진짜 의도적으로 박사장의 가슴에 칼을 꽂았다는 것을 상기한다.

P29. 여운 (116:02)

기택이 계단을 내려가며 살인현장의 뒤를 돌아본다. 뒷장면의 기우의 웃음소리가 선행된다. 도망가는 사람들.

P30. 홍익인간 (117:25)

재판정. 죄와 벌. 죄과가 열거된다. 사문서 위조, 주거침입, 폭행치사 등의 죄에도 불구하고 정당방위로 운 좋게 집행유예 선고를 받았다. <기생충>이 비극이기 때문에 홍익인간도 신상필벌 중에서 필벌의 재판정에서 이루어진다. 그러나 기우는 다행이라고 생각하는지 미소 짓고 있다. 세상을 이롭게 하지는 못하지만, 세상이 그들을 용서했다.

P31. 귀환 (118:00)

다시 반지하 집으로 돌아온 모친과 기우. 기우는 지난 뉴스 영상을 보며 구속된 이후의 사건을 되짚어 본다. 기택이 증발한 집 앞 골목 현장에서 진행하는 뉴스를 본다.

P32. 에필로그 (124:35)

기우가 아버지에게 편지를 쓰고 잠이 든다. 집으로 돌아온 기우가 모스부호로 보내온 아버지의 편지를 읽고 답장을 쓴다. 남궁현자 선생이 지은 저택을 사서 아버지를 구하고자 하는 기우의 욕망은 헛된 꿈이 될 가능성이 높다.

P33. 끝 (127:20)

안녕히 계시라고 편지에서 말하는 기우. 과연 기택의 운명은 어떻게 될 것인가. 기우가 그 집을 살 만큼 돈을 벌 가능성이 희박하다거나, 세월이 많이 걸린다면, 기택은 지하방 생활을 근세처럼 이어갈 것이다. 영원한 기생충이 되어서. 그럼 안녕.

링컨 차를 타는 변호사

영화 | The Lincoln Lawyer | 2011

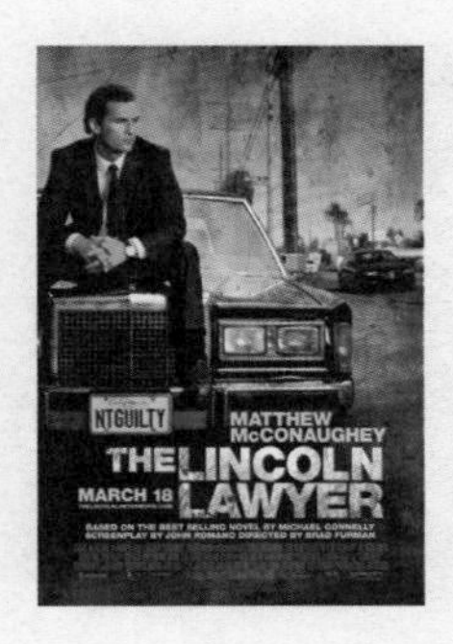

매튜 맥커너히 주연의 114분짜리 범죄드라마 장르이고 미스터리, 법정물의 분류에도 속할 수 있다. 범죄액션이라고 하기에는 액션에 치중하지 않고, 인물들 간의 관계와 두뇌싸움을 그리고 있어서 드라마적 요소가 강한 영화이다.

주요 캐릭터로 영웅(프로타고니스트)은 할러이고, 악당(안타고니스트)은 룰레이다. 범죄물이어서 영웅과 악당이 명확히 드러나 있다. 적대자는 의뢰자 모친인 윈저이고, 그녀는 룰레의 멘토역도 겸하고 있으며, 범죄영화답게 룰레와 함께 악당의 기능을 하고 있다. 경쟁자는 민튼 검사이고, 협조자는 전자발찌를 담당하는 발과 바이크족들이다. 전부인인 매기는 변신자이자 협조자이고, 동료 수사관 프랭크가 희생자 기능을 해 영웅 대신 죽는다.

등장인물들간의 관계를 기준으로 메인플롯과 서브플롯으로 분류해 보면 다음과 같다.

메인 플롯은 변호사 할러와 의뢰인 룰레의 공방전이다. 서로가 파놓은 함정에 걸려들지만 어떻게 빠져나오는 가가 관건이다. <링컨차>에는 하위 인물들이 많이 등장한다. 이들은 미진하기는 하지만 서브플롯을 구성하고 있다. 먼저, 할러와 바이크족들은 협조자 기능이지만 고객으로서 할러와 모종의 스토리를 구성한다. 그리고 두 번째 서브플롯으로 할러와 고객인 글로리아의 관계를 설정할 수 있다. 글로리아는 할러가 음모를 꾸미는 데 코를리스와 연결해주는 중요한 역할을 한다. 또한 마르티네즈가 등장하지만 할러의 결정적 실수를 만회하는 데 도움을 줄 뿐 플롯까지 발전하지는 않는다.

메인플롯은 영웅과 악당, 즉 할러와 룰레의 밀고 당기는 공방전이고, 그 밖에 조연들의 사건들이 얽히면서 서브플롯을 만드는 구조다. 이들 서브 플롯의 사건들은 교묘히 짜맞춰지며 메인 플롯의 문제들을 풀어주는 장치로 활용된다. 서브플롯들은 메인 플롯의 종결을 위해 봉사하며,

마지막으로 에필로그까지 인도하는 역할을 충실히 해낸다. 바이크족들, 글로리아, 마르티네즈 등은 할러가 '거리의 변호사'라는 악명을 들어가며 돈을 벌기 위해 변호하는 과정에서 알게 된 의뢰인들이다. 코를리스는 룰레의 첫만남에서 옆에 있던 죄수로서, 사건을 해결하는 결정적 기능을 한다. 스토리에는 드러나지 않고 있지만, 사실 할러는 글로리아를 통해 코를리스에게 거짓 증언을 하도록 사주한 것이다. 능력 좋은 변호사이니 할러가 코를리스를 빼줬을 것은 당연하다.

• 33포인트 분석 •

P1. 오프닝. 타이틀 (1:57)

음악과 함께 모자이크 화면들. 크레딧 나온다.

타이틀, 'THE LINCOLN LAWER'가 나오고, 2분 37초까지 오프닝이 흐른다.

P2. 일상 (9;35)

의뢰인 등쳐먹는 할러의 일상. 돈이 안 들어왔다고 바이크족 재판을 고의로 연기하고, 이런저런 핑계를 대고 돈을 울궈낸다.

P3. 인시던트 (11;44)

유치장에서 악당과의 첫 만남. 룰레의 의뢰를 받는 할러. 옆에서 코르리스가 얼쩡댄다. 7분룰[2]을 지키며 등장한 인시던트는 (12;07)까지 이어진다.

P4. 소명/거부

소명과 거부는 잘 드러나지 않는다. 룰레의 제안을 할러는 거부하지 않기 때문이다. 그 이유는 앞 장면(4;08)에 브로커 발에게서 룰레의 사건을 소개받을 때, 돈이 많은지, 확실한지, 엿 먹이는 것은 아닌지를 확인하면서 할러가 이 사건을 맡을지 망설이는 장면이 나온다. 아직도 소명(룰레의 재판을 맡을 것인지)을 받아들일 것인지 말건지 결정을 하는 태도를 보이지 않는다.

---

2 오프닝 크레딧이 지나가는 시간을 빼면 정확히 7분 후에 인시던트가 나온다. 오프닝 크레딧이 좀 길었다.

P5. 수명 (14:28)

룰레의 제안에 코가 꿴 할러는 일단 룰레를 보석시키는 데 성공함으로써 인정을 받고, 사건을 맡기로 한다. 멘토 없이 우여곡절 끝에 소명을 받아들이지만 뭔가 찜찜하다. 수임료를 왕창 제시한다.

P6.1. 전개1 (16:35)

가짜 TV카메라맨으로 의뢰인에게 사기친다. 거리의 변호사답다.

P6.2. 전개2 (17:30)

매춘과 마약 소지죄로 체포된 단골 고객인 글로리아를 치료센터로 빼준다. 작은 선행(?)이 큰 응보를 가져올 것이다. 거리의 변호사가 사는 법.

P6.3. 전개3 (20:40)

룰레 모친인 윈저와 가족 변호사와의 미팅. 동료 개인 수사관 프랭크 르빈을 소개한다.

P7. CM (27:00)

피해자이자 원고인 여자가 집에서 폭행당한다. 룰레가 무죄를 주장하며 그날 있었던 일을 회상하는 장면에서 보인다. 룰레의 입장과 검찰 조서에 나온 피해자 레지나 켐포의 입장이 각각 회상장면으로 보인다. 폭행 장면은 어찌됐던 보는 사람들을 긴장시키고 감정을 고조되게 만든다.

P8. NTW (28:00)

컷 전환이 이루어진다. 컷 이후 술집 간판에서 서서히 내려와 술집 윈도우 안에 앉아 있는 할러와 프랭크 두 사람을 잡는다. 대화 소리 선행된다. 이미 할러와 친구는 장소를 이동하여 술집에 앉아 있는 것이다. 술집에 가기 위해 길을 건넌다거나, 술집 문을 들어서는 장면 대신 술집 간판을 위에서 아래로 윈도우까지 훑고 내려와서 안에 있는 사람들을 잡은 것이다.

P9. 제1막 끝 (28:05)

실제는 ntw가 나오기 직전에 이미 제1막은 끝이 난 상태다. 그리고 NTW 전환이 보이고 술집부터 제2막이 시작된다. 영화 전체 길이의 약 25% 지점에서 정확히 제1막이 끝난다.

P10. 시험 (30:50)

프랭크가 클럽 CCTV테이프를 구해 와서 할러와 함께 검색한다. 할러와 프랭크는 룰레를 의심한다. 할러의 능력과 인간적인 면이 시험된다. 과연 할러는 어떤 인물인가에 대한 테스트가 계속된다. 할러의 여러 면을 보여줌으로써 관객과의 친숙을 도모하는 사건들이다. 이 사건은 할러와 룰레의 두뇌싸움이기도 하지만, 누가 관객의 동정을 더 받느냐에 따라, 누가 더 나쁜 놈이냐에 따라 승패가 결정될 것이다.

P11. 수문장 (35:05)

골프장에 할러가 나타나 다짜고짜 룰레가 숨긴 사항을 따진다. 룰레가 거짓말을 해서 할러의 변호 활동을 가로막는다. 제2막 할러의 본격적인 변호 활동 세계에서 앞길을 막는 것은 뜻밖에도 의뢰인이다.

P12. 앞CM (52:42)

프랭크 집, 룰레가 피해자를 살해하는 장면이 추측으로 재구성된다. 폭력은 주의집중을 끌게 마련이고, 이제는 가해자가 특정되고 보는 살해 장면이니 관객은 더 고조된다. 화면 편집 역시 교묘하게 되감기와 여러 앵글에서 보여줌으로써 관객의 감정을 긴장시킨다.

P13. 숨돌리기 (55:30)

할러가 운전을 하고 밤거리를 이동해 집에 도착한 후, 운전석에 앉아 숨을 고른다. 프랭크 집에서 룰레의 정체와 자신의 실수를 깨달은 할러는 흥분 상태였다. 휴지기이며 숨돌리기 포인트다. 이때쯤 관객에게 지금까지의 스토리를 반추할 시간을 준다. 주인공도 잠시 숨을 돌리며 자신의 행동을 돌아봐야 한다. 당연히 관객이나 주인공이나 앞으로의 전개를 준비해야 함은 물론이다.

P14. 응접실 (57:04)

룰레가 침입해 할러의 서재에 앉아서 술을 마시며 기다리고 있다. 영웅과 악당이 조우하기 전에 만나는 공간이고 마음의 준비를 하는 시간이다.

P15. MP (57;00)

할러와 룰레가 조우한다. 이 포인트는 영화 전체 길이인 114분의 정확히 1/2지점이다. 59;09까지 이어진다.

33포인트룰이 정확히 지켜지고 있는 것을 확인할 수 있다. MP의 조건은 영화 전체 길이의 중간부분에서 발생한다. 영웅과 악당이 맞닥트려야 한다. 대전환이 일어난다 등이다. 할러는 이때부터 룰레를 잡기 위해 집중한다. <링컨차> 이야기의 흐름은 급속히 방향을 잡고 할러와 룰레의 두뇌게임으로 흘러가게 된다.

P16. 시련 (62:23)

동료 프랭크가 피살된다. 이후부터 할러는 계속해서 룰레의 페이스에 끌려 다닌다. 프랭크가 할러 대신 죽은 희생자이다. 이후 시련은 계속된다. 할러는 협조자 발과 갈등하게 된다. 그리고 룰레는 자신만만해져 검찰 측 협상을 거부하고 무죄를 주장해 할러를 힘들게 한다.

P17. 천우신조 (93:33)

증언대에 올라앉은 코를리스가 막힌 것을 풀어준다. 할러는 생각지도 않았던 실마리를 푸는 열쇠를 얻은 셈이다. 코를리스는 인시던트 포인트에서 룰레의 주변에서 할러를 귀찮게 굴던 인물이다. 할러와 코를리스의 연결은 할러의 단골 고객인 글로리아가 심부름했다.

글로리아는 사회적 루저이지만 할러는 친절히 대했고(돈 때문이기는 하지만), 그녀는 할러의 야비한 실력으로 교도소를 빠져나가기 위해서이긴 하지만, 할러를 도와 결정적 작업을 수행한 것이다. 코를리스가 갑자기 하늘에 뚝 떨어지듯이 등장한 것은 아니지만, 꽉 막힌 할러의 문제를 풀어주는 실마리 기능을 한다. 코릴리스가 같은 감방에서 룰레의 말을 듣고, 그가 전부인에게 연락해서 고자질을 하고 싶다고 하고, 전부인이 이 같은 사실을 흘려주고, 코를리스가 글로리아가 함께 갇혀 있고, 글로리아를 통해 코를리스에게 거짓 증언하게 하는 것 등의 일련의 사건들이 우연이라고 하기에는 마치 기적처럼 이루어졌다. 범죄인 코를리스가 앉은 증언대는 역설적으로 신이 강림한 또는 제물을 바치는 신전이 된 셈이다.

P18. 승리 (99:02)

사건이 종결된다. 검찰측이 기소를 취소하고 항소를 포기한다.

P19. 전리품 (99:11)

윈저에게 고맙다는 인사를 받는 할러. 영웅이 갖은 노력 끝에 손에 쥐는 영약에 해당하는 포인트이다. 의뢰인 어머니로부터 감사 인사를 받는 게 별로로 보이지만, 보석금을 100만 달러나 낼 정도로 부자인 윈저에게서 할러는 많은 수임료(영약)를 챙겼을 것이다.

P20. 캠프파이어 (99:28)

모두 승리를 축하한다. 윈저가 승리 기념 축하 만찬을 하자고 제안한다. 거절하는 할러. 렌텐리아 살해범으로 마티네즈를 감옥에 보낸 형사들이 룰레를 체포하러 다가온다. 룰레와 할러의 눈빛은 싸움이 끝나지 않았다는 것을 서로가 안다.

사냥꾼들이 사냥에 성공하고 돌아와 모닥불을 피워놓고 축제를 벌이는 포인트이다. 또한 사냥물을 놓고 분배가 이루어지며 공을 두고 다투기도 한다. 힘든 여정을 되새기는 복기도 이루어질 것이다. 강탈품이라면 도망갈 모의를 꾸며야 할 것이다.

<링컨차>에서는 할러가 파티를 거절함으로써 부작위의 축제를 벌인 셈이다. 룰레가 무죄와 동시에 다른 일로 체포됨으로써 논공행상이 이루어졌고, 할러와 룰레가 다음 싸움을 예고함으로써 또 다른 음모가 싹트는 셈이다.

P21. 귀로 (101:10)

건물 내 계단을 내려가는 할러. 재판정을 뒤로 하고 돌아간다. 골치 아픈 인간들로부터, 악마로부터 도망가는 길이다. 귀로이자 도망의 포인트이다.

P22. NTW (102:42)

경쾌한 음악과 함께 할러가 탄 링컨이 거리를 지난다. 승리한 개선장군처럼 거리를 달린다.

P23. 제2막 끝 (103:09)

할러가 집에 도착해 현관문을 들어선다. 사건이 일단락되고 집으로 돌아오는 것이다.

제2막에 할애된 시간은 약 75분이고, MP부터 2막 후반부가 약 46분으로 많이 길어졌다. 그 이유는 시련포인트(P16)에 많은 사건들이 등장했기 때문이다. 할러가 의뢰인을 별도의 살인죄로 감옥에 보내고, 모친을 죽이기까지 하는 데 당위성을 확보하기 위해서였던 것으로 보인다. 판단의 몫은 결국 관객이기 때문에 관객에게 룰레가 나쁜 놈이라는 것을 보여주기 위해서 할러가 당하는 사건이 많이 제시되었다.

P24. 추격 (105:23)

발이 할러에게 룰레의 위치를 알려주고, 룰레는 딸이 있는 이모네로 향하고 있다. 발레 역시 룰레를 추격하며 이모네 집으로 향한다.

여기서 스크린상 룰레의 추격은 보여지지 않고 발의 위치추적으로 간접적으로 알려진다. 룰레가 할러를 추격해야 하나, 할러가 오히려 링컨차를 몰고 룰레를 추격하는 형국이 펼쳐진다. 스토리포인트상으로는 룰레가 할러 대신 딸에게 복수하기 위해 딸이 있는 곳으로 추격하는 내용이다. 그런 룰레를 할러가 추격한다.

P25.1. 수문장 (106:03)

이모네 집 앞에서 권총을 가지고 룰레를 기다리는 할러. 제3막으로 진입하는 데도 제2막처럼 룰레가 할러의 앞길을 막는 방해 인물이다. 그러나 스크린상으로는 오히려 룰레의 앞길을 할러가 가로막는 치환 현상이 발생했다.

P25.2. 죽음 직전1 (107:47)

할러가 바이크족들에게 죽지 않을 만큼 두들겨 맞는다.

P25.3. 죽음 직전2 (109;25)

윈저가 쏜 총에 할러가 맞고 쓰러진다. 할러는 죽음직전에 이른다. <링컨차>에서는 '죽음 직전의 포인트'를 2개 찾을 수 있다. 하나는 할러 가족을 협박하던 룰레가 할러의 사주로 바이크족들한테 죽지 않을 정도로 폭행당하는 포인트이다(107;47). 실제 죽음 직전까지 몰리는 인물이 영웅(할러)이어야 하는데, 수문장에서의 기능이 치환됨으로써, 죽음직전까지 몰리는 인물도 치환되어 악당인 룰레가 겪는다. 두 번째는 룰레를 대신해서 모친인 윈저가 할러를 쐈을 때(109;25)를 상정할 수 있다. 악당과 같은 편(멘토, 협조자)인 윈저의 총을 영웅이 맞은 것이다. 그러므로 이 지점이 진짜 '죽음 직전' 포인트다.

다르게 보면, 룰레가 이모집을 찾아왔을 때, 언젠가는 딸(영웅과 같은 편)을 영웅 대신 죽일 수 있음을 암시할 뿐 별다른 액션을 취하지 않는다. 가족을 죽인다고 한바탕 소동을 피우고 할러 또는 가족을 죽음 직전까지 몰아야 하는데 그렇지 않았다. 여기서 할러와 룰레의 포인트 기능이 교묘하게 치환되었다. 영웅이 죽음 직전까지 몰린다는 기능을 제대로 쫓아간다면, 룰레가 가족을 죽이러 왔는데, 할러가 미리 와 있음으로써, 가족이 죽음을 모면했다고 볼 수도 있다. 죽음 직전까지 몰렸지만 모면한 것이다. 어찌됐건 할러와 가족은 할러의 신속한 대응으로 죽임을 모면하였다. 대신 룰레가 죽도록 얻어맞고, 이후에 나타나지 않는다. 나중에 '홍인인간 포인트'에서 룰레가 사형선고를 받았다는 추측만이 있을 뿐이다.

이처럼 이모네 집 앞에서 할러와 룰레의 대결을 죽음직전으로 볼 때, '부활의 포인트'는 죽음의 위기에서 벗어난 할러가 룰레를 잡아들일 주차위반 딱지를 확보하는 것이다. 이제 룰레를 꼼짝없이 체포해서 살인죄로 기소할 수 있게 된 것이다. 그러나 이후의 '처단 포인트'가 스크린상에 없다. 스토리상 살인 현장에서 발부된 룰레의 주차위반 딱지를 증거로 룰레에게 사형을 구형한다면, 이 포인트가 부활과 처단이 될 것이다. 그러나 이런 장면은 스크린상에 보여지지 않는다. 그러므로 이 부분은 부활의 포인트가 아니다. 따라서 '죽음 직전의 포인트'도 할러와 룰레의 대결에서 찾으면 안 된다. 죽음 직전의 포인트는 룰레의 멘토이자 모친인 원저와 할러의 대결이 기다리고 있다.

수문장(룰레)을 처치하고 집에 돌아온 할러. 집에는 복병이 기다리고 있었으니 바로 룰레의 모친인 원저다. 그녀는 아들을 위해 프랭크를 죽였다고 말하며, 할러에게도 총격을 가한다. <링컨 차>에서는 수문장과 죽음 직전 포인트(P25)를 나누어 제시하였다.

P26. 부활 (109;33)

총 맞은 할러가 죽지 않고 반격한다. 총격전으로 죽음 직전의 포인트와 부활의 포인트가 바로 연결되어 나타난다.

만약 죽음 직전의 포인트를 (107;47)로 결정한다면 부활의 포인트는 룰레가 살아서 어떤 액션을 취하는 것인데, 스크린이나 스토리상에도 나타나지 않는다. 또한 수문장처럼 치환이 일어나 할러 대신 룰레가 죽음 직전을 맞았다고 상정할 경우, 할러가 살아서 집으로 돌아오는 장면이 되어야 하는데, 스크린상으로 명확하지 않다. 따라서 죽음 직전과 부활의 포인트를 룰레를 대신한 윈저와 할러가 벌이는 싸움에서 찾는 것이 좋다.

P27. 처단 (109;34)

할러가 윈저를 쏜다.

P28. 승리 (109:55)

윈저가 쓰러졌다. 악당 룰레 대신 모친이자 멘토가 대신 쓰러졌다.

<링컨차>에서는 죽음직전(P25), 부활(P26), 처단(P27), 승리(P28)의 포인트가 한 장면에서 하나의 행위로 발생한다. 당연히 총격전이었기 때문이다. 행위가 동시에 발생하지만 각각의 포인트는 정확히 제시됨을 알 수 있다.

P29. 여운 (110:06)

야자수 너머로 하늘이 보이는 거리 풍경이 펼쳐진다. 짧은 순간이지만 평화로운 시간이다. 카메라가 내려오면 병원 앞거리이다.

P30. 귀환 (110:26)

총상을 입은 할러가 퇴원하는 모습이다. 얼이 링컨 문을 열고 기다린다. 전쟁은 끝나고 집으로 돌아가는 시간이다.

P31. 홍익인간 (111:28)

마티네즈는 풀려났고, 룰레는 사형선고 받을 것이다. 완전한 승리를 이루었다. 바이크족들에게 공짜 변호를 해주겠다고 한다. 세상을 크게 이롭게 하지는 못하지만, 공평하고 정의롭게 하는 데 기여했다. 그리고 자신의 세계에서 영원한 을(乙)들에게 시혜를 베푼다.

P32. 에필로그 (112:55)

공짜 변론에 대해서 기사 얼이 미쳤느냐고 묻자, 할러는 단골 고객이니까, 다음에 바가지 씌우면 된다고 한다. 앞으로도 할러는 거리의 속물 변호사로 그렇게 살아갈 것이다.

P33. 제3막 끝 (113:30)

THE END.

오징어 게임

OTT드라마 | Squid Game | 2021

<오징어 게임>은 2021년 9월 17일 넷플릭스를 통하여 오픈되었으며, 18금 청소년불가 등급이다. 총 방영시간이 약 8시간[3]이고, 253억원의 제작비가 든 대작이라고 할 수 있다. ㈜싸이런픽쳐스가 제작했으며 황동혁 감독이 연출하고 각본을 썼다. 총 9부작으로 방영된 <오징어 게임>의 구조를 한 편의 영화로 치환하여 살펴본 분석이다. 일반적으로 시리즈 드라마의 경우는 영화에 비해서 시간상 길이가 확충되고 구조의 포인트들이 반복되는 현상이 나타는데 <오징어 게임> 역시 크게 다르지 않았다.

<오징어 게임> 각 화차별 방영시간(제작사 발표)과 제목 그리고 행해진 게임의 이름이다.

1회 59분- 무궁화 꽃이 피던 날. ① 무궁화 꽃이 피었습니다.

2회 62분- 지옥

3회 54분- 우산을 쓴 남자. ② 달고나 뽑기

4회 54분- 쫄려도 편먹기. ③ 줄다리기

5회 51분- 평등한 세상

6회 61분– 깐부. ④ 구슬 홀짝 먹기

7회 57분- V.I.P. ⑤ 징검다리

8회 32분- 프론트맨.

9회 55분- 운수 좋은 날. ⑥ 오징어 게임

3 넷플리스에서는 총 9화에 485분이라고 밝히고 있지만, 각 화차별 크레딧이 올라가는 시간을 빼면 실제 드라마 방영시간은 약 477분 정도이다.

<오징어 게임>에서 영웅 캐릭터(프로타고니스트)는 성기훈(이정재 분)이다. 상대역 악당(안타고니스트)는 조상우(박해수 분)이다. <오징어 게임>에서는 무엇보다 반영웅적인 소위 악당(안타고니스트)을 특정하기가 어렵다는 것이다. 필자는 악당을 상우로 보았다.

상우가 악당이 된 것은 악당의 정의를 내릴 때, 반영웅적 요소를 중시하기 때문이다. 캠벨에 의하면 악당은 영웅의 그림자로 영웅의 잠재적 이면, 또는 빛이 비치는 양면의 반대쪽 그늘이 지는 음면의 속성이 드러나는 특질을 가지고 있다고 한다. 그러니까 영웅이 의식적이고 이성적으로 누르고 있는 무의식의 영역에서 침전되어 있는 본능이 살아날 때 악당이 된다고 하였다. 결국 영웅과 악당은 동전의 앞뒤와 같이 상반되는 특질을 가지고 있다고 봐야 한다. <오징어 게임>에서 기훈에 대하여 이러한 특질을 보이고 있는 인물은 상우이다. 논자에 따라서 프런트맨을 악당으로, 요원들을 그 부하로 봐야 한다는 경우도 있을 수 있으나. 악당을 단지 나쁜 놈이 아닌 안타고니스트로 본다면 프론트맨은 아니다. 요원들 역시 수동적인 전사일 뿐이지 스토리를 이끌어 가는 캐릭터는 아니다. 또한 덕수와 그 부하들은 나쁜 놈인 것만은 사실이나 주인공급의 악당은 아니다.

<오징어 게임>은 소재와 이야기 전개방식이 특이하다. 캐릭터들을 정의하기가 애매하다. 특히 중요한 등장인물임에도 불구하고, 게임 운영자인 프런트맨을 어떤 캐릭터로 특정하기가 힘들다. 악당도 아니고 전권공여자도 아니고 전지전능한 신도 우습다. 또한 형을 찾는 경찰 준호와 프런트맨인 형의 서브플롯 구성이 2화차에서부터 나오고 있지만, 전혀 메인플롯과 매치가 안 되고 있다. 이런 문제는 본 드라마가 시즌 2를 염두에 둔 전편이라 그렇다고 여겨진다. 시즌 2에서는 프런트맨의 캐릭터와 서브플롯 등이 확실히 자리매김 될 것으로 보인다.

특기할 만한 인물은 오일남과 프런트맨이다. 그들은 어떤 캐릭터라고 말하기에 애매한 역할이다.[4] 오일남은 현로의 캐릭터인 것 같기도 하지만 극중 기훈과의 대결에서 일부러지만 져주고 죽음을 택하는 점에서는 희생자, 후반부에 살아 나와 하는 소리는 전권공여자인 것 같지만 구체적으로 기훈에게 어떤 힘을 제공한 것은 없다. 이병헌이 연기한 프런트맨도 마찬가지이다. 가면을 쓰고 나와 수수께끼의 인물 같기도 하지만 그의 기능 역시 수수께끼이다. 아마도 시즌이 계속된다면 거기에서는 특정되리라 여겨진다.

---

4 필자의 연구에서 그동안 거론됐던 캐릭터 유형이 아니라는 말이지 잘못됐다는 것은 아니다. 아마 이런 유형이 계속된다면 새로운 캐릭터 유형이 탄생하는 셈이 될 것이다.

• 33포인트 분석 •

P1. 오프닝; 어릴 적 오징어 게임 소개.

기훈의 내레이션과 함께 어릴 적 기훈으로 보이는 남자아이가 동네 친구들과의 오징어 게임에서 이기는 장면이 흑백으로 보여진다. 아이들의 행동은 슬로우 모션이고 기훈의 게임에 대한 설명이 얹혀진다. 어린 기훈이 암행어사가 되고 만세 부르는 장면은 시즌 맨 뒷차 끝부분 마지막 게임에서 수미쌍관으로 다시 나온다. 성인이 된 기훈이 상우와 목숨을 건 결투를 벌이고 만세 부르려는 찰나 걸음을 멈춘다. 이어서 오징어 게임 선에서 나오는 문양 ○△□ 표시가 타이틀로 바뀐다. [2;38]

P2. 일상; 비루한 기훈.

기훈이 겪는 비루한 인생의 현실이다. 기훈은 노점을 하는 엄마한테 빌붙어 살지만 개념 없이 능글맞게 주눅 들지 않고 살아간다. 손녀 생일 파티해주라는 돈까지 더 뜯어내고, 심지어 엄마의 쌈짓돈과 카드까지 훔쳐서 경마를 하는 놈이다. 경마에서 운 좋게 456만원을 따지만 그나마 사채업자에게 쫓기다가 새벽에게 소매치기 당하고 신체포기각서까지 쓰게 된다. [11.35]

P3. 소명/거부[5]; 딱지치기

전령이라고 할 수 있는 딱지맨이 등장한다. 볼이 벌게지도록 따귀를 때린 딱지맨은 몇 십만 원을 기훈 손에 쥐어주고 큰돈을 벌 수 있다고 한다. 거절하는 기훈에게 딱지맨은 뒷조사를 말해 준다. 기훈은 이미 덫에 걸린 것이다. 관객 역시 기훈이 벗어나지 못하리라는 것을 알고 있다. 딱지

5 소명과 거부가 인시던트보다 먼저 나온다.

맨은 짧은 시간에 고통과 돈의 맛을 다 보여주었다. 게임에의 참여를 제안하지만 기훈이 의심하면서 머뭇거리는 사이 딱지맨은 명함을 주고 떠난다. [23;55]

P4. 인시던트; 딸의 도미

빈한한 밥상머리에서 몸으로 벌어온 돈이라며 호기롭게 어머니에게 돈을 주던 기훈은 딸 가영이 어머니와 계부를 따라서 미국으로 이민을 가게 된다는 청천벽력 같은 소식을 듣는다. 그리고 어머니는 기훈에게 애를 키울 경제적인 능력만 있으면 손녀를 도로 데려올 수 있다는 말을 해준다. [28;50]

P5. 멘토[6]/수명; 게임 참여 수락

낙심한 기훈은 딱지맨이 준 이상한 기호가 박혀 있는 명함의 번호로 전화를 걸어 게임에 참가하기로 결정한다. [29;50]

멘토인 어머니가 돈만 있으면 딸을 찾아올 수 있다고 소명을 전해주었다. 영웅(기훈)의 소명은 딸을 되찾아 미국에 보내지 않는 것이고, 그러기 위해서는 돈을 벌어야 한다. 돈을 벌 수 있다는 제안(소명)을 이미 거부한 뒤다. 다시 그 명함으로 전화를 걸어 소명(돈을 벌 기회)을 받아들인다.

P6. 전개(1)

가면 쓴 운전사가 모는 승합차에 오르고 가스에 마취되어 쓰러진다. [31;10]

전개(2)

깨어난 곳은 낯선 세상이다. 번호표 붙은 청록색 체육복을 입은 채로 알 수 없는 침대에 놓여 있다. 수많은 모니터들을 보면서 이들을 감시하는 요원들이 있다. 다양한 세상의 루저들이 모인 집합소이다. [36;15]

---

6 '어머니'는 영원한 멘토이다. 더구나 상건달 기훈까지 먹여 살리고 있다.

전개(3)

우승자에게 456억원의 상금을 준다는 안내를 듣고, 동의서에 사인한다. [41;00]

- 소명/거부; <오징어 게임>은 이 지점에서 소명/거부 포인트를 또 설치해 놓는다. 기훈을 포함한 모든 참가자들에게 선택인 것 같으나 거부할 수 없는 제안이다. 사실상 강제이다. 우리 사회에서는 선택을 가장한 강제가 난무한다고 볼 수 있다. 사회·경제적 약자들은 사회·경제적으로 이렇게 옭아매어 지배당하게 된다.[7] 456억원을 벌 기회를 잡겠느냐, 쓰레기처럼 살겠냐는 선택 앞에 누군들 마다하겠는가. 영화나 실제에서나 여기에 함정이 있는 것이다. 기회라는 것의 확률과 위험성에 대해서는 우리 뇌가 반응하지 않기 때문이다.
- 수명; 소명을 받아들이는 데에 있어 뭔가 약속이 필요하다. 특히 불법적이고 반강제적으로 선택하게 되는 경우에는 후일 마음이 바뀔 때를 대비해서 계약서 등을 써서 징표로 삼아야 한다. <오징어 게임>에서도 모든 참가자들에게 동의서를 작성하도록 한다. 단 3가지 조건의 단순한 조항이지만 이미 기운 운동장에서, 아니 주최측이 있고 루저들끼리의 게임을 심판하는 입장에서는 이거면 충분하다. 3가지 조항이 엄청난 결과를 초래하게 된다. 특히 탈락이라는 일반적인 게임에서의 용어에 대해서 아무도 이의를 제기하지 않았다. 당시에는 이 3가지 조건이 큰 의미로 다가오지 않기 때문이다. 456억 원이라는 상상할 수 없는 돈이 이성을 마비시켰기 때문이다.

이 지점에서의 소명과 거부는 영웅의 단독 행위가 아니기 때문에 진짜 소명/거부/수명 포인트가 아니고 전개 포인트로 보았다.

전개(4)

이동, 첫 번째 게임장으로 향한다. 첫 번째 게임의 세상(죽음)으로 들어가며 각자 사진 촬영을 하는 참가자들. 프런트맨이 모니터로 지켜본다. 루저들은 화려한 개미굴을 통과하며 욕망의 사다리를 올라간다. [42;50]

---

7 경제적 사례로는 사채를 들 수 있겠고, 사회적으로는 선거를 예로 들 수 있다. 감언이설 또는 정파에 속아 뽑아주면 국민이 선택해준 것이라며 공과 사를 막론하고 권력을 휘둘러 결국 국민에게 고통을 준다.

P7. 1막 CM; 1ST 게임, 무궁화 꽃이 피었습니다.

철문이 열리고 큰 운동장으로 나오는 참가자들. 기훈이 상우를 발견한다. 철문이 닫히고 게임은 시작된다. 5분 내에 겨우 들어오는 기훈과 알리. 못 들어온 사람들은 모두 사살된다. 운동장 지붕이 덮이면서 집단 살육이 벌어진 장소는 외딴 섬이다. [55;05]

<오징어 게임>은 제1화차에서 포인트가 제1막 CM까지 진행되고 끝난다. 한창 감정이 고조될 때 막을 내리고, 다음 화차로 넘어간다. 제2화차는 프롤로그가 존재하지만 건너뛸 수 있도록 해놨고, 제1화차에서 이어 전개포인트부터 시작된다.

프롤로그; 매화차마다 본 이야기가 시작되기 전에 전편에서 이어지는 장면이 나온다.

전개(5)

첫 번째 게임에서 피살된 참가자들의 관이 줄지어 화장장에 들어온다. 여러 개의 화로에서 불꽃이 타오른다. 게임도 아닌 어린애들 장난 놀이에 걸렸다고 무차별 총살하는 무지막지한 이들, 모두 통일된 복장에 가면을 쓰고 일사분란하게 움직이는 이들의 정체는 무엇일까. 시설과 운영하는 노련미로 봐서는 이런 일에 아주 익숙한 전문가들임이 틀림없다. 사실 우리가 몰라서 그렇지, 겉으로는 번듯한 건물과 이름, 조직을 가지고 있으면서 속으로는 실질적으로 국민들 피를 빨아먹고, 서민들을 죽이고 있는 집단이 존재하지는 않을까.[8]

타이틀; 오징어 게임 제2화를 알리는 타이틀이 나온다. [1;03] 타이틀 역시 매화차 똑같은 방식으로 나온다.

---

8 세월호, 가습기 살균제, 삼풍백화점 붕괴, 대구 지하철 참사 사건 등을 생각해보라.

제2화는 <오징어 게임> 총 9화차를 전체로 볼 때, 충격적인 도입부가 끝나고 본격적인 이야기에 들어가기 전에 잠시 숨을 고르는 휴지기에 해당한다. 33포인트 중에서는 제1막에서 전개부분에 해당한다. 영화인 경우에는 보통 3개 내외의 사건으로 구성되는 포인트이다. 그런데 <오징어 게임>이 연작 시리즈이고 시간이 길기 때문에, 이 전개부분이 영화보다. 3배 이상 많은 사건과 시간으로 구성되었다. 특히 제1막 CM 포인트 뒤에서 전개를 이루는 많은 사건들이 배치되었다. 이들 사건들이 제2화 대부분을 차지한다.

전개(6)

강당에서 투표가 진행되고 100대 101로 부결된다. 지난 게임의 충격에 어두운 강당에 웅크리고 앉아 있는 생존자들. 기훈은 상우와 알리에 고맙다고 인사한다. 두 사람 때문에 살았다고. 기훈은 타인의 도움으로, 타인 덕분에 살아남는 경우가 많다. 그리고 그 고마움을 잊지 못하는 심성을 가지고 있다. 철문이 열리고, 불이 들어오고, 요원들이 도열한다. 모두가 엄청난 빚을 지고 혹시나 해서 여기에 들어온 루저들은 자신들을 겁박하여 돈을 받아내려는 심산이라고 착각한다. 미녀가 먼저 나서서 살려달라고, 제발 빚을 갚을 테니 내보내달라고 빈다. 상우가 나서 동의서 3조 과반수 이상이 찬성하면 게임은 중단된다는 조항을 들어 투표를 요구한다. 이때 천장에서 대형 황금돼지저금통이 내려오고 오만원권 다발들이 쌓이기 시작한다. 사망한 255명의 목숨값 255억원이 황금빛 오만원권으로 쏟아진다. 동요하는 참가자들. 투명한 황금통 속에 쌓이는 돈을 올려다보는 사람들의 눈이 휘둥그레진다. [6;00]

투표를 시작한다. 모두가 죽음의 공포에서 탈출하고 싶었지만, 휘황찬란한 현금통을 직접 자신들의 눈으로 확인한 루저들은 마음이 바뀌었다. 방금 전의 피비린내 나는 살육전을 잊어버리기에 충분한 황금빛 유혹이었다. 찬성과 반대 100대 100에서 마지막 차례인 영감이 반대를 누른다. 과반수가 반대하자 게임은 중단된다. [13;00]

전개(7)

한적한 산길에 내동댕이처진 기훈과 새벽, 여의도 상가에 버려진 상우와 알리. 어딘지는 알 수 없지만 죽음의 문턱에서 생환한 것만은 확실하다. 그들을 맞아 주는 것은 냉랭한 아스팔트와 인스턴트 편의점뿐이다. [18;25]

전개(8)

돌아온 현실계가 더 지옥이다. 기훈은 소통 안 되는 경찰에 미친놈 취급을 받는다. 당뇨로 썩어가는 어머니를 보고는 돈 구해오겠디고 나선다. 상우는 경찰 출석요구서, 빚 독촉 문자에 시달리고 어머니를 먼 발치서 보고 자살을 결심한다. 알리는 밀린 임금 떼먹은 사장한테 찾아가 돈을 반강탈하고 도망간다. 덕수는 필리핀 조직으로부터 장기를 뜯길 위기에 처한다. 새벽은 자신을 버렸다고 말하는 보육원에 있는 동생을 달래며, 엄마가 탈북하면 함께 살 수 있을 거라고 약속한다. [38;10]

전개(9)

이 포인트는 서브플롯이다. 경찰 황준호가 행방불명된 형을 찾아 나선다. 이 서브플롯은 계속해서 중간중간에 등장한다. [55;17]

전개(10)

영화 스토리상으로는 기훈, 상우, 알리, 새벽, 덕수 등 5명의 이승생활 모습만 보여줬지만 관객들은 거기 참가했던 201명의 사람들이 대동소이한 삶을 살고 있을 것이라고 짐작하는 것은 어렵지 않다. 결국 이들은 모두 ○△□ 명함을 받고 게임에 재참가하기로 하고 승합차를 기다리는 운명에 서 있게 된다. [56;00]

P8. NTW; 죽음의 성지로 들어간다.

루저들은 제작기 전과 동일한 방법으로 승합차에 타고 가스를 마시고 혼수상태에 빠진 채 죽음의 성지로 향한다.

P9. 제1막 끝, 제2화 끝. [58;00]

제2화의 끝이 <오징어 게임> 전체 구조상 제1막이 끝나는 포인트가 된다. 제2화는 게임 참가자들이 게임을 포기하고 벗어났다가 다기 참가하기까지의 브릿지편인 셈이다. 사실 제2화의 이야기가 우리나라 사람들에게는 정서상 많은 공감을 얻은 부분이지만, 외국 시청자들에게는 지루한 편이 없지 않았을 것이다. 정서와 언어가 다르기 때문이다.

NTW; 계속해서 재참가자들을 태운 승합차들의 긴 행렬은 무진항으로 들어간다. 제2화 P8. NTW의 계속이다.

이때 준호가 승합차 밑에 매달려 배에 잠입한다. 준호는 진행요원을 죽여 바다에 버리고, 그 복장으로 갈아입은 준호는 요원(○)이 된다. 이후 경찰 준호와 연관된 서브플롯이 진행된다. 승합차 행렬은 어둠을 뚫고 섬으로 들어간다. [6;30] 준호의 서브플롯은 메인플롯과 연결되는 듯하나 시즌1 끝까지 따로 논다.

제2막-1. 2nd 게임; 달고나 뽑기

P10-1. **수문장**

다시 돌아온 강당에서 아직 혼수상태인 루저들이 탈의된다. 깨어난 기훈이 아는 사람들과 반갑게 인사한다. 반가울 것도 없구만 기훈은 해맑은 모습이다. 제발로 죽음의 축제에 다시 참가한 루저들은 생존본능으로 각자 팀을 만들어 뭉쳐야 한다는 것을 직감하고 끼리끼리 모인다. 201명 가운데 187명이 돌아왔다는 보고를 받는 프론트맨. [13;10] 93%의 재참가자율이면 통계상으로 거의 다라고 봐도 좋다. 그만큼 우리 사회가 각박하다는 증거다.

P11-1. **시험**

도시락으로 끼리끼리 모여 앉아 식사를 한다. 게임은 어린애들 놀이 중에 하나일 것이라며 어린이 놀이들을 읊어댄다. 이들이나 관객들 모두 다음 게임을 예측하기는 어렵다.

요원들이 일과가 끝나고 숙소로 돌아간다. 29번 방에 들어가는 준호. 한밤중에 한미녀가 화장실 소동을 벌이고, 새벽은 본부로 숨어 들어가 주방에서 커다란 솥에 설탕을 녹이는 장면을 목격한다. 111번은 계란 속에서 쪽지를 꺼낸다. 다들 능력껏 다음 게임이 뭔지에 대해서 또는 자신들이 처한 상황을 이해하기 위해서 노력하는 모습이다. 두번째 게임장으로 이동한다. 철문이 열리고 요원들을 따라서 루저들이 입장한다. 둘러보는 루저들의 시점으로 보이는 공간, 거대한 놀이터이다. [31;00] 두 번째 게임이 시작된다. 참가자들은 알 수 없는 운명의 시험에 든 것이다.

P12-1. 앞 CM1; 2nd 게임; 달고나 뽑기.

두 번째 게임인 달고나 뽑기 전체가 2막 앞의 클라이막스에 해당한다. 물론 이 부분이 상당히 길기 때문에 더 세밀한 구조 분석에서 3막 가운데 제2막에 해당한다고 볼 수도 있다. 따라서 <오징어 게임> 시즌1은 3막 구조론으로 볼 때, 제2막이 여러 개인 셈이다. 이에 대해서는 다음에 논하기로 한다. 여기서는 해당 게임들이 제2막의 앞에 있는 클라이막스 기능을 하는 것으로 보고 분석하였다. 따라서 제2막 앞 부분의 클라이막스는 모두 4개가 존재하는 셈이다. 그만큼 전개 부분 시간이 늘어나고 이는 <오징어 게임>이 시리즈물이기 때문에 당연한 구조이다.

여기서부터 기훈과 상우의 갈등이 조금씩 비치기 시작한다. 상우는 기훈을 적으로 생각하고 도와주지 않는다. 담장에 그려진 그림을 보고 달고나 뽑기라는 것을 확신한 상우는 팀의 생존율을 높이기 위해 각자 흩어지자고 하면서 자신은 가장 쉬운 세모를 선택한다. 기훈이 가장 어려운 우산 줄에 서자 일순간 기훈을 부르며 말을 해주려다가 이내 포기한다. 상우는 이미 기훈을 적으로 여기고 있다. 한 사람이라도 더 죽어줘야 내가 살 확률이 높아지고 상금은 올라가게 되는 것이다.

참가자들은 각자 케이스 하나씩을 받는다. 케이스를 열고 내용물을 확인하는 루저들. 10분 안에 형태대로 뽑아야 하는 달고나이다. 우산 모양을 보고 좆 됐다고 한탄하는 기훈, 이를 훔쳐보는 상우. 모두들 희비가 교차한다. 카운트다운에 들어간다. [36;40]

기훈은 어려운 우산 모양을 떼어내느라 진땀을 흘린다. 한순간의 실수로 총살당하는 루저들. 시간이 갈수록 여기저기서 터지는 총소리가 긴장한 루저들의 심장을 더 떨리게 만든다. 상우는 세모를 쉽게 성공하고, 미녀는 숨겨온 라이터로 바늘을 달구어 긁어 쉽게 성공한다. 라이터를 덕수에게 줘 신뢰를 쌓는다. 알리도 동그라미를 잘 떼어내고 통과된다. [41;20]

진땀을 흘리던 기훈은 달고나를 햇빛에 비추어보다가 혀로 핥기 시작한다. 설탕을 녹이면 얇은 경계선이 쉽게 떨어질 수 있기 때문이다.[9] 영감 등이 기훈을 따라서 달고나를 핥는다. 종료 타이머와 함께 겨우 성공하는 기훈. [46;52] 개미굴을 내려가며 총소리를 듣는 루저 아닌 위너들. 상우는 총소리를 들으며 기훈이 죽는 것을 생각하는지 눈시울이 벌게진다. [48;05]

P13-1. **휴지기1**

달고나 게임에서 겨우 살아서 개미굴을 내려오는 루저들. 기훈이 생환하자 찢어지자고 해서 미안하다는 상우에게 기훈은 알면서 그런 것도 아니고 괜찮다고 한다. 상우는 찔리는 표정이 역력하다. 기훈조는 모두 생환했다.

각 게임은 제2막의 앞CM에 해당하고, 다음 게임으로 넘어가는 도중에 휴지기 포인트가나온다. 187명 중 79명이 탈락했다는 방송과 함께 황금 돼지저금통에 쏟아져 내려오는 79억 원어치 황금 돈다발. 이를 올려다보는 참가자들의 눈동자. 타이틀이 나온다. [3;00]

식사는 삶은 계란 1개와 사이다 1병뿐이다. 부족한 식사량으로 내란이 발생한다. 참가자 1명이 죽는다. 기훈이 사람이 죽었다고 항의해봤자 소용없다. 희생자 몫의 돈만이 황금돼지저금통에 쌓이고 분홍 리본을 단 관짝이 들어와 시신을 싣고 갈 뿐이다. [8;30]

취침 소등 시간에 피의 살육전이 벌어진다. 많은 루저들이 죽어나간다. 영감이 무섭다며 그만하라고 맨 꼭대기 침대에서 애원한다. 게임이 종료되고 불이 들어온다, 천장에 매달려 있는 황금찬란한 돼지 저금통은 모든 광경을 지켜봤을 것이다. [20;30] 영감은 맨 꼭대기 침대에서 살육현장을 내려다보고 요원들은 관을 소각장으로 나른다.

하얀 층계로 이동하는 루저들. 지금까지 보여지지 않았던 하얀 공간이다. 10분 내로 10명 씩 팀을 이루라고 한다. 다음은 단체전이다. 10명씩 짝을 맞추기 위해 탐색이 시작된다. 기훈은 여자 셋과 영감 등으로 팀을 이루었다. 게임장의 문이 열린다. [40;00]

---

9 이 지점이 구조분석의 다른 시점에서 보면 '천우신조' 포인트에 해당한다. 이러한 분석은 다음 기회에 소개하겠다.

P12-2. 앞 CM2; 3rd 게임; 줄다리기

세 번째 게임이고 제2막 두 번째 앞 CM 포인트이다. 첫 번째 게임은 제1막의 CM이었다. 게임장소로 이동한다. 줄다리기라는 말에 회심의 미소를 짓는 덕수조와 죽을 맛인 상우조. 각 조들은 이제 조별 대결을 펼쳐야 한다. 막강한 팀을 이룬 덕수조는 의기양양하고, 여자가 3명이나 되는 기훈, 상우, 알리, 영감 조는 비통해진다.

죽음의 대결, 당기지 못하면 당겨져 낭떠러지에 떨어져 머리가 깨져 죽는다. 7조가 모두 떨어져 죽고, 요원들이 관을 들고 들어와 시신을 거둔다. 아직 숨이 덜 떨어진 관에는 표시를 해둔다. 다음 게임을 위해 줄을 설치한다. [44;41]

불리한 기훈의 4조가 자신만만한 5조와 게임을 하기 위해 엘리베이터로 이동한다. 영감의 줄다리기 강의가 계속되는 가운데, 줄을 맞잡는다. 기훈조는 기지를 발휘해 당기는 것을 멈추고 세 발짝만 앞으로 가 저쪽을 넘어트리기로 한다. 세 발짝 앞으로 가는 기훈조. 갑자기 앞으로 달려간다. [50;30] 제4화차가 끝난다. 각 게임이 제2막의 앞 CM들과 휴지기를 구성한다고 말했다는 점을 상기하자.

기훈조는 상대조가 뒤로 넘어지자 필사적으로 뒤로 줄을 당겨 살아남는다. 필살기로 구사일생한 셈이다. 제5화 타이틀이 나온다. [2;40]

P13-2. 휴지기2;

생환하는 엘리베이터 안에서 남자가 기도한다. 비꼬는 지영. 생환하는 기훈조가 죽음의 계단을 오르려는 조와 교차한다.

먼저 와서 잡담하던 덕수조는 상우조가 믿기지 않는다. 상우는 미녀가 덕수조에서 쫓겨난 것을 볼 때 다음 게임에 대해서 알고 있었을 수 있다고 추측한다. 소등되고, 소각장의 불꽃도 꺼진다. 황금돼지저금통만이 환하다. [2;40]

불침번을 서며 기훈이 환영을 본다. 동료가 진압대의 방망이에 뒷머리를 맞고 쓰러진다. 영감의 부르는 소리에 정신이 돌아오는 기훈. [22;40] 새벽과도 대화를 나눈다. 마지막 대결을 위해서 두 사람은 화해할 시간이 필요했다. 장기 적출 밀매요원들의 서브플롯이 진행된다. [24;55] 제 5화가 끝난다.

서브플롯의 진행에 상당한 시간을 할애한다. 침입자가 있음을 안 프론트맨은 참가자들을 점호하고 침대를 뒤진다. 영감은 오줌을 지리고, 기훈이 츄리닝을 벗어 뒤를 가려준다. 기훈의 일련의 행동들이 영감을 감동케 해주었음이 나중에 밝혀진다. 네 번째 게임의 안내에 따라 이동한다. [1;40]

화려한 개미굴을 올라가는 참가자들, 계단 허공에는 의사와 장기 적출자들의 시체가 매달려 있다.[10] 프론트맨은 사익을 위해 게임세계의 규칙을 어기고 순수한 이념을 더럽힌 자들이라고 방송한다. 이 게임세계는 모두 평등하며 어떠한 차별 없이 동등하게 기회를 부여받아야 한다고 덧붙인다. 전형적인 내로남불이다. [3;00]

계단이 있는 하얀 공간에서 2인 1조 짝을 찾는 참가자들. 기훈은 상우한테 말하려는데, 상우는 알리를, 알리는 기훈 눈치를 본다. 상우와 알리, 지영과 새벽, 기훈과 영감, 부부가 짝을 맺는다. 누구도 원치 않은 미녀가 깍두기가 되어 짝을 못 구하고 울부짖으며 끌려간다. [13;40]

P12-3. 앞 CM3; 4th 게임; 구슬 따먹기

옛날 동네 마을을 재현한 세트장에 도착한 참가자들. 주머니에 든 구슬이 분배된다. 문제는 짝을 이룬 사람끼리 구슬치기를 하여 다 잃은 사람은 죽게 된다는 잔인한 게임이다. 말은 안 하지만 서로 관심이 있어서, 또는 친해지려고 짝을 이룬 사람들이다. 새벽과 지영은 기구한 운명의 가족사를 서로 들려준다. 상우는 속임수로 알리를 이기고, 지영은 새벽이 동생을 위해서 돌아가야

10 나무에 죽은 인간을 매달아 놓는 것은 인간의 오랜 관습이다.

한다며 기꺼이 죽음을 택한다. 영감은 깐부 기훈에게 치매 행세를 하며 도와주고 죽임을 택한다. "괜찮아, 다 잘 될 거야"라며 기훈을 보듬어 준다. 눈물을 흘리는 기훈. 골목길을 서서히 빠져나가는 기훈의 느린 발걸음. [57;17] 제6화가 제2막 세 번째 앞 CM을 구성하고 끝난다. 세 번째 휴지기는 다음 화차에서 다음 게임이 시작되기 전에 나올 것이다.

P13-3. **휴지기3**

관속에 들어가는 알리의 시신, 뚜껑이 닫힌다. 동네 세트장에서 시신을 거두는 요원들. 프런트맨(대장)은 전화를 걸어 침입자를 반드시 찾아내라고 한다. 곧 VIP들이 도착할 거라고 한다.

생존자들이 내려오고, 모두가 죽었을 줄 았았던 미녀가 침대에 누워있다가 덕수를 놀린다. 이 세상은 정말로 평등한 세상이었다는 것을 직감한다. 짝을 못 이룬 게 자신의 뜻이 아니었는데 죽임을 당한다면 얼마나 억울하겠는가. 살아난 미녀 자신도 비꼬는 말투다. '소외된 약자는 버리지 않는 게 옛날 애들이 놀이할 때 지키던 아름다운 규칙이라나.' 생존자 17명에 총상금은 439억원이 쌓였다. [2;50]

통감자 식사 시간에 목이 메어 못 먹는 새벽과 기훈. 유난 떨지말라고 하는 상우는 저 사람 파트너는 자기 부인었다고 한다. 그 남편이 더 이상 못하겠다고 한다. 투표로 그만 하자고, 과반수 투표로 게임을 중단하자고 제안하지만, 루저들 아니 지금까지의 위너들은 게임을 멈출 생각이 없다. 기훈은 영감이 준 구슬 하나를 손에 꼭 쥔다. [9;30]

헬기에서 내리는 VIP들이 요원의 안내로 걸어온다. 화려하고 기괴한 동물 머리 가면들을 쓴 부호 6명이 게임을 참관하기 위해 직접 방문한 것이다. 황금 부엉이 가면을 쓴 자한테 대장이 VIP들이 도착했다고 보고한다. 황금가면투구를 벗는 호스트. 얼굴은 알 수 없다. [10;15]

VIP들을 맞는 대장. 자신을 호스트를 도와 이곳 운영 책임자라고 소개한다. 이들 VIP들이 단골 또는 고정 고객이 아니라는 점을 알 수 있다. 혹은 프론트맨이 바뀌고 처음 맞는 고객일 수도 있다. 호스트가 참석 안 한다는 점을 이상히 여기는 걸로 봐서는 호스트를 알고 있고, 이런 게임에 사전에 왔었다는 얘기인 즉, 대장이 처음 프론트맨 역할을 맡았다는 것을 짐작할 수 있다. 이 게임에 기대가 크다며 입장하는 VIP들. [11;40] 보통 서바이벌 게임에서는 모니터로 엄청난 돈을 건 고객들이 지켜보고 있다는 것을 사전에 알게 해주는데, <오징어 게임>은 철저히 숨겨왔다. 그리고 관람객과 참가자들 사이에 모종의 거래 혹은 연관이 있어왔는데, 어떻게 될지 시즌2를 지켜봐야 한다.

VIP 갑부들이 찬란한 동물 가면들을 쓰고 고급 술을 마시며 게임을 보는 관람석으로 들어온다. 그들은 한국 대회가 이제껏 최고였다고 한다. 이 게임이 여러 나라를 돌아다니며 벌어진다는 것을 알 수 있다.

다음 게임을 위해 개미굴을 이동하는 참가자들. 참가자들이 입장한 방에는 1번부터 16번까지의 번호를 새긴 조끼가 걸려 있다. 순서를 정하는 조끼를 차지하는 16명의 루저 아닌 위너들. 기훈이 처음으로 적극적으로 나서지만 결정이 안 선다. 1번 조끼를 입으려 하지만, 96번이 달라고 해서 기훈이 맨 마지막인 16번 조끼를 입는다. [23;50]

P12-4. 앞 CM4; 5th 게임; 징검다리

다섯 번째 게임은 징검다리이다. 일반유리와 강화유리가 섞여 있는 징검다리를 건너는 게임이다. 육안으로는 구별이 안 돼 앞서간 사람이 밟고 떨어져 죽어야 비로소 다음 사람이 안전한 징검을 밟고 앞으로 한 단계 나가, 모두 18다리를 건너야 산다. 1번 남자는 16번 기훈을 바라본다. 표정 관리를 할 수 없는 기훈. 총 10분 내에 모든 사람들이 다리를 건너야 한다. 신발을 벗고 시작하는 1번 남자. [27;52]

앞장 선 사람들이 죽고 그들이 선택한 또는 선택하지 않은 징검다리를 밟고 나아가는 사람들. 중간 순서에 있던 덕수가 다리 중간에서 앞에 섰던 사람들이 모두 죽고 맨 앞이 되자 앞으로 가지 않겠다고 멈춰서 꼬장을 피운다. 급한 사람이 먼저 가면 따라가겠다는 심산이다. 시간은 흐르고, 이윽고 11번 미녀가 10번을 제치고 자신이 먼저 가겠다면서 덕수의 자리로 오더니 깍지를 껴서 덕수를 껴안고는 '나 배신하면 죽인다고 했지?'라며 뛰어내린다. 열 두 명의 사람이 죽고 유리공장 전문가로 일한 13번째 참가자가 구세주처럼 나타나, 빛의 반사를 통해 강화 유리를 알아보고 징검다리를 건너간다. 그러자 재미없다는 VIP들의 불만에 프런트맨이 불을 꺼서 육안으로 강화유리를 판별할 수 없게 만든다. 그러자 물건을 던져 소리로 판별하는 구세주. 점점 판단에 시간이 걸린다. 마지막 한 판을 남겨두고 망설이는 13번. 제한 시간이 다가오자 초조해진 14번 상우가 13번을 밀어버리고 그가 디딘 유리판이 깨지고 떨어져 죽는다. 이제 상우는 나머지 유리판을 딛고 무사히 건너는 데 성공한다. 물론 뒤에 있던 15, 16번 새벽과 기훈도 살아남는다.

갑자기 총알들이 날아와서 유리판들이 깨지고 유리 파편들이 눈발처럼 날려 생존자들을 덮친다. 앞에는 트로피 3개가 놓여 있다. [52;20] 파편들은 멋있게 흩날렸지만 뜬금없는 장면이다. 하긴 참가자들이 멀쩡히 살아있는 게 보기 싫었을 가면들을 위해서는 무슨 짓인들 못하랴만, 전혀 이유를 모르겠고 복선도 개연성도 없다. 어쨌든 효과는 커서 새벽이 치명상을 입는다. 최고였다고 좋아하는 VIP들.

준호가 바닷속으로 탈출해 물안경을 벗는다. 메인플롯의 도망(P21)포인트를 서브플롯이 대행한다. [53;30] 이렇게 제7화가 제2막의 앞 CM 네 번째를 구성하고 끝난다.

P13-4. 휴지기; 숨돌리기

귀환하는 3인. 핏자국이 묻어있다. 텅 빈 강당에 침대 3개만이 삼각형으로 달랑 놓여 있다. 기훈이 상우에게 시비를 건다. 왜 그랬냐고, 왜 밀었냐고? 상우는 맨 뒷번호 뽑더니 마음이 너그러워지셨냐며 비꼰다. 기훈은 그 사람 때문에 나는 살아남은 거라고 하지만, 상우는 자신이 살아남으려고 죽을힘을 다했기 때문에 살아남은 거라고 말한다. 나였어도 밀었을 거냐는 기훈에게 상우는 오지랖은 넓고 머리는 나쁘다고 무시한다. "그래, 쌍문동의 천재 조상우는 여기서 왜 이러고 있을까"라고 응수해 서로 자존심을 긁어댄다. [4;25] 새벽은 하복부에 박힌 강화유리 조각을 빼낸다. 큰 상처를 입었다. [6;10]

형의 행방을 알게 된 준호가 탈출한다. [7;33] 제8화는 서브플롯인 준호의 도망포인트(P21)와 프런트맨의 추격포인트(P24)가 메인플롯의 응접실포인트(P23)와 교차되며 진행된다.

P14. 응접실

마지막 게임을 남겨두고 선수들이 응접실(식탁)에 모였다. 촛불이 점화되고 스테이크 접시가 세팅된다. 원형의 카펫에 체크 바닥무늬. 그 안에 정삼각형 테이블이 배치됐다. 각 변의 중앙에

3인이 앉아 있다. 등번호 67번 새벽, 218번 상우, 456번 기훈. 모두 나비 넥타이에 흰 와이셔츠, 검은 정장을 입었다. 훌륭한 응접실에서의 최후의 만찬이다. 식사 도중에도 서로 경계의 끈을 놓지 못하는 세 사람. 상우는 꾸역꾸역 다 먹어치우고, 기훈도 억지로라도 기운차리기 위해 씹어 먹는다. 새벽은 상처의 고통이 깊어 먹질 못한다. [9;46] 치워진 테이블에는 나이프 하나씩만이 남겨져 있다. 나이프를 챙겨 드는 세 사람. 이제부터는 각자 어느 순간 누구나 아무를 죽여도 좋다는 암시이다.

천정에 황금돼지저금통이 빛나는 강당의 바닥에 원형 체크 카페트만이 남겨 있고, 가운데에는 4개의 촛불이 타는 스탠드 촛대가 어둠을 밝히고 있다. [16;30]

P15. MP; 영웅과 악당의 만남

기훈과 상우가 정체를 드러내고 격돌한다. 456개의 침대가 꽉 차 있던 강당에 3개의 침대만이 황량하게 떨어져 놓여 있다. 말없이 서로를 경계하며 편하게 잠들지 못한다. 새벽은 밀려오는 고통에 점점 혼미해지고 눈이 감긴다. 기훈은 걱정되어 새벽에게 다가가지만 새벽은 경계한다. 기훈은 죽일 거였으면 진작 죽였다고 말하며 새벽에게 적의가 없음을 알리고, 마지막 게임에서 힘을 합쳐 상우를 이기고 같이 상금 반씩 가지고 나가자고 제안한다. [20;50] 먼저 상우를 배신하고 작전을 짜는 것은 기훈이다. 이후로 기훈은 적극적으로 변한다. 기훈이 적의를 품음으로써 이제 상우와는 진정한 맞수가 되었다. 상우는 진작부터 기훈을 적으로 보아왔다.

P16. 영약; 믿음, 가족애

새벽은 기훈에게 둘 중 하나가 살아서 나가면, 서로 남은 가족을 챙겨주기로 약속하자고 한다. 기훈은 저놈 제끼고 너랑 나랑 나가면 된다고 그런 소리 하지 말라고 한다. 새벽은 고통을 억누르며 그래도 내 동생 꼭 챙겨준다고 약속해달라고 한다. 기훈은 딸을 생각하고 새벽은 동생을 생각한다. 그들이 목숨 거는 단 하나의 이유는 가족을 위해서다. [21;50]

P17. 시련; 희생자

이때 기훈은 상우가 지쳐 잠시 졸고 있는 모습을 발견하고 칼을 꺼내며 접근한다. 그러나 새벽이 만류해 그만두게 된다. 먼저 상우를 죽이기 위해 제3자와 협상하고 적의를 내보이는 것은 기훈이다. 결국 새벽은 과다출혈로 정신을 잃고 쿵 쓰러진다. 기훈은 새벽을 살려야 한다며 주최 측에 도움을 요청한다. 응답 없는 요원들을 부르기 위해 철문을 두들긴다. [24;00]

P18. 천우신조; 反데우스 엑스 마키나

이윽고 문이 열리지만(천우신조를 기다리지만) 요원들이 들고 오는 것은 루저를 담아갈 관이다. 놀란 기훈이 새벽에게 달려간다. [24;30] 새벽을 살리고자 애타게 신을 향해 도와달라고 부르짖고 문을 두드렸다. 결국 문은 열렸지만, 사다리를 타고 내려온 것은 신이 아니라 관이었다. 안티데우스엑스마키나라고 할 수 있다.

P19. 승리; 빗나간 승리

실성한 듯 달려온 기훈의 눈앞에 상우가 피 묻은 칼을 들고 새벽의 침대 옆에 서 있다. 새벽의 목이 칼로 그어져 있다. [25;15] 울부짖는 기훈은 격분하여 칼을 들고 상우에게 달려들지만 요원들에 의해 제지당한다. 땅에 엎어져 올려다본 시선으로 새벽이 침대보에 들려진 채 관으로 옮겨지고 있다. [26;40] 요원들이 기훈을 말리지 않고 그냥 두었더라면 하는 아쉬움이 남는다. 어차피 상우와 기훈은 최후의 2인이 되어 생사를 걸어야 할 것이다. 그런데 여기서 하나가 죽어 게임이 종료되면 VIP들을 위한 볼거리가 없어진다. 그렇다면 앞 징검다리 게임에서 생존자가 3명이 나오자 일부러 총을 쏴 유리 파편을 만들어 생존자들에게 부상을 입혔을지도 모른다는 추측이 가능하다. 단지 게임을 재밌게 하기 위하여. 이유는 다르지만 상우도 나중에 말하기를 기훈과 새벽이 동의해서 게임을 중단시킬까 봐 우려하여 새벽의 목을 찔러서 죽였다고 한다.

P20. 모닥불; 전리품을 나누는 살아남은 자들

황금돼지저금통에 한 사람의 목숨 값이 더 쌓인다. 전광판이 바뀐다. 생존자 2명, 총 상금 454억 원. [26;50] 이제 1억원만 쌓이면 목표금액 456억원이 된다. 단 한 사람의 목숨값만 남았다. 화장장 화로의 불꽃이 타오른다. [27;58]

P21. 도망[선행]; 서브플롯]

그동안 서브플롯이 메인플롯과 연관을 맺지 못하다가 이 부분에서 많이 거론된다. 특히 33포인트의 관례상 이 지점에서 영웅의 도망과 악당의 추격이 있어야 하는데 그런 포인트가 없다. 다만 서브플롯에서의 영웅과 악당이 이 지점에서 도망과 추격을 벌이고 있다. 따라서 필자는 메인플롯의 도망과 추격 포인트를 서브플롯의 그것으로 대체하고자 한다. 물론 작가나 감독이 이런 것을 염두에 두고 영화를 만들었는지는 알 수 없다. 다행히 메인플롯 포인트의 빈 공간을 마침 서브플롯의 해당 포인트가 비슷한 지점에 자리하고 있어서 대체하기가 더욱 용이하다. 도망포인트는 제7화 후반부[53;30]에 시작되어, 제8화 전반부까지 이어진다. 따라서 도망포인트는 선행하여 나온 셈이다.

죽음의 섬에 잠입한 후, 전말을 알게 된 준호는 잠수장비를 이용하여 탈출하는 데 성공한다. 바다를 헤엄쳐 나가 무인도로 들어간다. [1;30] 부하들을 데리고 준호를 추격해온 프런트맨은 산소통을 발견하고 폭발시킴으로써 추격을 알게 한다. [6;40] 도망(P21)과 추격(P24)의 포인트이다. 준호는 지원 병력을 요청한다. [7;30]

P22. 추격[선행]; 서브플롯]

프런트맨은 부하들과 준호를 추격한다. 추격에 잡힌 준호는 프런트맨의 어깨를 향해 마지막 총알 1발을 쏘며 저항한다. 프런트맨은 준호가 보게끔 가면을 벗어준다. [14;47] 같이 가자는 말을 거절하는 준호에게 총 한 발을 쏘고, 준호는 바다에 떨어진다. [16;16] 준호의 서브플롯이 끝난 셈이다. 이 서브라인은 도망과 추격의 포인트를 대신한 것 외에는 메인라인에 아무런 공헌을 못하고 끝나버렸다. 시즌2를 기대할 수밖에 없다.

P23. 제2막 끝; [27;58] 제8화 끝

제8화가 끝나면서 <오징어 게임> 드라마 전체의 제2막이 끝난다. 제2막은 6개의 게임 중에 4개의 게임으로 구성된다. 4개 중에서도 3개의 게임이 2막 앞 CM을 구성하고 다섯 번째 게임이 제2막의 CM포인트를 구성했다. 첫 번째 게임은 제1막의 CM포인트였다. 각각의 게임은 충격적이고 강렬하나, 뒤로 갈수록 점점 관객의 숨통을 조여온다. 이제 마지막 게임만 남았다. 제3막이 기다리고 있다.

P24. NTW;

공간 이동이 제2막 끝에서 일어나지 않고 제3막 시작에서 발생한다. 영웅과 악당은 마지막 결전을 위해서 생사의 운명을 가를 장소로 이동한다. 기훈과 상우는 마지막 게임이 벌어질 경기장으로 들어가는 동굴의 깊은 곳에 이르렀다. 굳게 닫혀 있는 철문 앞에서 공수 선택 동전 던기기를 한다. 평상시 같으면 상우가 했을 거를 기훈이 한다. 세모를 선택하는 기훈. 심판 요원이 세모와 네모가 새겨진 동전을 던진다. 결과는 세모가 나온다. 기훈에게 선택권이 주어진다. 기훈은 공격을 선택한다. 오징어 게임의 공격은 기훈, 방어는 상우. 공격은 만세를 불러야 하고, 수비는 이를 저지해야 한다. 수비가 이길 방법은 공격자를 금 밖으로 밀어내는 것이다. 물론 공격도 수비를 금 밖으로 밀어내면 이긴다. 확실한 것은 상대방을 죽이는 게 이기는 거다. 철문이 열리고 경기장으로 입장하는 두 선수. [2;00]

대형 유리벽을 통해 경기장을 관람하는 5인의 VIP들과 프론트맨. 룰이 설명된다. 게임을 진행할 수 없는 상태가 되면 나머지 한쪽이 승리한다. 게임을 진행할 수 없는 상태란, 참가자가 사망한 상태를 말한다. 결국 둘 중 하나가 죽어야 끝나는 게임이다. 공격자가 수비를 죽이지 않고 만세를 부른다면, 수비자는 탈락자가 되어 즉결로 총알 세례를 받을 것이다. 게임이 시작된다. [2;55]

공격자가 만세를 부르기 위해서는 강을 건너서 암행어사가 되어야 한다. 기훈은 비겁한 행동도 마다하지 않는다. 한 치의 망설임도 없이 구두끈을 매는 척하다가 흙을 상우 얼굴에 뿌려 무사히 강을 건넌다. 곧장 쳐들어온 기훈은 상우와 격돌한다.

살아남은 두 명, 쌍문동 천재와 쌍문동 문제아, 형과 아우, 둘만이 오징어 게임을 한다. 어릴 적 낭만의 놀이가 아니라 456억 원이 걸린 목숨을 건 게임이다. 넷플릭스 홍보 포스터의 카피에서처럼 '어른들의 동심을 파괴하는 게임'이다. 무엇이 어른들의 동심인지는 설명이 없어 잘 모르겠지만, 어쨌든 어릴 때 했던 오징어 게임 놀이는 아니다.

첫 게임을 했던 장소이다. 술래였던 영희가 그대로 서 있다. 규칙을 위반했다는 이유로 255명을 무참히 살해한 현장을 영희는 모를 것이다. 그 현장에서 이제 마지막 두 명 중 한 명이 목숨을 내놔야 한다.

빗방울이 떨어진다. 관람하던 VIP들의 대화 중에 중국말이 나온다. 두보 시를 인용한다. 그들 중에 중국인 갑부가 있다는 말이다. 시즌2의 방향을 쫓는 단서는 아닐까.

상우는 새벽이 부상당해 어차피 죽을 애였다고 변명한다. 기훈이 계속해서 씩씩거리며 예전과 달리 덤벼대는 꼴에서 눈치를 채고 말해주는 것이다. 상우는 고통을 덜어줬을 뿐이라고 한다. 살아있었고 살릴 수 있었다는 기훈의 말에, 상우는 그래, 그래서 죽인 거라고 답한다. 형이 그 애 살리겠다고 다 포기할 수 있는 인간이라서. 형이 걔랑 그만두면 다 끝나니까. 돈도 없이 여기서 나가야 되니까. 그 애가 아니었으면 넌 그때 이 칼에 죽었어. 상우는 칼을 빼든다. 그 돈 넌 여기서 절대 갖고 못 나가. 기훈의 목적이 돈을 차지하는 것인가, 아니면 상우가 돈을 차지하지 못하게 하는 것인가. 기훈은 상우의 욕망에 화가 난 것인가, 헷갈리는 대사다.

싸움이 시작된다. 칼을 들고 상대를 찔러 죽여야 내가 산다. 살 뿐만 아니라 어마어마한 돈도 들어온다. 그 누가 이런 게임에서 물러서겠는가. 칼부림이 시작된다. 칼을 놓치는 상우, 웃옷을 벗어 방어한다. 칼을 뺏는다.

P25. 죽기 직전;

상우가 칼을 집어 기훈의 허벅지를 찌른다. 쓰러진 기훈은 상우가 내리치는 칼을 손바닥으로 막는다. 칼이 손바닥을 관통해 꽂힌다. [9;00]

P26. 부활;

상우의 발목을 물어 쓰러트리는 기훈. 죽기 직전에 부활한다. 반전에 성공한 기훈은 손바닥의 칼을 뽑는다. 칼을 들어 기합과 함께 내리찍는 기훈. 그러나 칼은 상우의 귀를 지나 땅바닥에 박힌다. [10;17]

꼼짝 못하는 상우를 두고 절뚝거리며 만세를 부르러 가는 기훈. 마지막 한 발짝 금 앞에서 발짝을 멈추고 '안 해'라고 혼잣말을 한다. 뒤로 돌아서, 그만 두겠어. 오지랖 넓은 기훈은 게임을 포기하려 한다.

기훈은 요원에게 다가가 동의서 3항 두 사람이 포기하면 여기서 끝내는 거 아니냐고 묻는다.

요원은 혼자 결정 못하고, 456번의 게임 포기의사를 무전기로 전달한다. 이 말을 듣고 놀라는 VIP들과 할 말이 없는 프런트맨.

상우가 죽어가자 그를 살리기 위해서 그만하자고 한 것이다. 쌍문동 아우를 데리고 나가면 목숨만은 살릴 수 있기 때문이다. 그러나 냉철한 쌍문동 천재, 서울대 경영학과 수재인 상우는 알고 있다. 이대로 게임이 멈추어진다면, 내가 살아나 이대로 나간다면, 456억 원은 사라지고, 바로 그곳이 지옥이라는 것을 너무나 잘 알고 있다. 그렇다고 기훈을 죽이기에는 내가 너무 지쳐 있다. 이길 수는 없다. 저놈을 죽이고 내가 살아 상금을 타는 최후의 승자가 되는 건 불가능하다. 그렇다면 결론은 내가 죽는 것이다. 내가 죽지 않고 기절이라도 한다면 게임은 끝나지 않는다. 돈도 날아간다. 그가 선택할 수 있는 마지막 방법이다. 다만 어머니, 어머니 때문에 저 상금만은 챙겨야 한다.

P27. 처단; CM

기훈이 다가가 상우를 부른다. 상우는 어렸을 때 형하고 놀던 때를 추억한다, 가자, 집에 가자고 손을 내미는 기훈, 울면서 손을 마주 올리던 상우가, 미안하다며 땅에 박힌 칼을 뽑아서 자기 목을 찌른다. [13;20] 영웅이 악당의 가슴에 칼을 꽂는 대신, 악당 스스로 자기 목에 칼을 꽂았다. 칼이 꽂힌 채 죽어가는 상우. 엄마를 부탁하고 숨을 거둔다. 울부짖는 기훈. 모니터에 218번이 사라지고, 최종 전광판에는 참가인원 1명, 총상금 ₩45,600,000,000원이 표시된다. 투명한 흰색의 돼지저금통이 원형의 체크무늬 카페트 중앙에 놓여 있다. [14;30]

관람석 자리에는 다섯 개의 동물머리 황금 가면들이 놓여 있다. 수사자, 물소, 사슴, 곰, 수리 등. 최후의 승자, 456억 원의 주인공은 살벌한 데쓰매치 게임에서 살아남았다. 자신의 의지로 살아났다기보다는 오직 오지랖 넓은 마음씨와 주변 사람들의 희생으로. 그리고 그들의 목숨값으로.

P28. 여운;

샴페인이 따라진다. 컵을 드는 이병헌, 우승을 축하한다며 자기가 마신다. 대단한 경기였다고 칭찬한다. 어떤 실내, 기훈이 안대가 가려지고 결박된 채 앉아 있다. 왜 이런 짓을 하냐는 물음에, 경마 좋아하시죠. 당신들은 말(馬)입니다. 경마장의 말. 누구냐 넌? 이 말은 15년 동안 영문도 모르고 갇혀 있던 올드보이 최민식이 김성재한테 물은 말이다. 그냥 꿈을 꿨다고 생각하라고,

그리 나쁜 꿈도 아니었잖냐는 주최측의 말. 기훈에게는 너무나 태연히 이 말을 던지는 이 사람과 455명의 목숨값 456억원이 오버랩 됐을 것이다. 가면을 쓰는 이병헌에게 누구냐고 되묻지만 가스가 나와 혼절한다. [15;55]

여운포인트(P29)가 승리포인트(P28)보다 앞에 나왔다. 어떻게 보면 악당을 처단한 이후 최종적으로 승리하고 상금을 받게 됐으니, 여기가 승리포인트라고 볼 수 있다. 그러나 아직 돈이 들어온 게 아니다. 그리고 최종 승리를 알리는 장면이 뒤에 나온다.

P29. 승리;

연락선 화물 적재함에 하얀 리무진이 서 있다. 예수천국 불신지옥을 외치는 도로 옆에 리무진이 다가와 기훈을 내려놓고 사라진다. 예수맨은 기훈의 안대를 플어주고, 예수를 믿으라고 한다. 다른 분석적 시각이라면 이 장면이 진정한 부활포인트(P26)라고 할 수도 있다. 기훈이 구토를 하자 입에서 카드가 삐져나온다. 비오는 바닥에 뱉어지는 카드. 현금인출기에 들어가는 카드, 출금 만원, 비밀번호 0456, 만원 나오고, 표시되는 잔금 표시, ₩45,599,990,000이다. [18;30] 스토리 전개상으로 이 지점이 최종 승리포인트다.

P30. 귀환;

시장통. 집에 돌아오는 길에 상우 어머니는 기훈에게 어머니와 나눠먹으라며 돈도 받지 않고 고등어를 쥐여서 보낸다. 상우의 근황을 묻다가 만다. 기훈이 귀가한다. '엄마, 나 돈 벌어왔어.' 어머니는 이미 사망한 후였다(굉장히 슬픈 영화). [23;45]

아마 관객들은 기훈이 돈을 쓰지 않고 왜 1년간 노숙자처럼 지냈는지 의아해했을 것이다. 답은 여기에 있다. 어머니가, 하늘처럼 믿었던 어머니가 돌아가시는 것도 모르고, 그토록 망나니로 불효했던 자신이 미웠기 때문이다. 분명히 어머니한테 말했다. 엄마, 나 돈 벌어왔다고. 그런데 그 돈을 향유하실 어머니가 쓸쓸히 병든 몸으로 저세상으로 가신 것이다. 그 참담함을 어찌 형언하겠는가. 기훈은 괴로움에, 어머니 생각에 돈을 쓸 생각도, 돈의 가치도 못 느꼈던 것이다.

31. 에필로그(1);

<오징어 게임>은 이 에필로그 포인트가 홍익인간 포인트보다 앞에 나온다. 일종의 도치문법이다.

1년 뒤. 지하철로 한강다리를 건너 여의도로 향하는 기훈. [24;30] 외국계 은행[11] 지점장에게서 커피 대접을 받는다. 기훈은 오징어 게임에서 얻은 충격과 어머니의 죽음에 대한 죄책감으로 피폐해진 상태로 돈은 거들떠보지도 않고 살아온 것이다. 만원을 빌려 가는 기훈. 이 만 원은 기훈에게 쓰디쓴 금액이다.

밤, 한강변에서 깡소주를 마시던 기훈은 '깐부'로부터의 초대장을 받는다. [28;30] 찾아간 빌딩의 병상에 누워있는 한 노인을 만나는데, 그가 바로 오징어 게임의 설계자 일남이다. 물 좀 달라는 일남의 말에 전과 달리 한 손으로 불공손하게 물컵을 건네주는 기훈. 당신 누구야? 물음에는 대답하지 않고 일남은 딴 소리만 한다. 바깥에 보이는 노숙자를 보고 금방 죽을 텐데 도와주는 사람이 없다고 한다. 왜 그런 짓을 했느냐는 말에, 자네라면 어쩌겠나? 기훈은 분노한다. 대답해, 왜 그런 짓을 했느냐고 따져 묻는다. 일남은 병상에 누워있는 와중에도 대답은 않고 기훈에게 자정 전까지 밖에 얼어 죽어가는 노숙자를 구하는 사람이 있을지 없을지 내기를 제안한다. 일곱 번째 게임인 셈이다. 당신이 누구냐는 기훈의 재차 물음에 일남은 나는 돈을 굴리는 사람이라고 한다. '자네는 아직도 사람을 믿나? 그 일을 겪고도.' 기훈은 왜 나를 찾은 거냐고 묻는다. 그 돈은 기훈의 운과 노력의 대가라며, 그걸 쓸 권리가 있다고 한다. 인생은 짧다고. 왜 그런 짓을 한 거냐는 물음에, 돈이 너무 많은 사람과 돈이 없는 사람의 공통점은, 삶이 재미가 없다는 점이라고 말한다. 제 아무리 돈을 써도 돈은 줄지 않기 때문에 점점 삶이 무료해진다. 그래서 오징어 게임을 기획해 삶의 재미를 보고 있던 것이다. 이제 구경만 하는 것이 싫증이 나, 직접 참가자가 되본 것이다. 단지 그런 이유로 살인게임을 저지른 것이냐는 기훈의 물음에 일남은 자신은 한 번도 강요한 적이 없다고 한다.

'정말 아직도 사람을 믿나?'

'그 안에는 왜 들어온 거야?'

어릴 때 친구들이랑 뭘 하고 놀아도 재미있었다. 죽기 전에 그 기분을 다시 느끼고 싶었다고 한다. 구슬치기에서 기훈을 살려준 이유는 자네랑 놀 때 오래전 일들이 떠올랐다고, 그렇게 재미

---

11 이름으로 봐서 우리나라 은행은 아니다. 주최측과 시즌2를 짐작해본다.

있었던 거 정말 오랜만이었다고 한다.

초침은 째깍째깍 자정이 다 돼가고, 일남의 숨소리는 더뎌져가고, 밖에는 눈발이 거세어지고, 노숙자는 점점 땅바닥으로 쓰러지며 죽어간다. 경찰차가 오더니 노숙자를 데려간다. 이윽고 자정을 알리는 괘종시계소리. 기훈은 사람이 왔다고, 게임에 이겼다고 노인을 돌아보지만, 일남은 눈을 뜬 채 죽어있다. 이미 심박계 모니터도 멈춰 있다. 기훈은 당신이 졌다는 말을 남긴 채 떠나간다. [41;55] 그러나 일방적인 승리일 뿐이다. 일남 노인은 지기 전에 죽었기 때문에 패배한 것이 아니다.

일남의 눈을 감겨주는 손, 이병헌이다. 이병헌의 과거 플래시 백. 부엉이 황금투구가면을 벗어 테이블에 내려놓고 일어서는 사람, 돌아서면 일남이다. 프런트맨에게 손님들을 맡아달라고 한다. 이유는 보는 것이 하는 것보다 더 재미있을 수가 없다고 한다. 창밖 도시의 야경을 바라보는 이병헌. [43;00] 이 에필로그1은 시즌2를 위한 설명 장면이다.

7th 게임; 보너스 게임; 선한 사마리아인을 믿느냐?

일남이 사람을 믿느냐며 제안한 내기이다. 자정 전에 한 남자가 노숙자에게 다가가자 기훈이 이기는 것처럼 보이다가, 그 남자가 그냥 발길을 돌리자 일남이 이기는 상황이다. 심박계의 싸인이 멈추면서 일남은 숨을 거두고, 그는 마지막 내기까지 이기고 세상을 떠난다. 그러나 자정이 되기 전에 경찰차가 와서 노숙자를 도와주면서 사실 마지막 게임도 기훈이 승리한 것이 된다. 이미 일남은 자기가 이긴 줄 알고 숨을 거둔 뒤여서, 모두가 승리자가 되고 말았다. 오징어 게임의 주최측이나 최후 생존자나 모두가 승리자가 된 셈이다. 누구를 비난할 것도 없게 되었을 뿐 아니라, 누가 패배자고 승리자라고 말할 수도 없게 되었다. 물론 살아남은 자들 중에서. 영웅도 없고 악당도 없어져버렸다. 다만 억울하게 피흘리며 죽은 루저들뿐이다. 아니 억울할 것도 없다. 살아 있어 봐야 이 세상이 지옥일 뿐일 텐데. 그래도 희망이라는 욕망을 갖고 있다가 한순간에 죽는 게 나을지도 모른다. 상우가 고통을 덜어줬을 뿐이라고 태연히 내뱉지 않았던가. 결국 최후의 승자는 돈인가. 돈만은 사라지지 않고 많은 사람을 구제할 수 있지 않았는가 말이다.

프런트맨이 등장해 사망한 일남의 눈을 감겨주며, 과거 일남이 자신도 직접 게임에 참가하겠다며 프런트맨에게 손님들을 부탁했던 과거를 떠올린다. 그렇다면 프런트맨이 다음 시즌에서는 직접 게임에 참여할 가능성이 있다. 물론 그는 이미 게임에 참여하여 우승한 경력의 소유자이지만,

그는 재미보다는 뭔가를 추구할 것이다. 도전이 있다면 응전이 있는 게 세상 이치요, 역사의 수레바퀴 아닌가.

P32. 홍익인간;

TV뉴스 화면에 '한국가계 빚 증가속도 세계 1위'라는 자막이 나온다. 미장원이다. 빨간 머리로 나오는 기훈. [44;00]

겨울철, 보육원에서 철이를 데리고 상우 어머니에게 갔다. 붕어빵 포장마차를 하는 상우 어머니. 기훈은 잘 부탁한다는 말과 함께 캐리어백을 주고 떠난다. 상우 어머니는 철이에게 옷을 입혀주려 가방을 연다. 돈다발을 발견한다. '상우에게 빌렸던 돈'이라는 메모를 보고 벌떡 일어나 기훈를 불러본다. [46;30]

지하철 문이 열리고 느즈막이 딸과 통화하면서 내리는 빨간 머리의 기훈. 딸을 만나러 미국으로 가는 길이다. 건너편에서 딱지맨이 한 사람의 따귀를 때리고 있다. 전화를 끊고 바라보는 기훈과 건너편의 딱지맨이 마주본다. 건너편으로 달려가는 기훈. 공유는 지하철을 타고 사라진다. 기훈은 그 사람에게서 명함을 뺏어 들고 안 된다고 협박한다. [48;30]

P33. 에필로그 (2);

공항 로비. 의자에 앉아 명함을 쳐다보는 기훈. 탑승구로 가서 탑승교를 지난다. 무슨 생각이 났는지 걸음을 멈추더니 전화를 건다. 참가하려면 이름과 생년월일을 말하라는 핸드폰의 저쪽 말에 이름과 생년월일을 말한 뒤, '나는 말이 아니야. 사람이야. 그래서 궁금해 너희들이 누군지. 어떻게 사람에게 이런 짓을 할 수 있는지.' 이병헌이 전화를 받아서, '456번, 허튼 생각 하지마,' '너희들이 하는 짓이 용서가 안 된다는 기훈의 말에 이병헌은 "지금 그냥 그 비행기를 타는 게 당신한테 좋을 거다."라고 말하지만, 기훈은 출국을 포기하고 발걸음을 돌린다. [50;37] 이후 기훈과 프런트맨의 대결이 펼쳐질 것임을 관객들은 알고 있다. 타이틀이 다시 나온다.

P34. 제3막 끝; 제9화 끝; The End. [51;00]

제9화가 끝나면서 <오징어 게임> 드라마는 장정을 마치고 제3막의 막을 내린다.

<오징어 게임> 화차, 3막 33포인트 구성표

이상의 〈오징어 게임〉 드라마 총 9화차를 33포인트로 적시한 구성표는 다음과 같다.

•• 〈오징어 게임〉 화차, 3막 33포인트 구성표

화차		
3막 구조		
33포인트	내용	타임
제1막		
제1화; 무궁화 꽃이 피던 날(56분)		
1. 오프닝;	어릴적 오징어 게임 소개	
타이틀		2;38
2. 일상	비루한 기훈. 경마, 신체포기각서. 딸 생일파티	17;30
3. 소명	딱지치기, 게임에 참여하겠는가?	23;50
/거부	전령(공유)의 제안(게임참여)을 거부	23;55
4. 인시던트	어머니로부터 딸의 도미 소식 듣게 된다.	28;50
5. 수명	게임 참여 수락	29;50
6. 전개1	승합차, 가면 쓴 운전사, 가스 수면	31;10
전개2	강당에 모인 인간군상들, 루저들	36;15
전개3	게임 안내, 동의서에 사인한다.	41;00
전개4	첫 번째 게임장으로 이동한다.	42;50
7. CM	1st게임; 무궁화 꽃이 피었습니다.	
	제1화 끝	55;15
제2화; 지옥(58분/114분)		
전개5	프롤로그. 화장장/타이틀	1;03
전개6	투표	13;00
전개7	차에 실어다 결박, 눈 가린 채 풀어준다.	18;20
전개8	현실 지옥. 기훈, 상우, 기훈, 새벽, 알리의 난관들	38;10
전개9	서브1; 준호가 행방불명된 형을 찾아 나선다.	55;17
전개10	○△□명함 받는 루저들, 재참가하기로 한다.	56;00
8. NTW	죽음의 성지로 가기 위해 승합차를 탄다.	58;00
9. 제1막 끝	제2화 끝	(+) 114;00
제2막		
제3화; 우산을 쓴 남자(50분/ 164분)		
	NTW계속; 배에서 내린 승합차들이 섬으로 들어간다.	
10. 수문장	혼수상태인 루저들	13;10
11. 시험	능력껏 다음 게임이 뭔지, 이해하기 위해서 노력	31;00

12-1. 앞 CM1	2nd 게임; 달고나 뽑기.	49;45
	제3화 끝	(+) 164;00
제4화: 쫄려도 편먹기(51분/215분)		
13-1. 휴지기1	식사시간. 계란 1개와 사이다 1병	40;00
12-2. 앞 CM2	3rd 게임; 줄다리기	50;30
	제4화 끝	(+) 215;00
제5화; 평등한 세상(48분/263분)		
	줄다리기 계속/타이틀	2;40
13-2. 휴지기2	게임 이후, 불침번, 서로 알아가는 대화	28;10
	서브 플롯1, 장기적출. 준호의 추적. 사이렌, 점호	47;07
	제5화 끝	(+) 263;00
제6화; 깐부(58분/321분)		
	강당, 점호 계속. 이동. 짝 맞추기	13;40
12-3. 앞 CM3	4th 게임; 구슬 따먹기	57;15
	제6화 끝	(+) 321;00
제7화; V.I.P.s(54분/375분)		
13-3. 휴지기3	죽은자는 화장되고, VIPs가 오고, 순서를 정한다.	23;50
12-4. 앞 CM4	5th 게임; 유리징검다리 건너기	52;10
	휴지기. 서브플롯, 준호의 도망	53;33
	제7화 끝	(+) 375;00
제8화; 프론트맨(28분/403분)		
13-4. 휴지기4	숨돌리기. 3명의 생존자. 서브플롯 진행. 도망.	7;33
14. 응접실	최후의 만찬	16;30
15. MP	기훈과 상우가 정체를 드러내고 격돌한다.	20;50
16. 영약	믿음; 가족애	21;50
17. 시련	희생자	24;00
18. 천우신조	反데우스 엑스 마키나, 철문 열리고 요원들 나타난다.	24;30
19. 승리	빗나간 승리	25;15
20. 모닥불	혜택; 살아남은 자들	26;50
21. 도망	서브플롯1이 대신한다. 준호의 도망. [선행]	7;30
22. 추격	서브플롯1이 대신한다. 대장의 추격. [선행]	16;16
23. 제2막 끝	화장장 화로의 불꽃	27;58
	제8화 끝	(+) 403;00
제3막		
제9화; 운수 좋은 날(51분/454분)		
24. ntw	통로를 지나 철문을 열고 걸어서 입장한다.	2;00
25. 죽을 고비	내리치는 칼을 손으로 막아 칼이 손바닥에 박힌다.	9;00
26. 부활	발목을 물어 반전하는 기훈.	10;17
27. 처단	상우는 어머니를 부탁하고, 자신의 목을 찌른다.	13;20

28. 여운	샴페인, 너희는 말이다, 꿈이었다고 생각해라.	16;00
29. 승리;CM	현금인출기 표시, 잔금이 ₩4 5,599,990,000이다.	18;30
30. 귀환	시장통. 귀가하자 어머니는 이미 사망한 후였다.	23;45
31. 에필로그	1년 뒤. 지점장의 초대. 오일남 재회.	28;30
32. 홍익인간	철이, 상우 어머니, 딱지치기 남자에게 베푼다.	46;30
	에필로그2. 공항, 탑승 안 하고 발걸음 돌린다.	50;37
33. the end.	타이틀	51;00
	제9화 끝	(+) 454;00

PART 03 구조론

Ⅲ. 이야기와 구조

1. 드라마

아리스토텔레스는 『시학』에서 비극(드라마)은 '적절한 중대성을 가진 완전한, 즉 전체적인 행위의 표현'이라고 정의하고 있다. 이는 아리스토텔레스가 극(드라마)의 본질을 말한 것으로 주제와 구조에 대하여 언급한 것이다. 중대성은 주제와 관련된 것이고, 완전하고 전체적인 행위는 구조에 대한 개념을 설파한 것이다. 드라마는 시작(beginning), 중간(middle), 끝(end) 부분으로 이루어졌다고 설명하고 있기 때문이다.[1]

아리스토텔레스가 강조하는 것은 전체를 이루고 있는 부분들의 인과관계이다. 도입부(beginning)는 일련의 상황들로 출발하고 이들은 구체적인 액션의 선(線, 라인)으로 발전한다. 이 액션의 라인이 이야기의 중심 또는 핵심을 명백히 보여준다. 액션의 전개는 이야기를 마무리 짓는 결론으로 귀결된다. 결국 드라마는 어디서 시작되고 어디서 끝나야 하는지에 대한 분명하고 설득력 있는 이유가 있어야 한다. 사건들은 우연의 일치나 부적절함 없이 분명한 일련의 원인과 결과에 의해 서로 연결되어 있어야 한다. 모든 사건은 선행 사건에서 기인해야 하고, 다음 사건에 원인을 제공해야 한다. 이처럼 아리스토텔레

1 린다 카우길, 이문원 역, 앞의 책, p.21.

스가 밝히고 있는 내용이 바로 플롯이다. 사건은 인관관계에 의해 순서로 배치돼야 한다. 이것이 구조이다. 아리스토텔레스의 주장에서 구조에 대한 개념을 얻을 수 있다. 첫째, 좋은 이야기의 구조는 기본적으로 선형적으로 연결된다. 둘째, 사건들은 극적인 해결에 이르러야 한다. 셋째, 결말부에서 극적인 해결을 보려면 극의 시작에서 극적인 문제가 제시되어야 한다.[2]

구조는 결국 이야기의 방식이다. 인간은 자라면서 수많은 이야기를 듣게 된다. 이야기는 먼저 배경과 주인공이 소개된다. 다음에 주인공에게 목적을 부여하는 전개 또는 갈등이 이어진다. 결과와 영향이 따르게 되고, 도입부에서 제시된 이야기의 질문에 답을 주는 해결로 귀결된다. 세계의 각 지역에서 전해져 내려오는 신화들도 유사한 패턴을 공유하고 있다. 영웅은 무언가를 쟁취하고 싶거나 해내야만 하는 과업이 주어진다. 그는 행동을 하고 갈등과 대면한다. 이 때문에 위기에 빠지게 되고, 이를 극복한 후 결국 클라이막스에 이른 후 결말로 귀결된다. 이처럼 이야기는 선형(線形)적으로 전개된다. 다시 말해 이야기의 사건은 말해지는 순서에 따라 인식된다. 이는 이야기의 정보를 처리하고 이해하는 방식이 선형적이라는 말이다. 우리는 직관적으로 이야기를 이해할 때도 있지만, 대부분의 경우 연속적으로 일어나는 사건들의 패턴을 통해 이야기를 이해한다. 하나의 사건을 이해하기 위해서는 선행사건이 필요하고, 그 사건에 영향을 받아서 다음 사건이 전개된다. 이야기는 시작 중간 결말이 있기 마련이다. 비선형적인 이야기조차 언제나 분명한 시작 중간 결말은 존재한다.[3]

아리스토텔레스에 의하면 드라마라는 용어는 고대 그리스의 민족인 도리아인들이 자기들이 기원이라고 주장했다고 한다. 도리아 사람들 말에 행위를 뜻하는 동사 '드란(dran)'에서 드라마가 기원했다는 것이다. 즉 드라마라는 말은 '인간의 행동을 모방한 것'이라는 정의에 가깝다. 희극이란 말도 도리아 사람들이 외딴 마을을 가르키는 말 '코마이(komai)'에서 유래했다고 한다. 천대받으며 도시에서 추방된 어릿광대들이 마을에서 마을로 유랑공연을 다닌 것에서, 희극배우(코미디언)들을 뜻하는 '코모도이'라는 명칭이 생겼다고 한다.[4]

---

2 린다 카우길, 이문원 역, 앞의 책, p.22.
3 린다 카우길, 이문원 역, 앞의 책, p.24.
4 박정자 역·해설, 앞의 책, pp.65-66.

2. 이야기, 텍스트, 구조, 서사

우리말로 이야기의 사전적 정의는 ① 어떤 사물이나 사실, 현상에 대하여 일정한 줄거리를 가지고 하는 말이나 글. ② 자신이 경험한 지난 일이나 마음속에 있는 생각을 남에게 일러 주는 말. ③ 어떤 사실에 관하여, 또는 있지 않은 일을 사실처럼 꾸며 재미있게 하는 말[5]이다. 줄임말은 얘기이고, 야그, 이야긔 등의 방언이 있다. 여기서 알 수 있는 것은 이야기는 말보다는 좀 더 진행된 것으로 줄거리를 가지고 있고, 경험 또는 사실에 기인한 것이거나, 또는 마음속에 있거나 사실이 아닌 허구를 재미있게 꾸며낸 것을 일컫는다는 것이다. 우리가 이야기를 한다는 것은 말하는 것보다 머릿속에서 궁리를 하여 줄거리가 있게 말을 나열한다는 의미이다.

이야기의 어원을 살펴보면 그 의미를 더 유추할 수 있다. 이야기는 이어가기, 이어가는 것으로 잇다의 명사형이다. 잇는 것은 끊이지 않고 계속되는 것이다. 잇는 것을 차원을 높이면 엮는 것이 된다. 엮다는 것은 가로세로로 얼기설기 엮는 것을 말한다. 잇기가 일차원적이라면 엮기는 이차원적이다. 잇기가 선적이라면 엮기는 평면적이다. 엮는 것은 인류가 문명을 시작한 이래로 지금까지 사용하는 변함없는 원리로 직조(織造)의 기술이다. 인류의 문명은 이 직조 원리를 보다 빠르게 구현하는데 테크놀로지의 집중이 이루어졌다. 재료인 실을 보다 가늘고 질기게 하여 더 빨리 얼기설기 엮는 것이었다.

이렇게 직조한 결과물이 직물(織物, fabric)이다. FABRIC은 구조, 뼈대 등을 의미하기도 하는 단어이다. 같은 의미로 텍스타일(TEXTILE)이라는 말이 있다. 직물을 의미하며 같은 어근을 가지고 있는 TEXTURE는 조직, 구성, 구조(structure)를 의미하기도 한다. 형용사는 TEXTURAL(구조상의), TEXTUARY(원문, 原文) 두 가지가 있다. 여기서 어근인 TEXT가 문자, 원문, 본문을 뜻한다[6]는 것이다. 언제부터 TEXT가 (성경)원문을 의미하는데 쓰였는지는 모르지만, 아마도 문자가 기록된 재질에서 비롯되지 않았나 싶다.[7] 어쨌든 TEXT라는 단어는 의미가 확장되어 문서, 매체가 담고 있는 내용물(content)을 뜻하

5 네이버 사전 (표준국어대사전).

6 영한사전, 민중서관(주).

7 본인은 언어학자가 아니므로 단지 추측했을 뿐이다. 귀한 하느님 말씀을 가죽보다는 구하기 용이했을 직물에 많이 기록하였고, 기록된 원문을 인용하다보니, 직물(text)이 곧 기록된 (구약)성경을 암시하는 환유법으로 쓰여졌으리라고 추측하였다. 예를 들어, 'TEXT(직물)에 쓰였으되….'

고 있다.

TEXT의 어원이 중요한 이유는 그 말의 뿌리가 이미 직조, 얼기설기 엮는다는 의미를 갖고 있는 것이어서이다. 우리가 말하는 문자 텍스트, 영상 텍스트라는 말은 이미 그 속에 구조(structure)의 개념을 갖고 있다는 말이다. 즉 우리가 텍스트를 논할 때 구조주의를 좋아하든 안 하든 텍스트는 이미 구조적으로 탄생한 것이라는 점을 인정해야 한다.

이야기를 말하는 STORY라는 단어 역시 그 속에는 구조를 내포하고 있다. 건물의 층 또는 탑의 층계를 뜻하기도 하기 때문이다.[8] 즉 story에는 층위, 계단(step)을 의미하는 뜻이 내포되어 있어, 한 계단 한 계단 쌓아 올린다는 구조적 의미를 생래적으로 가지고 있다고 할 수 있다. 이는 우리말 이야기가 생래적으로 잇고 엮는다는 의미를 갖고 있는 것과 상통한다.

구조(構造)는 여러 요소나 부분들이 모여서 전체를 이루는 얼개를 말한다. 일정한 설계(設計)에 따라 여러 가지 재료들을 얽어서 만들어진 결과물을 구조물이라고 한다. 얼개는 어떤 사물이나 조직의 전체를 이루는 짜임새를 말한다. 얽는다는 것은 얼기설기 엮는다는 말과 같다. 얼기는 끈을 이리저리 얽어 관련을 짓고, 설기는 두 가지 이상을 섞어서 혼합하는 것이다. 즉 얽히고설키게 짜 무언가를 만드는 것이다. 이 말은 인류의 문명기술인 직조(織造)를 의미한다. 날줄과 씨줄을 서로 교차하며 실을 짜서 직물을 만드는 게 직조이고, 직물의 결과물을 탄생시킨 메카니즘이 구조이다. 그러므로 구조는 결과물의 뼈대이고 설계라고 할 수 있다. 요소들을 짜 맞춰 나가는 것을 구축(構築)이라 한다.

롤랑 바르트도 텍스트(text)라는 용어를 사용하였다. 바르트는 문학작품이라는 용어 대신 텍스트(texte)라고 표현할 것이라고 하였다. 그 이유는 문학이 더 이상 작가와 현실에 의해 존재하는 것이 아니라 양식에 의해 존재하는 것이며, 이 양식은 모국어체계로부터 조작된 것이라는 견지에서다. 따라서 문학작품은 다른 종류의 텍스트들과 동등한 방식으로 연구될 것이라고 하였다. 그가 텍스트들이라고 언급한 것에는 언어 구성물로서 광고, 정치연설, 영화, 만화 등이 있고, 이미지 구성물로서 그림, 조각, 사진 등을 열거하였다. 문학작품을 텍스트라고 한다고 하더라도, 문학성과 예술성의 문제는 작가에게 고스란히 남게 된다. 작가는 작품을 '사회적 커뮤니케이션의 약호 속에서' 작품을 계속 만

8 네이버 사전 (옥스퍼드 영한사전).

들 수 있다[9]고 하였다. 여기서 바르트가 사용하고 있는 '텍스트'의 개념은 '구성물'을 의미한다고 보여진다. 그는 텍스트를 언어적 구성물과 이미지적 구성물로 나누었다. 그리고 그의 견해에 의하면 작가의 작품은 단지 '사회적 커뮤니케이션의 약호'로 된 구성물이다. 바르트가 텍스트를 구성물로 파악했다면, 이는 필자가 텍스트를 씨줄과 날줄로 이루어진 구조물로 본 것과 맥을 같이 한다. 다만, 바르트는 텍스트의 사회적 구성물을 강조했다면, 필자는 구성요소들의 물리적 구축에 관점을 두고 있을 뿐이다. 바르트의 텍스트는 사회적 생산물로서 읽을거리를 제공하는 것이고, 필자는 텍스트의 사회적 구조를 밝혀내는 것이다.

결국 우리가 사용하는 이야기, 스토리(story), 텍스트(text) 등은 이미 구조(structure)를 내재하고 있고, 분석한다는 것은 그 구조를 파악하고 그 속에서 과학적 원리를 찾는다는 의미이다. 과학적이라는 말은 구조를 이루는 요소들을 찾고, 그 요소들이 서로 엮인 원리를 발견한다는 것이다. 발견된 원리가 여러 사례에 적용하여 공통적일 때 하나의 이론으로 정립될 수 있다. 우리는 역순으로 그 이론에 맞추어 요소들을 구조화 했을 때 하나의 이야기(text)가 이루어진다면 이야기 과학은 완성되는 것이다.

이야기가 우리 인류에게 중요한 요소가 된 데는 이야기가 바로 우리들 삶의 양식을 말해주고 있기 때문이다. 먼 인류의 조상들이 말을 하게 되었을 때부터, 화톳불에 모인 가족들은 아빠의 사냥 경험담을 들으며 자랐을 것이다. 아들은 맛있는 고기를 먹으며 아빠가 어떻게 이런 고기를 잡을 수 있었는지 궁금해지고, 아빠가 들려주는 사냥행위을 들으며 바깥세상을 상상하였을 것이다. 부모는 자녀의 궁금증을 해소해주기 위하여 점점 말하는 솜씨가 늘고, 사냥 경험담은 보태지면서 이야기가 되었을 것이다. 자녀들은 부모의 이야기를 들으면서 세상을 배워나가고, 또 자신들의 자녀에게 흥미진진한 이야기를 해줬을 것이다. 현대 인류에게도 이야기의 기능은 마찬가지이다. 이야기(픽션)는 우리의 존재에 대해서, 세상과 맺는 우리들의 관계에 대해서, 우리가 사는 사회에 대해서, 우리에게 뭔가를 말하고 있기 때문에, 이야기는 인류와 뗄 수 없는 존재가 된다. 이야기는 우리가 경험해보지 못한 세상을 들려(보여)줌으로써 삶에 대한 통찰력을 주는 방식이다. 특히 영화이야기는 우리가 직면한 실존적, 사회적, 심리적 문제들에 대해 성찰할 수단을 제공해주는 상징적 도구다. 게다가 이 상징적 도구는 즐거움이라는 보너스와 함께 작동한

9 신항식, 롤랑 바르트의 기호학, 문경, 2005. pp.54-55.

다는 것이다.[10]

서사(敍事)라는 말은 일이나 사건을 순서대로 나열한다는 의미이다. 즉 말이나 글을 쓸 때 사건을 순서대로 배치하는 것이다. 이 말은 이야기에서 어떤 것을 잇는다는 것과 맥락을 같이 한다. 영어의 내러티브(narrative)는 서술(敍述), 기술(記述)한다는 의미로 순서대로 말하려는 것들을 늘어놓는다는 뜻으로 서사와 같은 말이다. 한편, 서사란 사건의 재현을 의미한다. 사건에는 행위(action)가 포함된다. 사건이나 행위가 없다면 서사는 만들 수 없다. 묘사나 설명, 논증이나 서정만으로는 서사가 될 수 없다.[11]

지금까지 살펴본 대로 이야기의 서사구조란 말은 결국 동어반복에 불과한 용어였다. 이야기라는 말에는 서사와 구조란 의미가 이미 담겨있고, 서사와 구조란 말은 짜임새라는 의미와 같은 말이고, 그 결과의 형태가 이야기라는 것이다. 그러므로 우리가 이야기나 텍스트를 연구한다는 것은 그 구조를 밝힌다는 의미이다. 물론 구조뿐만 아니라 의미를 밝히는 연구도 필요하지만, 그 작업은 이야기가 생래적으로 구조를 갖고 있기 때문에, 그것과 연관되어 있을 것이란 짐작은 틀린 것이 아니다. 따라서 어떤 이야기(텍스트)를 연구하는 것은 먼저 구조를 밝히고 그리고 나서 거기에서 비롯된 의미를 찾아야 한다.

한편, 서사를 정의하는 데 있어서 명확한 인과적 연속을 강제할 것은 아니라고 한다. '사건의 재현'이라는 좀 더 광범위한 서사의 정의를 고려한다면, 사건들은 인과관계의 분명한 연속에 의해서 묶여있을 수도 있고, 그렇지 않을 수도 있다. 인과적 관계가 부재하는 다양한 사건의 연속을 포함할 수 있다. 예를 들어, 탐험 스토리에서 기사가 늪에 빠지고, 야생 쥐들에게 뜯기고, 그리고 바지에 불이 붙고… 등의 연속이다. 이러한 서술이 서사가 아니라고 단정짓기는 어렵다. 그래서 서사보다는 서사성(narrativity)이란 용어가 더 적합하다. 인과관계가 서사의 특징을 정의하는 것이 아니라 하더라도, 그것은 보편적인 특질이기에 그것이 서사성을 증가시켜준다고 말할 수 있다.[12] 사실 여기서 예를 든 사건의 나열은 사건이 아니라 상황이라고 해야 한다. 상황은 반드시 인과적일 필요는 없다.

서사는 사건의 질서 있는 배열에 의해서 구성된다는 명제는 참이다. 그리고 질서의

---

10 자크 오몽·미셸 마리, 이윤영 역, 영화작품 분석의 전개, 아카넷, 2020. p.118.
11 데이비드 보드웰, 오영숙 역, 영화의 내레이션 I, 시각과 언어, 2007. pp.9－11.
12 포터 애벗, 우찬제 외 역, 서사학 강의, 문학과지성사, 2010. p.92.

가장 보편적인 사례는 인과관계에 따라서 사건이 배열되는 경우이다. 그러나 인과관계에 따르는 사건의 배열이 서사를 만든다는 것은 필요충분조건이 아니다. 라틴어 "Post hoc ergo proter hoc. (앞에 발생한 일이 원인이다.)"는 이러한 오류에 대한 경구이다. 롤랑 바르트는 "서사를 이끄는 주된 원동력은… 관련성과 결과를 혼동하는 것, 즉 서사를 읽는 과정에서 뒤에 오는 사건을 어떤 원인에 의해 유발된 결과로 간주하는 것이다."라고 말하였다.[13]

원인과 결과 중 무엇이 먼저인가. 이러한 질문은 명백한 상식이라고 생각했던 것이, 정신작용에서는 오히려 상반된 방향으로 전개된다. 현실에서는 당연히 원인이 있고 그 후에 결과가 있다. 예를 들어, 모기 한 마리가 사람의 팔을 물어야 가려움을 느낀다. 그러나 우리는 가려움을 느끼고 나서야 원인을 찾으려 한다. 즉 가려웠기 때문에 모기가 존재하는 것이다. 실제로 인과의 연쇄는 '가려운데 이건 모기 때문이야'하는 식으로 발생한다. 원인을 만들어 내는 것은 다름 아닌 결과이다. 그러므로 가려움－모기로 이어지는 연쇄의 순서는, 모기－가려움이라는 인과적 연쇄로 재배열된다. 후자는 추론한 결과이지만, 이것이 진정한 질서로 받아들여진다.[14] 그러므로 서사에 있어서 사건의 인과관계는 전후의 문제가 아니라, 인식의 영역이다. 두 사건이 원인과 결과를 가지고 있기만 하면, 관객의 머리는 위치에 상관없이 이 둘을 인과관계로 받이들이는 데 애로를 겪지 않는다.

3. 플롯

문학 분야에서는 플롯이라는 용어를 많이 사용한다. 플롯(Plot)은 구성, 계획 등을 의미하고, 동사의 뜻도 가지고 있기 때문에 실천적 의미가 강하다고 볼 수 있다. 플롯은 작가가 어떤 목적을 가지고 사건들을 배열하는 것이다. 작가가 사건의 배열을 통해서 의도된 결과를 성취하고자 하는 것이다. 플롯의 기능은 인과적으로 연결된 일련의 사건들을 통해서 말하는 것이다. 영상 텍스트에서도 플롯을 그대로 사용하고 있다. 린다 카우길에 의하면 플롯은 논리의 법칙을 따르면서도 예측하기 어려워야 한다고 하였다. 관객을

13 포터 애벗, 우찬제 외 역, 앞의 책, 2010. pp.92－93.
14 포터 애벗, 우찬제 외 역, 앞의 책, 2010. p.95.

조종하지 말고 그들의 정서에 호소해야 하며, 날줄과 씨줄로 낭비 없이 촘촘하게 클라이막스로 진행해가야 한다. 플롯은 마치 롤러코스터를 탄 것처럼 여정에 있어서 장애물과 뜻밖의 짜릿함이 있어야 한다. 종착역에서 내리는 관객의 마음속 경험을 풍성하게 만들어주도록 계획되어야 한다.[15]

우리는 이야기와 텍스트라는 말 속에는 이미 구조의 개념이 들어있다는 것을 알았다. 그러므로 플롯이라는 말은 이야기 속에 들어있는 구조를 특별히 지칭하는 용어라고 이해할 수 있다. 이야기, 텍스트, 플롯 등은 쓰임새는 다르지만, 모두 구조를 내포하고 있는 개념이다. 그리고 구조는 단순히 쌓아올리는 게 아니라, 앞뒤 위아래가 상호 연관되도록(원인과 결과로) 이어지는 구축이다. 단순한 벽돌쌓기식의 구축이라면 쉬 무너질 것이고, 어떤 모습을 갖출지 예측이 불가능하게 된다. 설계도를 바탕으로 건축자재끼리 서로 끈끈하고 아귀가 맞게 연관지어질 때 우리는 건출물을 제대로 구축할 수 있고 예측 가능한 모습을 상상할 수 있다. 단순히 벽돌을 쌓는 것은 벽돌의 나열일 뿐더러, 모래처럼 서로 쉽게 떨어져 형상을 유지하기 어려울 것이다.

그러므로 흔히 예를 드는 '왕이 죽었다, 그리고 왕비가 죽었다.'는 이야기이고, '왕이 죽었다, 그리고 그 슬픔으로 왕비가 죽었다.'는 플롯이라고 하는 것은 틀린 말이다. 전자는 단순한 사실(fact)을 전달하는 말(words)일 뿐이지만, 어떤 문맥에서는 충분히 플롯이 될 수 있다. 우리의 두뇌는 단순한 사실의 나열이 아니라 선후관계를 인식하여 왜 죽었을까 하고 의심을 하게 되고, 이 추리가 곧 이야기가 되는 것이다. 이야기는 요소들을 원인과 결과로 선택하고 기술적으로 배열하는 것이다. 그러면서 갈수록 액션이 상승하도록 사건들을 조직해 나간다. 이것이 플롯이고 이야기다. 그러므로 플롯과 이야기는 이미 구조라는 틀 속에서 존재하는 것이다.

아리스토텔레스는 플롯은 행동의 모방이고, 사건의 결합을 의미한다고 했다. 사건은 원인과 결과로 이어진다. 그리고 드라마(비극)는 여섯 가지 구성요소가 필요하다. 플롯, 성격, 언어적 표현(diction, speech, text), 사상(thought, theme), 시각적 장치(spectacle), 노래 등이다. 이 중에서 가장 중요한 것은 플롯이다. 비극은 인간을 모방하는 것이 아니라, 인간의 행동과 생활, 행복과 불행을 모방한다. 그리고 행복과 불행은 행동 가운데 있으며, 비극의 목적도 일종의 행동이지 성질은 아니다. 인간의 성질은 성격에 의해서 결정

15 린다 카우길, 이문원 역, 앞의 책, p.110.

되지만, 인간의 행불행은 행동에 의하여 결정된다.[16]

이야기를 전개해나가는 캐릭터들의 액션 역시 원인과 결과로 진행된다. 캐릭터의 액션(action)은 원함(want)과 필요(need)를 채우려는 시도들이고, 캐릭터들은 목표를 향해 가면서 충돌한다. 아리스토텔레스는 비극이 행동(action)의 모방이며, 행동은 성격(character)과 생각(thought)을 가진 인적요소들을 전제로 한다고 하였다. 행동은 이 성격과 생각으로부터 자연적으로 솟아난다. 성격(ethos, character)은 인물들에게 덧붙이는 특정의 성질들이고, 생각은 어떤 진술이 증명되거나 또는 어떤 진실이 밝혀질 때 요구되어지는 것이다.[17]

플롯은 단일성(unity)을 이루어야 한다. 한 인간의 생애에는 무수히 많은 사건들이 있기 때문에 그것들을 다 하나의 사건으로 환원할 수는 없다. 서로 필연적 개연적 연결성이 없는 사건들은 제외시켜야 한다. 각각의 부분들이 서로 긴밀하게 짜여 전체를 이루어야 한다. 따라서 그중의 하나라도 위치를 바꾸거나 제거하면 전체가 일그러지고 동요되도록 이루어져야 한다.[18] 아무것도 설명하지 않고, 있어도 그만 없어도 그만인 요소는 전체의 일부가 될 수 없다. 플롯의 발전에 중요하지 않은 요소들은 작품에서 빼야 한다고 하였다.

따라서 필자는 이야기, 서사, 내러티브, 플롯 등을 구조를 뜻하는 같은 의미로 사용한다. 또한 관용적인 동어반복적 서사구조 등의 용어도 사용한다. 다만 플롯은 습관적으로 쓰는 메인플롯과 서브플롯 등을 말할 때 사용한다. 플롯은 구조보다는 미시적인 개념으로 구조를 짜는 기술을 강조할 때 사용하는 것으로 한다.

4. 서브플롯

서브플롯(sub plot)은 메인플롯(main plot)을 받쳐주는 하위 스토리 라인이다. 메인플롯을 도와서 메인플롯이 다하지 못하는 세부사항들을 부연해준다. 메인플롯과의 관계 속

16 아리스토텔레스, 천병희 역, 시학, 문예출판사, 1996. pp.49-50.
17 박정자 역·해설, 앞의 책, p.74.
18 박정자 역·해설, 앞의 책, pp.82-83

에서 의미를 가질 뿐이다. 영웅과 악당의 특질을 보완해주고, 인간관계를 확장해준다. 서브플롯은 보통 개인적인 이야기를 다루고, 많이 등장하지 않기 때문에 관객들이 기억하기 쉽다. 또한 주제를 담고 있는 경우도 많아 관객은 암시를 눈치 채게 된다. 영화텍스트의 진정한 의미는 결국 캐릭터들 간의 인간관계에서 비롯된다.[19]

서브플롯이 제대로 기능을 발휘하려면 메인플롯과 유기적으로 관련을 맺고, 메인플롯에 통합되어야 한다. 반드시 후반부에서 메인플롯에 지대한 영향을 미쳐야 한다. 서브플롯이 본격적으로 전개되는 위치는 메인플롯이 2막에서 쉬어갈 때다. 중심 갈등이 다소 숨고르기를 할 때, 긴장감과 흥미를 유지하기 위해 적합한 구성요소이다. 갈등은 파도처럼 밀려와야 하고, 관객들은 캐릭터들과 사귈 시간이 필요하다. 이때 캐릭터들 세계의 현실을 구축해 주고, 영화세계의 지평을 확대시키는 것이 바로 서브플롯이다. 캐릭터를 풍성하게 해주고 특정 캐릭터에 대한 호감을 불러일으켜 관객이 그들을 염려하고 함께 호흡하게 된다.[20]

서브플롯이 흥미 또는 매력이 없으면 영화가 지루해지고 작위적 냄새가 나게 된다. 서브플롯은 이야기를 풍부하게 해주고, 관객들의 감정을 풍성하게 채워준다. 서브플롯 없는 영화를 보고나면 재미는 있었지만 어딘지 모르게 허전하고 2% 부족한 웃음이 나오는 경우가 많다. 그만큼 영화의 깊이가 없다는 말이다. 요즘 영화텍스트에서는 서브플롯의 존재가 점점 미미해지는 경향이 있을 뿐더러, 아예 제작자들이 단순한 게 먹힌다는 그릇된 신념을 갖고 있는 경우가 많다.

주의할 점은 서브플롯의 인물들은 1막(도입부)에서 모두 소개해야 한다. 갈등을 중심으로 어떻게 문제에 연루된 인물들이 부딪히고, 화합하고, 분열하는지 보여줘야 한다. 서브플롯의 구조는 원칙적으로 메인플롯과 동일하다. 다만 불요불급한 군더더기는 빼고 핵심적인 요소들만 소개하면 된다. 장애물, 위기, 반전, 클라이막스, 해결의 단계를 거치며 발전하게 되고, 인물들이 풀어내야 하는 문제들을 중심으로 메인플롯과 비슷하게 전개된다.

서브플롯 역시 3막구조를 띤다. 서브플롯의 도입부는 캐릭터 간의 갈등에 초점이 맞추어지고, 문제가 셋업된다. 중간부는 주인공이 문제를 인식하고 이에 반응하며, 플롯이

---

19 린다 카우길, 이문원 역, 앞의 책, 2010. p.143.
20 린다 카우길, 이문원 역, 앞의 책, pp.143-144.

발전해 문제를 해결하거나 새로운 문제가 발생한다. 스토리에 따라 서브플롯이 비중이 높을 때는 서브플롯이 메인플롯 2막의 대부분을 차지하기도 한다. 결말부는 영화 후반부에 끝나거나 독자적으로 해결하고 메인플롯에 수렴되어 메인 클라이막스에 연결된다.[21]

5. 기승전결

기승전결 구조의 전형은 한시의 절구에서 찾아볼 수 있다. 우리말로 일궈(기) 이어(승) 굴려(전) 맺는(결) 구조를 일컫는다. 이 구조는 아리스토텔레스의 3단 구조에 특별히 '전(轉)' 부분을 강조한 것으로 볼 수 있다. 왜냐하면 이 전부분이 전환점으로 극의 흐름을 일거에 뒤집는 기발하고 독창적인 아이디어를 드러내는 부분이기 때문이다.

그러나 기승전결의 4단 구조는 질적 구성 또는 분석을 위해서는 유용하지만 호흡이 길고 사건들이 많은 영화텍스트의 구조를 분석하는 데는 3막구조에 비해 효율성이 떨어진다. 그 이유는 전환부분을 강조해 별도의 구조로 인식하고 있기 때문인데, 사실 드라마는 반전에 해당하는 부분이 하나 둘이 아니며, 대반전이 있다 해도 그것이 중간에 위치해서 급격한 사건으로 등장하기 때문이다. 그럼에도 불구하고 기승전결의 구조 분석이 각광을 받는 이유는 내용분석에서 매우 유용한 기능을 제공하고 있기 때문이다. 내용 전개에서 그 논리의 흐름이나 사건의 배치 등 질적 분석을 하는데 이 구성을 따르는 것이 편하며, 반대로 구조 분석 역시 이 방법을 따르면 스토리의 흐름을 파악하는 것이 수월하다. 특히 시퀀스나 씬의 구성을 파악하는 데 유용하다.

(1) 기(起)

도입부에 해당하며, 드라마에 대해서 소개하는 부분이다. 즉, 시대와 장소, 등장인물들을 관객에게 설명해야 한다. 3단 구조의 1막, 도입부에 해당한다. 농부가 씨를 뿌리기 위해서 밭을 일구는 작업이다. 밭을 갈지 않고 씨를 뿌리게 되면 씨앗이 뿌리를 제대로 내릴 리 없다.

21 린다 카우길, 이문원 역, 앞의 책, pp.147－148.

(2) 승(承)

전개부에 해당한다. 시나리오 전체 분량(시간상)의 75~85%가량을 차지하는 부분으로, 드라마의 재미를 추구하는 절대적인 부분이며 시나리오의 성패를 좌우한다. 작가의 역량이 고도로 발휘될 수 있는 부분으로 드라마가 단순히 진행되어서는 안 되며, 극의 전개가 줄기차게 상승해야 한다. 갈등 또는 위기가 산 넘어 산, 밀려오는 파도처럼 꾸준히 점증해 주인공을 점점 꼼짝 못하게 옭아매 선택의 여지가 없게 만들어 놓아야 한다. 따라서 어떤 이들은 이 부분을 전개 또는 상승, 갈등, 위기 등으로 세분화해 구성하기도 한다. 승의 전개부에서는 갈등을 기본으로 드라마를 상승시켜 나가야 한다. 첩첩산중으로 사건들이 연이어서 나오며 갈등을 증폭시켜야 한다.

(3) 전(轉)

보통 절정부로서 클라이맥스에 해당한다. 그러나 이 부분이 가장 오해를 부르는 곳으로, 의미적으로는 반전(反轉)에 해당한다고 할 수 있다. 즉 지금까지의 사정이 확 뒤바뀌어 주인공을 전혀 다른 위치에 갖다 놓는 곳이다. 물론 그럴 만한 충분한 이유와 거기까지 끌고 가기 위한 사전 정지작업 등이 철저히 이루어져야 하는 것은 기본이다. 그러고 나서 절정에 이르게 된다. 그러므로 전(轉) 부분은 단순히 절정이라고 할 수 없고 반전과 절정으로 구분하는 것이 좋다. 실제로 반전이 짧게 일어나고 곧바로 절정이 다가와 시간상 구분하기가 모호한 경우가 없지 않으나, 굳이 구분하는 경우는 이 부분에서 드라마의 흐름이 확 바뀌게 되기 때문이며, 그렇기에 주인공에게 미치는 충격 또한 커서 절정으로 이끌 수 있기 때문이다.

절정 부분은 테마를 드러내는 곳이다. 물론 테마를 등장인물이 주절주절 말할 필요는 없으나 관객이 느껴야 하는 곳이다. 다시 말해 작가의 의도 또는 드라마를 이끌고 온 이유가 밝혀진다. 여기까지 오던 이야기가 한 바퀴 굴러서 전환이 이루어지는 대목이다. 관객이 전혀 예상치 못하는 방법으로 허를 찔러서 놀래켜야 한다.

반전은 어디까지나 치밀한 구성의 묘에 의해서만이 가능하고 효과가 나타난다. 계산적인 복선과 반전을 노린 포석이 필요하다. 반전은 구성의 정교한 테크닉 중 하나이다. 반전을 쓰기 위해선 반드시 복선이 필요하고 그 복선은 아주 자연스럽게 처리되어 감추어졌다가 반전 부분에서 이어져야 한다.

(4) 결(結)

드라마의 종국이다. 관객에게 맛보게 해준 테마를 정착시켜 확실하게 굳히는 결말이다. 그리고 보다 편하게 호흡하며 음미할 수 있도록 여운을 남기며 끝을 맺는 부분이다.

결말은 이미 보여줄 것을 다 보여주었기 때문에 신속히 정리되어야 한다. 관객은 이야기에 끌려오는 동안 이미 작가의 편이 되었다. 작가는 여기서 마음 놓고 의도했던 분위기와 주장으로 마감하는 것이다. 여기서 무리하게 욕심을 내어서는 안 된다. 좀 더 큰 여운을 남기려고, 혹은 미련을 떨쳐버리지 못하고 얘기는 끝났는데도 하염없이 붙들고 늘어져서는 안 된다.

결말에서 확인할 것은 주제이다. 몇 개의 압점을 거치면서 살이 붙고 단단해진 주제는 클라이막스를 통해 확인되는데, 결말부는 이를 확인이 아닌 절대적 결정으로 자리잡게 해야 한다. 라스트 신은 다시 보고 싶을 정도로 감동적이고 인상적이어야 한다. 인물의 개성이 살면 사건은 절로 산다. 인물과 사건이 호흡을 맞추면 주제는 절대 분산되지 않는다. 인물과 사건과 주제가 함께 살면 그 작품의 성공은 의심할 바가 없다.

기승전결의 구조는 물리적 판단이라기보다는 내용 전개상 이루어지는 마디들, 즉 이야기의 흐름 속에서 굴곡을 드러내며 맺어지는 단위들을 구분하는 개념에 가깝다. 기승전결의 구조가 정착된 배경에는 이것이 인쇄문학의 구조에서 생기고 그 틀이 영상문학에 전용되면서 굳어진 논리가 아닌가 생각된다. 대체로 절구를 잇대어 전개해 나가는 한시(漢詩)와 짧은 소설, 특히 신문의 4단 만화에서 기승전결의 구조를 많이 볼 수 있다. 그러나 호흡이 길고 문자문학과는 감상법이 다른 영상문학에서 단순히 기승전결의 구조로 스토리를 논하는 것은 적합하지 않다.

이 같은 기승전결의 단순 구조를 보완하기 위해 논자들은 발단, 전개, 갈등, 상승, 위기, 반전, 절정, 결말 등으로 세분화하기도 하나, 이것들 역시 결국에는 전개부(승)의 확장에 다름 아니라고 할 수 있다. 전개부는 3막 구조에서 모두 2막에서 이루어지는 부분이다.

기승전결 구조는 씬과 시퀀스를 분석할 때 유용하다. 각각의 씬 역시 내부적 구조를 갖게 되는데, 하부 단위가 비트라고 할 때, 비트의 배열을 기승전결로 구성하는 것이다. 반대로 씬을 분석할 때는 기승전결의 구조와 비트의 내용을 분석하면 편리하다.

Ⅳ. 영화텍스트 분석

1. 분석의 회의성

1960년대 영화에 대한 연구가 대학에 들어올 때부터 영화작품 분석을 위한 수많은 방식들이 제시되었다. 하지만 자크 오몽과 미셸 마리는 영화의 분석에 대하여 비판적으로 말한다. 개별 영화(film)에 대하여 말하는 것과 집합으로서의 영화(cinema)에 대하여 말하는 것은 다르다. 집합으로서의 영화가 항구적인 여러 특징들을 간직해왔지만, 다양하고 독특한 개별 영화들에 비할 것은 없다고 한다. 영화작품 분석은 독창적인 것에 대한 분석이어서 일반화시킬 만한 방법들, 반복되는 문제들, 규범이 되는 형식들이 있지만, 각각의 작품은 이 모두를 고유한 방식으로 사용한다. 따라서 장르나 양식을 연구하기 위해 많은 영화를 고찰하는 분석조차도 바로 작품의 유일성에서 자유롭지 못하다. 이 유일성은 하나의 전체에 속할 수는 있지만 절대 전체의 특징들로 환원되지는 않는다고 하였다.[1] 이들의 견해는 일견 크리스티앙 메츠의 시각과 일치한다.

오몽과 마리는 과학의 탐구과정과 이론의 성립과정을 간과하였다. 과학이라는 것은 먼저 여러 현상들을 연구하고 분석하여 여러 가지 사례들을 모으는 것이다. 객관적인 사

1 자크 오몽·미셸 마리, 이윤영 역, 앞의 책, pp.30－31.

례들은 축적되고 연구자는 그 속에서 하나의 경향 내지는 규칙을 발견하게 된다. 이로써 연구자는 가설을 세우고, 가설을 여러 현상에 대입하여 검증하는 과정을 거친다. 검증 결과 가설이 여러 가지 현상에서 똑같은 패턴을 보일 때 비로소 이론으로 정립될 수 있게 된다. 이렇게 성립된 이론을 여러 현상이 일어날 때 적용해보는 것이다. 이미 완료된 현상뿐 아니라, 지금 벌어지고 있는, 또는 앞으로 벌어질 상황에 적용하여 그 현상이 이론이 제시한 대로 진행된다면, 즉 이론이 현상의 결과를 예측 가능하게 한다면 그 이론은 자타가 공인하는 과학이 되는 것이다.

오몽이 지적한 대로 개별 영화와 집단적 영화는 당연히 다르다. 그러나 개별영화들은 하나의 현상들로서 연구대상이 될 수 있다. 개별영화들의 분석 결과 하나의 패턴이 발견되고, 이것이 여타 영화에서도 계속 발견된다면 하나의 이론이 되기에 충분하다. 그리고 그 이론이 작금의 개별 영화들에게서 공통적으로 발견되고, 앞으로의 영화들(시네마)에게서 나타날 현상을 예측할 수 있다면, 영화에 관한 일반적 이론은 충분히 성립 가능하다.

분석작업은 그동안 여러 학문 분야에서 성찰적 활동을 하고 이론을 기획해 왔다. 특히 기호학의 분야에서 구조주의 등 다양한 연구 관점으로 영화에 대한 분석이 진행되었다. 심리학, 철학, 법학, 사회학, 범죄학 등에서 영상인류학까지 모든 문화연구적 접근 방법이 행해졌다. 그러나 이러한 연구들은 역시 개별적 영화 연구의 한계를 뛰어넘지 못하고 있다는 것이 오몽과 마리의 관점이다. 그들은 이제는 더 이상 영화 전체를 대상으로 해서 이론을 정의할 시기는 아니며, 지금은 해당 이론에 속하는 방법들과 개념들로 주어진 어떤 대상, 즉 영화 한편, 어떤 감독의 영화 전체, 특정 시기, 특정 장르 등에 관하여 고찰하는 시기라고 하였다. 그 이유로 분석적인 접근[2]은 대상인 영화에 대한 일반적인 모델을 제시하려는 목표가 없으며, 현상들에 대하여 여전히 부분적이고 가설적인 하나의 설명 가능성만을 가지고 있기 때문이라고 한다. 또한 분석가는 몇몇 작품에만 통용되는 이론 또는 모델을 구축하고 있다는 것이 그들의 진단이다.[3]

그러면서 오몽과 마리는 근본적인 질문을 던진다. 영화작품 분석의 방법론에서 그것이 독창적이라면 분석의 타당성과 유효성을 보증하는 절차들은 무엇인가? 이 독창성이

2 자크 오몽과 미셸 마리는 이론적 활동이라는 개념을 따로 쓰고 있는데, 필자는 분석적 활동이 이론을 전제로 한다는 점에서 굳이 분리하지 않았다.

3 자크 오몽·미셸 마리, 이윤영 역, 앞의 책, pp. 36－37.

분석가의 특이성으로 간주될 수 있는 위험성은 없는가?[4] 그렇다면 이들이 제기한 의문에 답을 제시할 수 있으면 영화분석 작업, 특히 방법론에 사용된 이론은 개별성을 넘어 일반성을 확보하게 된다. 필자는 많은 연구를 통하여 독창적인 방법론(33포인트론)을 발견하였고, 많은 영화들을 분석하면서 그 유효성을 증명하였다. 따라서 필자의 연구결과들은 필자만이 갖는 특이성을 넘어서 집합적인 영화 전반에 걸쳐서 일반화시킬 수 있는 이론으로 가능하게 된다.

분석의 목적과 효과에 대해서 오몽과 마리는 그다지 큰 기대를 거는 것 같지 않다. 그들은 정신적 산물을 분석하는 것과 상황, 문제, 경험의 결과 등을 분석하는 것 사이에는 어떠한 본질적 차이도 없다고 하면서도, 실용적 차원에서 이런 분석행위들의 목적이 같지 않다고 하였다. 다시 말해, 인간이 살면서 부닥치는 상황, 문제, 경험 등을 분석하는 것은 실용적으로 유익하게 사용되어질 수 있기 때문에 보다 나은 삶을 목적으로 한다고 할 수 있다. 반면에 인간의 정신적 산물인 영화를 분석하는 것은 분석일 뿐이고 영화를 이해하는 데 쓰일 뿐, 실용적이지 않고 일반적인 지식을 향상시키는 것 정도이다. 물론 영화를 이해한다는 것은 영화가 재현하는 것, 영화가 이야기하는 것, 영화가 참조하는 세계를 이해하는 것[5]으로 결국 인간의 삶을 풍성하게 해주는 것이다.

오몽과 마리는 영화작품 분석이 정신적 작업이긴 하지만, 영화 그 자체만을 위해서 이루어지지 않는다는 점을 간과하였다. 영화작품 분석은 그 자체만으로도 의의가 있지만 결국은 창작작업에 도움을 준다는 사실이다. 분석은 해체하는 것이고, 해체의 역순 작업은 바로 구축하는 것이다. 따라서 영화작품을 분석하는 것은 이론화된 도구를 사용하여 만들어진 우수한 작품들을 해체하여, 그 구조를 들여다봄으로써 특징들을 찾아내는 것이고, 우수한 특질들을 찾아서 그것들을 모방한 다음 해체의 역순으로 조립함으로써 새로운 작품을 창조할 수 있다. 이처럼 영화작품 분석은 고도로 인간의 정신적 창작행위이자 사회문화적으로 인간의 공동체적 산물인 영화를 만드는 데 유익하게 쓰여진다. 실제로 영화작품을 분석하는 실천적 분석가들은 대학의 연구실보다 영화를 만드는 산업현장에 더 많을 것이다. 필자 역시 영화작품분석의 목적을 실용적 가치에 두고 영화를 해체하고 조립하는 과정을 선보일 것이다.

---

4 자크 오몽·미셸 마리, 이윤영 역, 앞의 책, p.38.
5 자크 오몽·미셸 마리, 이윤영 역, 앞의 책, p.42.

오몽과 마리는 결론적으로 영화작품 분석의 정의를 내리면서, 영화작품 분석의 보편적 방법이란 없다고 하였다. 분석가가 영화를 분석할 때 일정한 합리성의 의무가 있으며 특히 논증에 관심을 가질 의무가 있다고 하였다.[6] 이 말은 앞뒤가 안 맞는 주장이다. 분석가가 의무라고 할 정도로 합리성을 추구하고 논증을 행하는 임무를 마쳤다면, 그 결과는 당연히 보편성을 획득하는 것이다.

2. 분석의 당위성

서사학(narratology)은 서사물의 형식과 내용, 그리고 기능에 대한 연구이다. 서사학은 소쉬르 이후의 언어학, 퍼스 이후의 도상기호학, 프로이트 이후의 심리정신분석학, 러시아의 형식주의 문예이론, 프로프의 형태학, 프랑스의 구조주의와 영미 신비평주의 등 제반 학문의 연구 업적들을 포괄하고 수용하였다.[7] 그러나 문자서사에 집중되어 온 이들 연구 성과들을 영화를 비롯한 영상 서사에 적용하는 문제는 그 속성상 여러 가지 난제가 존재한다.[8] 그중에도 가장 큰 난제는 영화는 언어인가? 하는 문제이다. 이 말은 근본적으로 영상(이미지)은 언어인가?라는 질문을 건너뛰고 던져진 물음이다. 왜냐하면 영화는 영상으로 이루어진 하나의 (예술)텍스트이기 때문이다. 따라서 첫 번째 물음에 답하기 위해서는 선결해야 할 몇 가지 문제가 존재한다. '이미지를 사용하는 영상언어가 언어인가'라는 두 번째 물음에 대한 답은 이미 내려졌다. 21세기에 영상언어를 부인할 사람은 별로 없을 것이다. 그리고 영상으로 이루어진 '영화가 언어'라는 견해는 이미 크리스티앙 메츠가 선언한 바 있다. 그러나 메츠는 영화가 언어(랑가주)이지만 랑그는 아니라고 하였다.[9] 영화는 랑가주이면서 개별적으로 존재하는 것들이라고 한다. 그의 견해에 따르면, 영화에 소쉬르의 일반언어학의 원리를 적용할 수 없다. 이유는 영화는 랑그가 아니기 때문이다. 여기서 필자는 커다란 난관에 봉착한다. 필자의 통합체 분석 연구의 논지는 영화(텍스트)를 언어로 간주하고 소쉬르의 언어학적 구조를 원용하여 그 구조를 탐색한 것이기 때

6 자크 오몽·미셸 마리, 이윤영 역, 앞의 책, p.53.
7 서정남, 영화 서사학, 생각의 나무, 2004. p.17.
8 서정남, 영화 서사학, 위의 책, p.31.
9 크리스티앙 메츠는 나중에 '영화가 랑가주'라는 입장도 흐지부지해졌다.

문이다.

이러한 난관을 뚫기 위해서는 메츠의 '영화는 랑그가 아니다'라는 견해를 반박해야 한다. 즉 '영화는 랑그'라는 것을 입증하여, 소쉬르의 언어학적 구조주의를 채택하는 데 무리가 없어야 한다. 그렇게 된다면 영화텍스트를 분석하는 데 있어서 앞선 소소한 문제들은 해결된다. 먼저, 언어를 대상으로 하는 언어학의 원리로, 언어로 이루어진 텍스트를 분석할 수 있는가. 이에 대한 답은 이미 석학들의 선행 연구가 많이 행해졌기 때문에 논증을 생략하기로 한다. 또한 영상언어는 언어라는 견해[10]에서 영상언어에 소쉬르의 원리를 적용하는 것에 대해서도 별 이의가 없을 것이다. 문제는 영상으로 이루어진 영상텍스트에 언어학의 원리들을 적용할 수 있는가이다. 물론 이러한 연구가 상당부분 많이 진행되어 왔고 그 결과물들도 많다. 이러한 연구들이 메츠의 영화에 대한 부정적 시각(영화는 랑그가 아니다)을 불식시키고 있다. 필자 역시 이 점을 논증할 것이다. 그렇게 된다면 영화텍스트 역시 언어학의 원리를 적용하여 분석 하는 데 있어서 꺼림칙한 장애물은 걷어진다.

영화를 하나의 서사텍스트로 보고 분석과 연구를 하는 데는 네 가지 하위국면이 있다. 작가론, 작품론, 장르론, 시론 등이다. 영화텍스트의 내러티브를 분석한다는 것은, 이들 네 가지 연구분야들 중 어느 곳을 지향하더라도 반드시 거쳐야만 하는 첫 번째 관문이며, 텍스트를 둘러싼 모든 분석적 작업의 종결점이기도 하다. 따라서 서사학에 대한 이해와 연구는 우선되어야 한다. 그래야 후속 연구들이 나아가는 데 있어서 기본적인 장애를 피할 수가 있다.[11]

모든 서사텍스트의 내러티브는 크게 두 개의 층위를 가지고 있다. 하나는 형식적 부분이며 하나는 내용적 부분이다. 영화텍스트의 경우에는 이 두 개의 층위가 또 한 번 분절된다. 영화텍스트의 1차적 형식은 서사체를 창작 전달 수용하는 매커니즘의 기술적 영역, 즉 매체영역이다. 1차적 내용은 기술외적인 영역, 즉 메시지에 주력하는 것이다. 1차적 내용은 다시 분절하여 메시지를 구성하는 형식, 즉 플롯과 메시지의 내용으로 층위를 형성한다. 그러므로 영화텍스트의 형식적 분석은 2차적 형식인 메시지 전달방식인 플롯을 살펴보는 것이다. 영화텍스트에서 형식은 이미지가 제시되는 방식이고, 내용은 이미

10 물론 아직도 영상이 언어라는 견해에 찬동하지 않는 학자들도 있다.

11 서정남, 영화 서사학, 앞의 책, p.39.

지가 무엇에 해당하는가이다.[12] 전자는 메시지가 어떻게 구성되는가이고, 후자는 메시지가 무엇을 말하는가이다. 필자가 이 책에서 관심을 갖고 있는 부분은 어떻게 이미지가 제시되는가, 즉 메시지의 구조이다.

형식주의는 미적 기능의 특수성을 강조했을 뿐 아니라, 어떤 문화가 무엇을 하나의 예술품으로 간주할지를 결정함에 있어서, 사회적 관습이 중요한 위치를 차지한다고 주장한다. 통찰력 있는 유능한 형식주의 비평가들은 개별 작품의 분석과 해석이 뚜렷한 이론적 원리와 엄격한 역사적 관찰에 바탕을 두어야 할 필요가 있음을 인정했다. 역사적 연구는 작품에 생기를 부여하는 규범과 관습을 인정할 것이다. 또한 그러한 연구는 예술매체의 사회적 매트릭스(문학적 작업 조건들)가 작품의 형식과 기능을 결정하는 방식을 보여줄 것이다. 내러티브의 구조적 양상에 관한 연구는 프랑스의 구조주의적 시각에서 이루어진 것으로, 메츠의 거대통합체(grand syntagma) 분석 등이 대표적이다.[13] 메츠는 모든 영화 텍스트는 이야기와 현실 재현 이미지로 이루어져 있기 때문에, 이야기 구조, 즉 서사구조를 영화의 중요한 의미생산 요소로 평가하였다. 따라서 영화 텍스트에 대한 의미 분석 과정에서는 영상 이미지의 도상기호적인 특성이 부각된 외연적 의미구성에 관한 분석과, 영상 텍스트 속에 내포된 언어적 서사구조에 대한 내포적 의미 분석이 장르적 특성과 더불어 상호 맥락적인 형태로 이루어져야 한다.[14]

3. 선행연구들

영화작품 분석의 선조는 세르게이 에이젠슈타인을 들 수 있다. 그는 1934년 자신의 작품 〈전함 포템킨, 1925〉에서 '오데사의 계단'의 학살 이전의 장면에 나오는 연속적인 14개의 샷을 선택하여 구성과 의미의 구조를 분석하였다. 에이젠슈타인은 이 분석에서 형식적인 면에 치중하였다. 샷 구성의 디테일, 프레이밍, 연속되는 프레임의 조형적 측면 등에 집착하여 설명을 하였다. 에이젠슈타인이 말하고자 했던 바는 영화적 서정성, 열광

12 서정남, 영화 서사학, 앞의 책, pp.43-45.
13 데이비드 보드웰, 오영숙 역, 영화의 내레이션 I, 시각과 언어, 2007. pp.13-14.
14 백선기, 대중문화와 그 기호학적 해석의 즐거움, 커뮤니케이션북스, 2004. pp.18-19.

적 소통, 요컨대 그 정치적 효율성은 고유한 법칙을 따르는 정교한 형식적 작업을 통해서만 획득될 수 있음을 증명하고자 한 것이다. 그 고유한 법칙들을 위반하면, 영화가 더 많은 리얼리즘을 획득하기는커녕 오히려 밋밋해져버린다.[15]

프랑스의 앙드레 바쟁은 제2차 세계대전 직후 영화들 몇 편을 분석하는 강연을 가졌다. 그의 분석은 영화의 형식, 더 구체적으로는 영화의 극적구성에서 출발한다. 영화의 주제와 형식을 분리해서 취급하는 논평보다 위험한 것은 없다고 명시하고 있다.[16] 이 말은 에이젠슈타인이 영화적 서정성은 정교한 형식적 작업을 통해서 얻어진다는 것과 동일한 관점이다.

영화텍스트 분석은 1960년대 당시 지배적 사조였던 구조주의적 사유의 맥락에서 자리를 잡았다. 영화의 구조분석에서 이른바 텍스트 분석은 1980년대까지 급속한 발전을 이루었다. 구조주의 운동은 인류학자 클로드 레비스트로스에 의해 시작되었고, 그는 방대한 분량의 신화적 서사를 연구했다. 신화적 서사들은 종종 복잡하고 겉보기에는 자의적으로 보여도 사실상 아주 강력한 규칙과 체계성을 드러내며, 이 규칙성과 체계성이 신화들의 심층적인 구조적 특성이라는 것이다. 그는 의미를 가진 산물들이 겉보기에는 아주 분산되어 보여도 사실상 동일한 구조를 공유한다는 점을 강조한다. 구조는 분석이 메시지의 흐름에서 끊어내야 하는 간극들과 차이들의 체계다. 구조는 대개 이항대립적인 체계로 파악된다. 따라서 신화에서 비롯된 구조분석은 문학작품이나 영화 같은 예술작품처럼 훨씬 더 제한적이고 역사적으로 규정된 산물들을 거쳐, 무의식에 이르기까지 의미를 가진 중요한 산물 모두에 적용된다.[17]

1970년경에 프랑스에서 영화연구가 활발해지고 영화 작품분석이 대학의 커리큘럼으로 제도화되었을 때는 학술적 전통도 없었고, 선행하는 어떤 모델도 없었다. 대학은 영화연구를 하는 교수들에게 수업을 일임하지 않을 수 없었다고 한다. 따라서 당시의 시대 분위기에 맞추어 영화작품 분석은 구조주의의 경향을 띠게 되었고, 주로 텍스트 분석이 교육과 연구의 중요한 부분을 차지하게 되었다. 그 후 40~50년이 지나는 동안 '영화작품 분석'은 다양한 이름으로 하나의 분과로 자리잡아 제도화되었다. 영화작품 분석 연구자도

15 자크 오몽·미셸 마리, 이윤영 역, 앞의 책, pp.220－225.
16 자크 오몽·미셸 마리, 이윤영 역, 앞의 책, p.226.
17 자크 오몽·미셸 마리, 이윤영 역, 앞의 책, 2020. p.233.

다른 분야의 모든 연구자처럼 인식론적이고 사회학적이기도 한 영역과 관련해서 자신의 영역과 방법을 폭넓게 규정하였다. 즉 시대마다 특권화된 분석절차들이 있지만, 자신의 논지를 이해시키고 인정을 받는 전문적이고 학술적인 접근을 취하였다. 영화작품 분석은 아주 다양한 방식으로 행해질 수 있다. 그리고 영화작품 분석의 지배적인 방식은 시대에 따라 계속 바뀌어왔다.[18]

레비 스트로스 이외에도 텍스트 분석의 발전에 가장 뚜렷한 영향을 미친 학자들은 움베르토 에코, 롤랑 바르트, 그리고 크리스티앙 메츠이다. 에코는 문학작품이나 예술작품을 포함해서 커뮤니케이션 및 의미작용의 현상들이 기호체계를 구성한다는 생각을 처음으로 제기한 사람이다. 바르트는 광고 이미지를 분석한 텍스트에서 커뮤니케이션의 차원보다는 의미작용(signification)의 차원을 강조한다.[19] 레비 스트로스와 바르트의 구조분석은 텍스트의 의미를 천착하는 작업이다.

1970년대부터 주체이론의 정신분석적 모델이 광범위하게 등장하였다. 프로이트-라캉의 정신분석적 방법은 주체와 의미생산의 관계에 관심을 두었다.[20] 정신분석적 연구의 또 다른 경향은 젠더(남성/여성) 연구에서 찾을 수 있다. 페미니즘 연구는 욕망의 대상, 성적 충동의 대상으로서의 여성의 재현에 대해, 그리고 시선의 역할과의 관계에 대해 남성과 여성 인물 사이의 위치 차이를 강조한다.[21]

문화연구(cultural studies)는 사회학, 문화인류학, 철학, 민족학, 문학, 예술을 가로지르는 학제간 접근방식이다. 사유의 경향은 문화와 권력 사이의 관계들에 강력한 비판적 태도를 취하고 있다. 1960년대 초 영국에서 등장한 문화연구는 민중문화, 소수자 문화, 대항문화를 특권적으로 연구하였다. 1968년 이후 북미의 대학들에서 많이 발전하였고, 이러한 정신에 포함되는 영화작품 분석들이 행해졌다.[22] 영화가 휴머니즘과 인간에 관한 탐색, 그리고 사회적 의미작용과 정서를 간직하고 있는 고갈되지 않는 문화 행위라고 할 때,[23] 영화분석에 대한 이 같은 작업 역시 마르지 않는 샘이 될 것이다.

18 자크 오몽·미셸 마리, 이윤영 역, 앞의 책, pp.39-41.
19 자크 오몽·미셸 마리, 이윤영 역, 앞의 책, p.234.
20 자크 오몽·미셸 마리, 이윤영 역, 앞의 책, p.240.
21 자크 오몽·미셸 마리, 이윤영 역, 앞의 책, p.245.
22 자크 오몽·미셸 마리, 이윤영 역, 앞의 책, p.271.
23 자크 오몽·미셸 마리, 이윤영 역, 앞의 책, p.31.

블레이크 스나이더의 15지점

블레이크 스나이더는 영화의 성공을 좌우하는 요소는 두 가지가 있는데, 장르를 뛰어넘는 스토리와 가장 중요한 요소인 구조가 그것들이라고 하였다. 그리고 그는 열 가지 장르의 유형을 제시하고, 그 구조를 열다섯 가지로 살펴보았다.[24] 스나이더의 15비트는 VI장에서 소개한다.

토드 클릭의 120비트

토드 클릭(Todd Klick)은 영화텍스트를 120개의 비트로 나누는 아주 세세한 작업을 진행하였다. 그는 《*BEAT BY BEAT*》이라는 책에서 총 120분 분량(표준)인 한 편의 영화를 3막으로 나누고, 또 각막을 분단위로 조깨어 총 120개의 단위를 정하였다. 그리고 각 120개의 포인트가 갖는 기능과 역할을 설명하였다.[25]

클릭은 아리스토텔레스 이후 전통적으로 굳어진 3막구조를 사용하였다. 제1막은 '설정'으로 1포인트부터 30포인트까지이다. 제2막은 '임무' 단계로 31포인트부터 60포인까지이다. 그는 55분부터 65분까지를 중간점이라고 하였다. 클릭은 2막을 전후로 나누어 중간점 이후를 3막으로 하였다. 제3막은 '죽음의 계곡'으로 85포인트까지이다. 제4막은 '해결' 부분으로 '최종임무'이다. 85포인트부터 120포인트 끝까지다.

특히 그는 매15분마다 극의 전환점을 제시하였다. 즉 영화가 시작하고 나서 15분, 45분, 75분, 105분경에 이야기의 방향을 전환하는 사건이 등장한다고 하였다. 동 사건은 관객의 허를 찌르고, 뭔가 놀라운 사실이 발견되기도 하며, 관객의 몰입과 추측을 낳는다. 보통 해결하는 데 시간이 많이 걸리는 문제를 제시한다.

토드 클릭은 영화텍스트를 아주 세밀하게 나누고 그 기능과 내용들을 설명하고 있으며, 이것들이 다른 영화의 텍스트 분석에 도구로 사용될 수 있음을 설파한다. 그러나 클릭의 발견과 120개의 비트는 너무 상세하고 특질적이어서 보통의 영화텍스트에 적용시키기에는 다소 무리가 따른다. 물론 아리스토텔레스의 3막구조와 선동적 사건, 기타 분석론자들이 발견한 중간점, 전환점 등이 모두 들어 있다고 볼 수 있다.

---

24 블레이크 스나이더, 이태선 역, *SAVE THE CAT!*, 비즈앤비즈, 2021. pp.13－21.

25 토드 클릭, 홍주연 역, *BEAT BY BEAT: A CHEAT SHEET FOR SCREENWRITERS*, 비즈앤비즈, 2017.

김도영의 10지점

김도영은 한국 영화산업이 제반 시스템을 안정적이고 효율적인 체계를 갖춘 데 비하여, 실제 영화를 제작하는 데 있어서는 연구가 부족하다고 하였다. 제작 실무에서 가장 중요한 요소인 한국 영화극적구조 연구는 미비하다 못해 관련 도서조차 실질적으로 전무한 형편이라고 일갈하였다. 그는 구조연구가 왜 중요한지 다음과 같이 밝히고 있다.

영화는 고유하고 특별한 영화만의 극적 구조를 갖고 있다. 그것을 서사구조라고 부르건 스토리텔링이라고 부르건 3막구조라고 부르던 상관없지만, 중요한 사실은 동일한 시간대에 동일한 역할을 하는 각각의 지점들을 가지고 있다. 영화는 시작과 더불어 원인과 결과의 끊임없는 이어짐으로, 앞의 원인 때문에 뒤의 결과가 놓여지고, 또 뒤의 결과는 다음의 원인이 되며, 이 원인 때문에 다음 결과가 이어지는 구조이다. 이처럼 영화텍스트는 유기적으로 완전체를 이룬다. 시드 필드는 이러한 극적구조를 '패러다임(paradigm)'이라고 하였다.[26]

김도영은 동일한(비슷한) 시간대에 동일한 역할을 하는 다섯 가지 새로운 지점을 발견하고 이론화하였다. 그 지점들은 선행구성점, 기계적 중간지점, 아신점, 연찬점, 지우점 등이다. 그는 아리스토텔레스가 발견한 3막구조에, 시드 필드의 5지점, 그리고 그가 발견한 5지점을 합하여 총 10개의 지점을 바탕으로 모두 13편의 영화의 극적 구조를 분석하였다.[27]

오기환의 공식

오기환은 스토리의 공식을 만들어 자신의 이름을 붙였다. 그는 스토리의 기본 바탕에는 플롯의 삼각형이 존재하는데, 이는 주인공과 적대자를 중심으로 본 구도이다. 주인공의 행동이 시작되는 지점이 설정으로 밑변 좌측 꼭짓점이다. 밑변 우측 끝점은 주인공의 행동이 끝나는 절정이다. 그리고 중간점으로 '적대자 또는 어려움'이라는 삼각형의 꼭대기점을 지적하였다. 설정 부분에서는 '계기적 사건'이 존재한다.

오기환은 주인공의 세 가지 축인 설정, 적대자, 절정은 플롯의 기본축인 계기적 사

---

26 김도영, 영화 극적 구조의 비밀, 한울, 2015. pp.11－12.
27 김도영, 위의 책, p.152.

건, 중간점, 사건의 절정이라는 3가지 축과 연동된다고 하였다. 여기에 전통적인 3막구조를 합쳐서 자신의 모델을 만들었다. 오기환의 공식은 순서대로 다음과 같다. ① 주인공이 계획을 세운다. ② 설정(계기적 사건), ③ 공격점1, ④ 공격점2(중간점), ⑤ 공격점3, ⑥ 절정, ⑦ 주인공의 계획이 완성된다.[28]

4. 분석의 실천

분석이란 주어진 어떤 것에 대하여 그 구성요소들과 구성규칙들을 거슬러 탐색함으로써 그 어떤 것을 이해하는 지적활동이다. 다양한 학문 분야에서 분석을 행할 수 있다. 일상생활에서 사용하는 분석은 어떤 환경에서 문제가 발생했을 경우에 그 원인을 찾는 행위를 말한다. 어떤 상황이 변화했을 때 그 이유를 찾는 것은 분석을 통해서 가능하다.[29]

분석(分析)은 칼로 나누고 도끼로 나무를 쪼갠다는 한자이다. 사물(事物)을 나누고 쪼개어 이루고 있는 성분(成分)과 요소(要素)들을 갈라내는 것이다. 개념(槪念)을 그 속성(屬性)이나 요소(要素)로 분해(分解)하는 일이다.[30] 따라서 영화 텍스트를 분석한다는 것은 영화를 쪼개어 그 안에 어떤 요소들이 존재하며, 그 요소들은 어떻게 구성되어 있는가를 밝히는 작업이다.

영화텍스트 분석은 크게 구조분석과 의미분석으로 나누어 볼 수 있다. 구조분석은 영화의 구성 성분들 중에서 요소들을 추출하여 그것들이 어떻게 구조되었는지를 알아보는 연구이다. 의미분석은 요소들이 어떤 의미를 가지고 있는지 살펴보는 연구이다. 구조분석은 영화를 이루는 요소들이 어떻게 얽히고설켜있는지 그 짜임새를 밝히는 작업이고, 의미분석은 그 요소들의 의미가 어떤 것을 담지하고 있으며 그 요소들이 상호결합하고 연관지을 때 의미가 어떻게 변화하고 형성되는지를 파악하는 작업이다. 의미를 분석하는 작업은 기호학에 입각하여 행하게 된다. 기호학은 근본적으로 소쉬르의 언어학

28 오기환, 스토리: 흥행하는 글쓰기, 시공아트, 2021. pp.95－120.
29 자크 오몽·미셸 마리, 이윤영 역, 앞의 책, pp.29－30.
30 네이버 사전.

에서 출발하였기 때문에, 결국 필자의 두 가지 분석 연구는 모두 구조주의를 근간으로 한다.

영화텍스트를 분석한다는 것은 타분야에서의 분석과 실천적 의미에서 똑같다. 그러나 영화는 인간정신의 산물이기 때문에 자연환경이나 원리원칙이 확립된 자연과학, 공리주의에 입각한 사회현상을 분석하는 것과는 많이 다르다. 영화는 고도의 정신적 창작 작품이고, 선험적으로 미지의 것이고, 자기 고유의 합리성을 가지고 있기 때문이다. 하지만 분석한다는 것은 항상 유의미한 방식으로 분해하는 것이고, 분석적 태도에 대한 기본적인 정의는 독립적인 요소들을 규정하면서 그리고 요소들 사이의 관계를 이해하려고 애쓰면서 어떤 전체를 지적으로 처리하는 것이다.[31] 따라서 영화작품의 분석은 일반적 분석 작업의 행위와 크게 다르지 않다.

영화는 언어이고 사회적 산물이라고 할 때, 한 편의 영화 이야기는 독립된 하나의 이야기가 아니라, 사회적 서사구조 속에서 탄생한 산물로 파악할 수 있다. 그렇기 때문에 영화 메시지는 사회 구성요소 간에 맥락적으로 형성된 의미구조와 관계성 속에서 파악될 수 있게 된다. 영화적 서사구조가 영화 분석의 핵심적 영역으로 평가받게 되자, 영화는 하나의 작품에서 서사구조를 지닌 텍스트로, 사회적 의미를 생성하는 공간으로 평가받게 되었다.[32] 우리가 어떤 사회적 담화를 연구한다는 것은 그 텍스트를 분석하는 것이고, 담화의 시작과 끝을 관통하는 이야기의 구조분석에서 출발하게 된다.[33]

근본적인 언어의 형태는 말하는 자가 숨어 있는 담화다. 숨어 있는 자의 의도성을 알기 위해서는 '흘러가는' 이야기의 구조를 수직적으로 세워 보아야 한다. 구조분석은 이야기의 선형적인 관계를 입체적이며 논리적인 구조로 재구성하는 것이다.[34] 따라서 영화텍스트를 분석할 때는 가장 먼저 이야기를 입체적으로 세워보아야 한다.

이야기는 문체론적인 측면과 구성의 측면, 즉 기술적인 측면 및 의미적인 측면이 있다. 문장들의 문법적인 규칙(주어와 동사 중심으로)이 서로 통사적으로 관계하면서 담화를 생산하는 의미의 규칙을 찾는 것이 이야기의 구조분석이라고 할 수 있다. 이야기 분석에서 문제는 문체적이라거나, 시점 혹은 통사론에 있기보다 의미론에 있다. 의미를 그나마

---

31 자크 오몽·미셸 마리, 이윤영 역, 앞의 책, 2020. pp.29－30.

32 백선기, 앞의 책, pp.6～8.

33 신항식, 시각영상 커뮤니케이션, 나남, 2004. p.245.

34 신항식, 위의 책, p.247.

쉽게 얻어낼 수 있는 단순한 문장에 비해, 이야기는 의미가 많고 복잡하게 엮여 있다. 게다가 말의 순서만 따라가서는 의미를 알 수 없는 경우가 대다수다. 통사적인 언술이 연쇄적으로 드러나는 담화를 깊숙이 수직적으로 구조화해야 그 의미를 알 수 있다.[35] 마찬가지로 영화를 언어로 볼 때, 그 이야기의 의미구조는 언어가 갖추고 있는 요소들을 따라 분석하고 바라보는 통합체적 관점과 계열체적 관점이 동시에 요구된다.

텍스트는 수평으로 읽고, 수직적으로 파악해야 한다. 여기서 수직적이라 함은 수평을 포함하는 수직이므로 입체적이라는 말이다. 시간의 흐름과 이에 따라 펼쳐진 공간에서 의미를 찾아야 하는 것이다. 이야기의 흐름은 단어가 의미를 전달하면서 수평적으로 혹은 통사적으로 펼쳐진다. 이렇게 형성된 이야기의 기본단위인 문장들은 시간의 흐름과 함께 축적되고, 서로 얽히면서 어떤 때는 급하게, 어떤 때는 느리게, 어떤 때는 동시다발적으로 의미를 쏟아낸다. 어찌해서 이렇게 문장과 문장들이 서로 배열, 교차하면서 우리가 순서적으로 연상한 의미들의 흐름을 뒤섞어 놓는가? 그것은 이야기가 전달할 의미의 효과를 위해서다. 구조적으로 의미의 효과가 드러나기 비교적 쉬운 옛날이야기에서부터 복잡한 이념적 논설조 이야기까지 정도의 차이일 뿐 복잡함은 언제나 존재한다.[36] 더구나 다른 어느 장르보다도 더욱 형식미에 치중하며 시공간적 압축을 요하는 영화에 있어서는 그 씨줄과 날줄이 생명이라고 해도 과언이 아닐 정도로 중요한 역할을 수행한다. 그리고 우리 인류는 비교적 얼마 안 되는 시간 동안에 영화의 장르에서 효율적인 직조기술을 축적해왔다. 물론 짧은 시간 동안에 그러한 기술을 개발하고 발전시켜 온 것은 영화 혼자만의 과업이 아니다. 당연히 유구한 인류의 인문학적 소양이 바탕이 되었다. 따라서 영화를 논할 때 우리는 어쩔 수 없이 인문학적 구조와 틀을 빌려올 수밖에 없으며, 그 구조 속에서 효율성을 찾게 되는 것이다. 이야기의 구조분석이란 것은 형사의 입장에서 사건을 재구성해 나가는 것과 같다. 분석자는 주도면밀한 형사처럼 사건들의 구조가 전개되는 순서를 먼저 정리해서 각 사건들의 시간적·원인적 흐름의 맥을 짚고 있어야 한다.[37] 내러티브 분석의 첫걸음은 텍스트를 분절(segmentation)하는 것이다.[38] 내러티브를 규명하려는 것은 곧 작품의 창작의 경로를 역으로 소급해 들어가는 과정이라고 해도 과

35 신항식, 앞의 책, p.250.
36 신항식, 앞의 책, p.263.
37 신항식, 앞의 책, pp.271－272.
38 서정남, 앞의 책, 2004. p.91.

언이 아니다.[39]

한편, 구조분석의 전제는 창조에 있다. 훌륭한 구조물을 만들기 위해서는 그와 유사한 구조물의 재료와 요소들이 어떻게 얽히고설켰는지 주도면밀하게 살펴야 하고, 그 쓰임새와 얼개를 파악해야 한다. 즉 해체작업을 하면서 해부된 요소들을 일목요연하게 늘어놓아야 한다. 해체가 끝나면 해체작업의 역으로 요소들을 조립(구축)해 나가면 창작이 될 것이기 때문이다. 반대로 창작물을 분석하고자 할 때, 우리는 창작과는 반대로 그 구조를 해체해 가는 순서를 밟으면 된다.

한편의 영화텍스트를 해체하고자 하면 먼저 텍스트를 이루는 큰 뼈대부터 분리해야 한다. 막을 나누고 에피소드를 분리하여 그 속에서 시퀀스를 추려내야 한다. 그리고 각 시퀀스들을 다시 해체하여 씬으로 분리해 볼 수 있다. 나아가 각 씬들을 이루는 샷을 살펴봄으로써 창작물의 구조를 낱낱이 들여다보게 된다. 해체작업은 큰 부분에서 점점 작은 부분으로 세밀하게 뜯어보는 순차적인 작업이다. 여기서 단어 자체가 콘텍스트 내에서 의미를 갖듯이, 의미의 최소 단위인 단어에 해당하는 샷은 마찬가지로 씬 내에서 의미를 갖게 되므로 의미분석의 단위는 씬을 기준으로 이루어진다. 물론 씬이 갖는 의미요소와 상징들을 알아보기 위해서는 샷의 분석이 필수적이다. 이 책에서는 구조를 논하는 것이 목적이기 때문에 씬의 상위단위인 시퀀스까지를 구조 분석단위로 한다.

필자는 구조분석을 두 가지 방법론으로 나누었다. 먼저 영화텍스트의 구조분석에서 말 그대로 구조를 파악해서 구성성분을 밝혀내는 작업이 먼저다. 구조를 이루는 요소들을 파악하고 그 요소들이 어떻게 구축되어 있는지를 드러내는 것이다. 그 다음에 이렇게 밝혀진 구성성분들의 의미를 파악하는 것이다. 구조를 이루는 요소들의 본래의 의미와 그 구조 속에서 변형되고 구축된 의미를 밝혀내는 작업이다. 물론 의미는 구조 속에서 형성되는 것이기 때문에, 구조분석을 한다는 것은 의미를 찾는 작업이기는 하다. 그렇지만 필자는 구조를 밝혀내는 작업과 의미를 찾는 작업을 분리하였다. 그러는 편이 여러모로 효율적이고, 사실 구조를 밝히는 것과 의미를 찾는 작업은 별개임을 알 수 있다. 어찌 보면 의미를 찾는다는 것은 특히 구조주의 기호학에서는 구조와 그속의 의미를 동시에 찾는 작업이다. 필자가 영화텍스트 분석에서 구조를 밝히는 작업은 거시적이고 통합체적인 접근 방법이다. 그리고 의미를 찾는 작업은 보다 미시적이고 계열체적 접근방법

---

39 서정남, 앞의 책, p.109.

이다.[40]

필자는 이 책에서 영화 구조분석 작업에 필요한 이론(33포인트론)을 소개하였다. 이 이론은 영화를 분석하는 도구가 될 것이며, 영화 안에 존재하는 요소들이며, 요소들이 어떻게 놓여있는지를 보여주는 모델이다. 그리고 유효성을 입증하기 위해서 세계적으로 가장 흥행에 성공했다는 영화 〈타이타닉, 1997〉과 인류의 영원한 동화 〈알라딘, 2019〉, 아카데미 작품상을 받은 〈기생충, 2019〉 그리고 평범하다고 할 수 있는 미국 영화 〈링컨차를 타는 변호사, 2011〉를 분석하여 사례로 제시하였다. 그리고 OTT플랫폼 넷플릭스에서 인기를 얻은 드라마 〈오징어 게임, 2021〉 총 9화차를 분석하였다.[41]

40 본서는 구조에 관한 구조론이다.

41 그 밖에 한국에서 1,000만 관객을 동원한 영화, 할리우드의 유명 영화들에 대한 분석은 별도의 책으로 소개하기로 한다.

V. 메츠의 견해

1. 랑그로서의 영화

크리스티앙 메츠는 영화는 언어라고 말하면서도 영화를 일반언어(음성언어)처럼 취급하여 분석하는 것에 회의를 드러낸다. 메츠는 소쉬르의 파롤(parole), 랑그(lange), 랑가주(langage)의 개념을 영화에 도입했다. 소쉬르는 랑가주를 거대한 현상들의 집합이라고 규정하고, 그 안에는 매우 체계적으로 조직된 랑그와 다양한 현상을 지닌 파롤이 포함되어 있다고 보았다. 랑그는 일종의 규칙이고 모델이며 보편적 문법 같은 안정적 구조를 지닌 부분에 해당하며, 파롤은 개인이 사용하는 다양하고 구체적인 변이체라고 할 수 있다. 그는 영화는 랑그가 아닌 랑가주라고 하였다.[1] 즉 영화는 체계적이고 조직된 규칙을 정할 수 없다는 것이다. 결국 영화는 랑그가 아니기 때문에 조직적이고 규칙적인 분석을 행할 수 없고, 오직 개별적인 영화의 분석에 치중할 수밖에 없다는 논리이다.

메츠는 그 이유로 영화에는 음성언어와 비교했을 때, 랑그라고 할 수 없는 면이 두드러지기 때문이다. 물론 영화에서 반복적으로 나타나는 편집 형태나 자주 사용되는 관습적 연출 혹은 패턴을 영화의 문법이라고 부를 수 있지 않느냐고 반박할 수 있을 것이

1 이수진, 크리스티앙 메츠, 커뮤니케이션북스, 2016. p.16.

다. 하지만 영화의 문법이 있다고 가정하더라도 시대마다 작가마다 문화권마다 매우 유연한 방식으로 변하는 것을 고려한다면 음성언어와는 다름을 간파하게 될 것이다. 영화에서 반복적으로 나타나는 부분을 메츠는 랑그가 아닌 약호(code)라고 하였다. 예들 들어, 공포감을 주는 장면에서 사용되는 어두운 조명, 음산한 소리, 흐느끼는 선율의 현악 연주, 긴박한 추격 씬에서 나오는 빠른 리듬의 타악 연주, 핸드헬드 샷 등이다. 그는 또 주인공이 선함을 의미하기 위해서 흰색옷을 입히고, 반대로 악함을 의미하기 위해서 빨간색 옷을 입혔을 경우, 우리는 거의 직접적으로 흰색과 빨간색이 대비되면서 만들어내는 의미를 읽어 낼 수 있다. 또 흰옷 입은 사람이 건물 꼭대기에서 내려다보는 장면을 하이앵글로 잡았을 경우 이는 천사를 의미하는 영화만의 특정 약호로 작용하기도 한다고 하였다. 그는 계속해서 이야기가 영화를 지배하는 정도는 영화의 구성요소 중 하나인 이미지가 영화를 지배하는 정도보다 훨씬 더 강력하다고 했다.[2] 맞는 말이다. 영화의 본질은 이야기이지 이미지가 아니다. 이미지는 표현수단일 뿐이다. 우리가 소설을 쓸 때 문자를 사용하고, 그림을 그릴 때 물감을 사용하는 것과 같다. 영화를 만들 때는 이미지를 주로 사용한다. 그렇지만 이미지가 바로 영화텍스트를 이루는 구성요소가 되는 것은 아니다. 이미지를 활용하여 만든 이야기(素)들이 영화의 구성요소들이다. 메츠가 랑그가 아니라 약호라고 예를 든 것들은 모두 영화텍스트에서 표현수단, 즉 표현의 기술이자 방편일 뿐이지 텍스트의 구성요소들이 아니다.

메츠는 이야기와 밀접하게 연결된 영화를 랑가주의 개념으로 이해하고자 하는 시도는 방법적 필요에 의해 추상적이며 은유적인 개념에 기대는 선택일 뿐이다. 따라서 기계적으로 음성언어와 비교해 공통점과 차이점을 세분하는 작업은 불필요하다고 하겠다. 오히려 의미작용(signification)을 위한 영화만의 기본 단위가 무엇인지 찾아보고, 랑가주로서 특성을 파악하는 일이 우선[3]이라고 하였다.

메츠는 이미 영화는 랑가주라고 선언하였기 때문에, 이에 대한 논의는 따로 하지 않겠다. 다만 영화에는 랑그가 없다고 하였다. 이 말은 결국 영화는 하나의 현상으로서 영화는 존재하지만, 규칙적인 모델을 설정할 수 없기 때문에 보편적 문법을 만들 수 없고, 안정적인 구조를 갖출 수 없어서 랑그로서의 자격은 없다는 말이다. 나아가 개별적인 존

2 이수진, 크리스티앙 메츠, 앞의 책, pp.16–17.
3 이수진, 크리스티앙 메츠, 앞의 책, p.18.

재의 영화는 가능하지만, 파롤로서의 존재 또한 장담하지 못하는 결과이다. 랑그 없는 파롤은 존재할 수 없기 때문이다. 여기서 메츠는 언어와 언어텍스트, 영상언어와 영상언어텍스트(영화)를 구분하지 않고 있다.

메츠는 의미작용을 하는 영화만의 기본 단위가 무엇인지 찾아보라고 하였다. 이에 대한 답은 분명하다. 영화에서 의미작용을 하는 기본 단위는 샷이다. 메츠가 생각하는 대로 이미지가 아니다. 이미지는 샷의 표현수단일 뿐이다. 의미는 이미지로 드러난 샷이 담지하고 있는 내용이다. 이것을 착각하면 안 된다. 영화텍스트에서 이미지는 회화에서 화가가 어떤 형태나 사상을 표현하기 위해 물감을 사용하여 그린 그림과 같다. 영상작가(시네아스트)가 빛과 그림자를 사용하여 필름(스크린)에 그린 그림이 이미지다. 회화텍스트에서 이미지가 구성요소가 아니다. 이미지를 구현한 색채와 형태 등이 담지하고 내용이 의미를 창조하는 것이다. 마찬가지로 영화텍스트에서 이미지가 구성요소로서 의미를 만드는 게 아니라, 이미지로 나타난 샷이 의미를 만들어낸다. 따라서 영화에서의 의미작용의 기본단위는 이미지가 아니라 샷이다. 그러므로 샷이 영화텍스트에서 의미를 만들어내는 구조를 밝히고 이를 규정할 수 있으면, 영화는 랑그로서의 존재를 확립하게 될 것이다. 필자의 작업은 바로 그것을 증명하고 이론화하는 것이다.

먼저, 메츠는 영화텍스트를 기계적으로 음성언어와 비교해 공통점과 차이점을 세분하는 작업은 불필요하다고 하였다. 메츠는 굳이 '음성언어'라고 했지만 필자는 '문자언어'와 같은 뜻으로 받아들인다. 이는 '영상언어'와 '문자언어'를 비교하는 것이고, '영화텍스트'와 '문자텍스트'를 비교하는 것이고, '영화'와 '소설'을, '영상컨텐츠'와 '활자컨텐츠'를 비교하는 것이다. 당연히 이들 양자의 공통점과 차이점을 비교하는 것은 필요할 뿐더러 가치가 있다.

또한, 그는 영화에서 반복적인 편집 형태나 관습적 연출 혹은 패턴을 영화의 문법이라고 하지 않느냐고 하였다. 앞에서 지적한 대로 편집이나 연출 패턴 등은 하나의 영화제작상의 기술이나 요령이지 문법이 아니다. 영화의 문법은 샷을 구성하고 배열하는 방법에 관한 규정이지, 이러한 기술을 규정하지는 않는다. 메츠는 설령 영화의 문법이 있다고 치더라도 시대와 작가, 문화권마다 변하는 것을 고려한다면 음성언어와는 다름을 발견할 것이라고 하였다. 지나친 차별적 접근이다. 아니 랑그를 인정하지 않았기 때문에 그럴 수도 있다. 필자가 주장하는 33포인트론과 영상언어의 구성요소들을 받아들인다면, 영화의 랑그 역시 인정하지 않을 수 없게 된다. 그렇다면 영화가 작가, 시대, 문화권마다 다르게 변형되는 것은 당연하고, 이는 곧 파롤이 된다.

메츠의 말대로, 일반언어, 특히 문자언어가 랑가주로서 일정한 규칙이 있고, 랑그로서 언어의 문법체계가 존재한다면, 각각의 민족과 국가, 문화권에서는 각각의 언어인 파롤을 구사하여 문자텍스트를 만들게 된다. 이것이 메츠가 본 소쉬르의 일반언어학적 관점이다. 그리고 메츠는 이를 영화에 도입하였다. 랑가주로서의 영화는 존재한다고 하였다. 그리고 랑그로서의 영화는 존재할 수 없다고 하였는데, 여기서 그는 중대한 착각을 한 셈이다. 랑그의 조직 체계를 이루는 요소들로 든 그의 사례들은 실제로는 구성요소가 아니라 일종의 기술적인 파편들이기 때문이다. 영화를 만드는 조직 체계 구성의 기본요소는 샷이고, 이 샷은 이미지를 도구로 사용하며, 의미는 샷이 담고 있는 내용이다. 영상에서의 이미지가 회화에서 색과 형태의 윤곽이라고 한다면, 샷은 색과 형태를 담고 있는 그림 전체이다. 즉 샷은 그림이라는 물리적 존재이다. 우리가 그림이라고 할 때는 색채와 형상, 그것이 칠해진 화판 등 전체를 말하는 것이다. 영상텍스트에서 이러한 샷의 선택과 배열은 영화가 탄생한 100여 년 동안 갈고닦아서 하나의 방법론적 규칙을 가지고 있다. 그 규칙을 깨트렸을 때는 문자언어만큼은 아니지만 혼란이 야기된다. 그리고 규칙과 조직 체계를 가지고 있는 랑그적 영화는 시대와 장소, 작가에 따라서 변이체를 탄생시킨다. 결국, 영상언어는 문자언어와 마찬가지로 랑가주이고 랑그이며 파롤일 수 있다. 따라서 영상텍스트는 문자언어의 문자텍스트와 마찬가지로 랑그적 체계를 분석할 수 있게 된다.

2. 샷과 단어

크리스티앙 메츠가 영화는 랑그가 아니라고 주장하는 이유 중의 하나가 영화에는 단어로 볼 수 있는 단위가 없다는 것이다. 언어는 단어들(그리고 어휘소들)을 포함하는 반면, 영화 랑가주는 그 내부에 단어에 상응하는 기호학적인 어떤 지위도 내포하지 않는다. 영화 랑가주는 어휘 없는 랑가주이다. 어휘는 고정된 요소들의 유한한 목록이라고 하겠다. 그렇다고 해서 영화적 표현에 '미리 제약된 단위'가 전혀 없는 것은 아니다. 종종 어휘와 미리 제약된 단위가 혼동되곤 한다. 미리 제약된 단위들은, 사전이 제공하는 것처럼 미리 준비된 요소들에 근거해서가 아니라, 발견되는 지점에서 조립(assemblage)이라는 체계에 근거해 구성된다. 조립체계는 그 자체로 고정단위(더 상위수준에 해당하는 단위)인 반면, 단어는 조립 이외에는 다른 어떤 것도 아니다. 즉 단어는 하위지위와 관련해서 음소의 조립, 글자인 경우 문자소의 조립으로 구성된다.[4]

메츠는 언어는 그 전형적인 특성의 상당량을 두 가지 목록으로 된 표본을 통해서만 논리적인 의미로 제시할 수 있는 것에 의존한다고 하였다. 하나의 목록은 요소들 간에 허용된 결합의 목록(문법 혹은 규칙의 총합)이고, 또 하나는 알파벳이나 어휘를 구성하는 허용된 요소들의 목록이다. 이러한 시각에서 영화 랑가주의 고유성은 하나의 목록으로만 표상될 수 있다. 즉, 어휘는 포함될 수 없으나 어느 지점까지는 문법을 보유할 수 있다고 말할 수 있겠다[5]고 하였다.

결국 메츠의 견해를 정리하면, 영화는 어휘나 알파벳, 음소, 문자소에 해당하는 단위가 없기 때문에 '단어'가 존재한다고 할 수 없다. 따라서 언어가 의존하는 하나의 목록인 '요소들의 목록'이 없다. 그리고 어느 정도까지는 문법을 인정할 수 있겠지만, 문법 혹은 규칙이 있다고 단언할 수 없어 또 하나의 목록인 '결합의 목록'이 존재한다고도 할 수 없다. 그러므로 영화는 랑그가 될 수 없다는 것이다.

그러나 메츠는 가능성도 열어두었다고 보여진다. 그는 복합적인 현상들의 심층적 단위, 공통적 뿌리는 임시적으로 구분된 다양한 표현을 우선 검토하는 더 발전된 앎의 상태에서, 이를 온전하게 조명할 때, 차후에야 드러난다고 하였다. 약호에 따른 단어의 현존 혹은 부재는 현재로서는 기호학 연구가 그 전체를 모두 파악하지 못하고 있는 상태에서, 다양한 구조의 결과들은 충분히 야기될 수 있기 때문이다. 구조의 결과들은 다양한 형태의 복합적인 현상에서 종종 발생하는 것처럼 말이다.[6]

필자는 영화텍스트에서의 '샷'이 문자텍스트에서의 '단어'에 해당한다는 것을 증거하겠다. 먼저 단어는 메츠의 말대로 분절된다. 단어는 음소 내지는 어소, 문자소로 분해할 수 있다. 예를 들어 글자(알파벳) 'ㄷ, ㅐ, ㅎ, ㅏ, ㄱ, ㄱ, ㅛ' 등의 조립이 단어 '대학교'를 만든다. 여기서 글자들은 아무런 의미를 가지고 있지 못하다. 순서대로 배열·조립되었을 때 비로소 의미를 갖게 된다. 같은 사례를 영화텍스트로 만들어보자. 다음과 같은 영상으로 된 이미지가 있다고 해보자. ① 수학, 물리, 건축, 공예 등의 전문서적들을 보

4 크리스티앙 메츠, 이수진 역, 상상적 기표－영화·정신분석·기호학, 문학과지성사, 2009. pp.269－270.

5 크리스티앙 메츠, 이수진 역, 위의 책, p.270.

6 크리스티앙 메츠, 이수진 역, 앞의 책, p.270.

여준다. ② 젊은이들이 바삐 거니는 모습들을 보여준다. ③ 강의를 하는 어른의 모습이 있다. ④ 붉은 벽돌 건물들 사이의 벤치에 앉아 있는 젊은이들 모습이 보여진다. ⑤ 늘어선 서가에 빼곡히 꽂힌 책들이 있다. ⑥ 붉은 벽돌 건물 앞에 백팩을 맨 젊은이들이 줄을 서 있는 모습 등이다. 이상 6가지의 이미지들이 어떤 모습(이미지)인지는 알겠지만 무슨 뜻인지, 뭔 말을 하는지는 알 수 없다. 이는 'ㄷ, ㅐ, ㅎ, ㅏ, ㄱ, ㄱ, ㅛ' 등이 한글(영어가 아니고)의 자음과 모음인 줄은 알지만 무슨 말인지 모르는 거와 같다. 그런데 영상이미지 ① ② ③ ④를 연속으로 배열해서 보여주면 사람들은 아하, '대학교'구나 하고 안다. 이미지들을 ① ⑤ ⑥으로 배열해서 보여주면, 사람들이 '대학교'보다는 '도서관'이라고 생각할 것이다. 여기서 이미지들은 '프레임'들이 모인 것이고, 연속으로 배열된 이미지들은 '샷'이다. 즉 영상언어로 '대학교'와 '도서관'이라는 단어가 조립된 것이다. 메츠는 이를 영상언어가 만들어지는 순간, 즉 영상단어가 발견되는 지점에서 미리 제약된 단위들이 조립된 체계라고 보았다. 이 조립체계는 그 자체로 고정단위(더 상위수준에 해당하는 단위)인 반면에, 문자텍스트의 단어는 사전이 제공하는 것처럼 미리 준비된 요소들에 근거해서 조립되는 것이라고 했다. 그러나 필자가 사례를 든 것처럼 실제로 영상언어와 문자언어의 단어 사이에 조립되는 방식에서 차이는 없다.

더 세부적인 예를 들어보자. '수학책'이라는 말은 'ㅅ, ㅜ, ㅎ, ㅏ, ㄱ, ㅊ, ㅐ, ㄱ'의 알파벳이 조립되어서 만든 단어이다. 영상언어로 '수학책'을 만들어보자. 그냥 수학책을 카메라로 찍어서 보여주면 되지만, 그것이 조립체계이지 사전에 제약된 요소들의 조립이 아니라고 하니까, 조립의 예를 들겠다. 첫 번째 이미지는 ① 여러 가지 수학 공식들이 보여진다. ② 공식들이 인쇄된 종이들이 주르륵 넘겨진다. ③ 책상에 책 한 권이 놓여 있다. 이상의 이미지들 ① ② ③을 순서대로 보여주었을 때 '수학책'인 줄 모르는 사람이 있을까. 각각의 ① ② ③ 이미지들은 각각 수학공식이고, 종이에 인쇄된 것이고, 어떤 책이라는 것 외에는 정보가 없다. 다시 말해, ① ② ③의 프레임(이미지)들이 모여서 조립한 결과 샷을 만들었고, 그 의미는 '수학책'이라는 단어가 된 것이다.

물론 문자언어의 알파벳과 단어는 미리 정해져 있는 것이고 사전이라는 목록이 있지만, 영상언어의 프레임(이미지)들은 그런 것이 없다고 강변하면서 차이점을 주장할 수도 있다. 그러나 알파벳과 단어라는 언어는 인간이 임의적으로 만든 자의적 기호라고 할 때, 영상언어의 프레임과 샷들은 자연상태의 우주적 존재에서 인간이 임의적으로 선택하고 그것들을 조립한 결과라고 한다면, 후자도 훌륭한 목록을 갖고 있는 셈이다. 오히려 전자보다 외연이 훨씬 넓은 사전을 갖고 있는 것이다.

사실 '샷'의 랑그적 기능에 대해서는 메츠도 인정하였다고 볼 수 있다. 메츠는 영화를 구성하는 가장 기초적인 재료는 하나의 샷이다. 현실 세상을 모방한 사진 한 조각이다. 이 샷을 얻기 위한 과정에는 세상의 어떤 부분 혹은 이야기의 어떤 부분을 담아내야 할지 선택하는 '데꾸파주'의 과정이 반드시 개입되기 마련이다. 샷은 영화연쇄에서 가장 작은 단위다. 이 샷을 어떻게 이어붙이는가가 곧 이야기 구성을 결정한다[7]고 하였기 때문이다. 샷은 영화를 구성하는 기초적 재료일 뿐만 아니라, 조직과 체계를 이루는 구성요소이다.

또한, 메츠는 영상언어의 '샷'이 문자언어의 '단어'와 다르다는 점을 강조하기 위해 선택의 폭을 들었다. 그는 시네아스트가 샷 하나를 만들 때 이러저러한 선택을 한다. 우리가 말을 할 때 이미 존재하는 단어를 선택하는 것과는 다르다. 따라서 샷의 숫자와 그 모양새는 정해져 있는 게 아니라 얼마든지 새로 창조될 가능성을 포함한 무한 집합이다.[8] 기호학에서는 어떤 자리에 위치할 수 있는 잠재적 요소들의 집합을 계열체라고 한다. 따라서 샷은 계열체적인 관계에서 그 자리에 선택될 수 있었던 다른 이미지와 대립된다. 이때 대체될 수 있는 샷들의 수는 무한하다[9]고 하였다. 즉 단어는 미리 제약된 사전에서 유한한 존재로 골라 쓸 수 있는 데 반하여, 샷은 무한한 모집단에서 선택하는 것이기 때문에 규정할 수 없어서 랑그가 될 수 없다는 것이다. 그러나 샷과 단어는 아주 유사하고 기능도 같다. 영화에서의 샷 역시 무에서 창조되는 게 아니라, 이미 우리 자연계 또는 우주적 환경에서 존재하는 것들 중에서 시네아스트가 경험한 것 내지는 임의의 기준으로 어떤 것을 선택하는 것이다. 시인은 사전에서만 단어를 고르지 않는다. 얼마든지 시어를 창조할 수 있다. 그런 시어는 시인의 개인적 경험에서 비롯될 수도 있고, 우주적 환경에서 찾아낸 것일 수도 있다. 실제로 그러한 시어를 창조적으로 사용한 시가 멋있다. 시어가 단어 하나가 아닌 여러 개로 이루어진, 다시 말해 두 개 이상의 단어가 순차배열된 언어일 때는 순열조합의 원리에 의해서 그 개수는 무한히 늘어난다. 사전은 하나의 범례일 뿐 모집단이 아니다. 영화에서도 샷은 영상작가에 의해 선택된 것이고, 자연의 상

---

7 이수진, 크리스티앙 메츠, 앞의 책, p.18.
8 이수진, 크리스티앙 메츠, 앞의 책, p.22.
9 이수진, 크리스티앙 메츠, 앞의 책, p.22.

태가 범례가 된다. 문자언어의 사전도 그 종이의 틀을 벗어나는 순간 자연이 된다. 즉 시인과 소설가의 언어는 자연과 우주적 존재에 있는 것이지 종이에 갇혀 있는 게 아니다. 결국 영상언어의 샷이나 문자언어의 단어는 창조적 관점에서 마찬가지의 고뇌와 과정을 통해서 탄생하는 것이지, 이에 우열적 또는 규칙적 차별은 없다.

메츠가 지적한 단어의 두 가지 목록, 결합의 목록과 요소들의 목록은 영상언어의 샷에서도 마찬가지로 존재한다. 결합의 목록은 통합체이고 요소들의 목록은 계열체라고 볼 수 있다. 단어의 통합체가 문법이라면, 계열체는 사전에서 골라 쓸 수 있는 단어들의 집합이다. 영상언어의 샷에 대한 통합체는 영상문법이고 구조가 되며, 계열체는 선택된 샷과 치환이 가능한 자연계 또는 상상계의 이미지들이다. 이에 대해서는 계속해서 논의해 나가겠다.

메츠는 영화기호학이 영화 연구에서 기여할 수 있는 분야는 계열체를 분석하는 것보다는 통합체를 분석하는 데 있다고 판단했다. 왜냐하면 샷 하나를 창작하는 데는 영상작가의 역량이 절대적인 데 반하여, 샷들을 연쇄적으로 이어 붙이는 배열의 차원은 서사성과 결합하면서 이야기를 만들어내고 의미작용을 일으키기 때문이다. 그뿐만 아니라, 다수의 작품에서 반복적으로 사용되면서 관습화된 약호를 만들기 때문[10]이라고 하였다. 이말은 영화가 랑그라는 것을 인정하고 있는 발언이다. 랑가주만으로는 다른 작품에 반복적으로 쓰여져서 관습이 되어서는 안 된다. 이러한 현상은 영화가 랑그의 기능을 할 때야 비로소 가능한 것이다. 다만 관습화된 약호를 만든다고 하였는데, 메츠가 사용하는 약호는 조직체계의 구성요소는 아니다. 서사가 반복적으로 사용되면 샷의 선택과 배열에서 관습이 이루어진다. 물론 약호라는 것들도 관습적이기는 하지만 기술적 편의성 때문이지 본질적인 것은 아니다.

3. 샷이 단어

영화 텍스트에서 샷이 단어가 되는 사례를 논거를 통해 제시하겠다.

10 이수진, 크리스티앙 메츠, 앞의 책, p.23.

<타이타닉, 1997>

실내악이 연주되는 1등칸 식당 씬이다. 이 씬에는 모두 13개의 샷이 존재한다. 시간상으로 약 1분 12초가 흘러가니, 영화라면 약 1,728프레임이 지나갔을 것이다. 여기서 프레임은 이미지를 보여줄 뿐이고 어떤 의미를 말하고 있는 것은 아니다. 프레임은 알파벳의 한 점 또는 한 획에 해당한다. 의미가 없는 이미지들이다. 이런 프레임들이 끊이지 않고 흘러간 단위가 컷으로 하나의 단위가 된다. 프레임들이 모여서 컷을 만들고, 컷들은 모여서 샷을 만든다. 컷(cut)은 카메라가 촬영한 프레임들을 잘라서 하나의 단위로 만들어 놓은 것이다. 이러한 컷들이 모여서 의미를 가질 때 샷이 된다. 어떤 때는 컷이 바로 샷이 될 수도 있고, 프레임이 샷이 될 수도 있다. 사실 컷과 샷의 구별이 애매모호할 수 있다. 정확히 정리하면, 컷은 편집한 상태를 말하고, 샷은 의미를 가질 때이다.

사진에서 제시된 샷들을 설명하면 다음과 같다. 괄호 안은 재생시각이고, 설명은 이미지들을 보이는 대로 필자가 묘사한 것이다.

컷1. (52:21)

루스를 비롯한 귀부인들이 차를 마시며 잡담을 하고 있고, 몰리 부인이 나타나자 무식한 여편네라고 흉보며 왕따시키려고 한다.

컷2. **(52:26)**

귀부인들이 갑판에 나가자며 일어선다.

컷3. **(52:32)**

몰리는 눈치도 없이 따라나서려 한다.

컷4. (52:37)

컷3에서 이어지는 이미지이지만, 앵글을 바꿔어 이어붙였다. 따라서 컷도 나뉜다. 이러한 컷들의 연결은 사실 의미가 바뀌는 게 아니라, 관객에게 바라보는 시점을 바꾸어 주는 것이다. 또한 흘러가는 실제 시간을 단축시키는 기능도 있다. 문자언어가 가지지 못하는 영상언어의 샷(단어)만이 갖는 특징이라고 할 수 있다. 한 단어를 만드는 데 여러 각도에서 접근하고 있는 것이다. 그만큼 문자언어의 단어보다 구체적인 이미지를 제공하고 있다고 보아야 한다.[11]

여기까지의 컷들이 모여서 제시한 단어는 귀부인들이 몰리 부인에게 행하는 '왕따'이다.

샷1 ➜ ① **'왕따'**

11 그렇다고 영상언어가 문자언어보다 상상력을 제한한다거나 이미지를 안내한다고는 할 수 없다. 영상언어는 구체적인 이미지를 제공하지만, 이것을 보는 관객의 뇌는 또 다른 이미지를 얼마든지 그릴 수 있기 때문이다. 문자언어인 글자 이미지는 영상언어보다 더 추상적이고 임의적이기 때문에 그것을 읽는 독자의 뇌가 어떤 이미지를 그릴지는 알 수 없다. 따라서 상상력의 범위는 뇌의 작용임으로 영상언어와 문자언어 간에 우열을 판가름할 수는 없다.

컷5. (52:45)

이 지점에서 영화는 컷을 끊지 않고 계속해서 가져간다. 카메라가 멈추지 않고 퇴장하는 귀부인들을 따라잡으며 옆자리의 두 남자를 잡는다. 문자언어의 '그리고(and)'에 해당한다.

컷6. (52;48)

두 남자는 이 영화의 비극을 잉태하는 중요한 대화를 나눈다. 회사 이사는 대서양 횡단 최단 시간 기록을 세워서 타이타닉이 홍보되는 것을 원하고, 선장은 새 엔진이라 길이 들어야 한다고 한다. 결국 선장의 이름도 신문에 크게 날 것이라는 말에 선장은 전속력으로 달리라는 이사의 요구를 받아들인다. 중요한 대화이고 두 사람의 심리적 갈등을 묘사하는 샷이기 때문에 각자의 얼굴 표정을 잡기 위해서 '리버스 샷'을 교차시킴으로써 많은 샷(컷)들이 존재한다. 컷7(52;51)부터 컷13(53;30)까지 이어진다. 이들 컷이 의미하는 단어는 '오만'이다. 해운회사 임원의 욕망이 선장을 움직였고, 선장 역시 이에 동조하며 자신들의 '오만'을 깨닫지 못한다. 귀부인들 역시 오만에 젖어 있다.

샷2 ➜ ② '오만'

①+② ➜ '귀부인들의 왕따와 임원과 선장의 오만'

이상의 13개[12]컷은 하나의 씬을 이룬다. 이 씬에서의 의미를 문자언어의 문장으로 표현하면 다음과 같다.

12 컷14는 다음 씬이 시작된다.

'오만에 빠진 귀부인들은 몰리 부인을 왕따시키고, 임원과 선장은 명예심에 오만에 빠진다.' 또는 '귀부인들은 몰리 부인을 왕따시키려 밖으로 나가고, 이사는 선장을 부추켜 전속력으로 달리도록 하는 오만에 빠진다.'이다.

물론 이러한 미세분석이 가능해진 것은 디지털영상과 이를 재생하는 장치 덕분이다. 메츠시대에 극장의 상영필름을 가지고 분석해서는 프레임과 샷의 기능을 알기 어려웠을 것이다.

4. 거대 통합체

메츠는 영화에서 관습화된 일종의 배열공식을 모델로 제시하였다. 이를 '거대 통합체'라고 이름 붙였다. 총 8개의 거대통합체 요소가 있다. ① 자율 샷; 원샷원시퀀스에 해당한다. ② 평행 통합체; 대비를 위한 교차편집을 의미한다. ③ 괄호연결 통합체; 문자언어에서 괄호를 써서 그 안에 부연설명하는 기법을 말한다. ④ 묘사통합체; 동시간대의 여러 공간을 보여준다. 풍경묘사를 할 때 사용한다. ⑤ 교체 서사통합체; 동시간대의 전후, 양쪽 관계를 보여주는 교차편집이다. 추격장면, 전화하는 장면 등이다. ⑥ 씬; 시공간의 단절 없이 실제장면처럼 보여준다. 일상의 시간흐름이다. 선형적인 연속성을 갖는다. ⑦ 에피소드 시퀀스; 특정 구간 사이사이에 시공간의 단절이 삽입된다. 특정구간은 한덩어리로 일정 주제로 묶인다. ⑧ 일반 시퀀스; 흥미롭지 않은 부분의 시공간을 뛰어넘어 하나의 시퀀스를 구성한다. 씬과 함께 가장 보편적으로 사용하는 통합체 요소이다.[13]

메츠는 거대통합체(Grand Syntagma)의 요소들을 계열체적 관계, 즉 수평적 관계에서 선택하였다. 통합체가 시간의 흐름 순서에 따라 구성되는 요소들의 배열이라면, 수평적 관계가 아닌 수직적 관계에서, 즉 요소들을 계급(위치)구조에서 찾아야 한다. 그러므로 메츠가 거대통합체의 구성요소라고 제시한 자율샷과 교차편집, 전후대비, 부연설명 등은 모두 씬과 시퀀스들이 기능하여 그러한 효과를 내는 것들이므로, 모두 씬과 시퀀스로 환원될 수 있다. 따라서 가정 보편적이고 기초적이고, 시공간의 단절이 없는 씬이 거대통합

13 이수진, 크리스티앙 메츠, 앞의 책, pp.23-26. .

체의 가장 밑바닥에 있는 요소가 된다. 그 위에 씬들이 모여서, 불필요한 시공간을 뺀 시퀀스가 위치한다. 시퀀스는 우리가 일반적으로 말하는 사건을 의미한다. 시퀀스 위에 여러 사건들의 덩어리인 에피소드가 존재한다. 그리고 에피소드들은 막을 구성하여 한편의 영화는 모두 3막으로 편성된다. 이것들이 거대통합체의 요소들이다. 다시 말해, 메츠가 밝힌 거대 통합체 8가지 요소들 중에서 씬과 시퀀스, 에피소드를 제외하고는 모두 요소이기보다는 기술적 장치들이다. 따라서 필자는 메츠의 거대 통합체 개념을 가져오되, 그 구성요소들을 수정하였다.

필자가 주장하는 통합체 요소는 하나의 작품(A Film)에서부터 맨 하위단위인 프레임까지 모두 7가지이다. ① 필름 ② 막 ③ 에피소드 ④ 시퀀스 ⑤ 씬 ⑥ 샷 ⑦ 프레임 등이다. 이들 통합체 요소에 대해서는 VII장에서 설명한다.

메츠는 거대통합체 모델을 적용할 때, 주의할 점은 이 역시 하나의 분석틀일 뿐이며, 세월의 흐름에 따라 새로운 작품들이 등장하면 새롭게 쓰여야만 하는 열린 체계란 사실이다. 영화는 랑가주이자 동시에 예술이기 때문에, 시대마다 문화마다 독창적인 작품을 만들기 위해서는 관습과 고정된 약호를 뛰어넘는 다른 방식이 이용되기도 한다. 요컨대 영화의 거대통합체는 확고부동한 것이 아니라, 세월이 흐름에 따라 변화를 거듭했다. 영화와 언어는 그 변화속도가 다르다. 창조적인 작가가 낱말 변화에 갖는 영향력에 비해, 창조적인 영상작가들은 영화 랑가주의 통시적 변화에 훨씬 더 많이 영향을 미친다. 왜냐하면, 낱말은 예술 없이도 존재할 수 있지만, 영화는 외연의 부분적 약호를 소유하고 있는 랑가주가 되기 위해서는 무엇보다 예술이어야 하기 때문[14]이라고 하였다.

메츠는 다행히도 거대통합체 모델이 세월이 흘러 변화할 것임을 열어놓았다. 메츠가 오해하고 있는 점은 문자작가보다 영상작가가 영화의 통시적 변화에 더 많은 영향을 미친다고 하였다. 이들 둘을 비교하는 것을 뭐라 할 것이 아니지만, 누가 더 많은 영향을 미친다고 우열을 판가름할 수는 없다는 것이고, 굳이 그럴 필요도 없다는 것이다. 낱말이 예술 없이 존재하는 거는 맞다. 그러나 문자작가가 문자의 통시적 또는 계열적 변화를 야기하는 것도 영상언어 못지않다. 메츠는 언어작가가 사전에서 언어를 골라 쓰는 것이라고 했지만, 세상에 어느 시인(작가)이 사전에 있는 낱말만을 골라 쓴단 말인가. 시인은 고민하고 뇌를 써서 언어를 절차탁마하여 시어를 만들어 쓰는 것이다. 소설가도 마찬가

14 이수진, 크리스티앙 메츠, 앞의 책, p.27.

지다. 자기만의 독특한 언어와 필체, 어휘를 구사할 때 독자의 기억에 남고 훌륭한 작품을 쓸 수 있다. 그리고 요즈음 SNS언어와 게임, 웹소설, 웹툰 등의 언어를 봐라. 어떻게 그런 것들이 영화보다 덜한 변화라고 할 수 있는가? 물론 메츠는 순수 음성언어를 지칭하였다고 변명할 수 있으나, 요즘 순수언어라고 할 수 있는 것이 어디 있단 말인가? 오히려 어떤 면에서는 영화가 일반언어보다 변화의 폭이 좁다고 할 수 있다. 영화가 탄생하고 발전하는 100여 년 동안, 작금의 영화틀이나 언어, 스타일, 표현방식 등이 시와 산문, 소설에 비해서 크게 변하지 않았다. 요즘 세대들에게 50년 전의 유명 영화와 유명 소설을 요즘의 웹드라마와 웹소설을 비교하면 알 수 있을 것이다. 오히려 영상언어는 문자언어보다 변화를 덜 겪었다는 것이고, 시대와 문화, 지역에 따라서 영상언어의 변하지 않는 무엇이 존재한다는 의미이고, 그것은 바로 영상언어(영화)가 랑그라는 반증이다.

5. 형식적 분석

메츠는 일반적으로 영화연구에서 흔히 다루는 것은 내용의 실질에 관한 담론일 때가 많다. 영화에서 다루고 있는 사회·정치적 문제, 실존적인 문제에 초점을 맞추고 내용에 내재된 중요성을 검토하곤 한다. 반면에 개별 작품이 구체화하는 형식의 차원은 진지하게 고민하지 않는다. 이른바 줄거리 요약 정도로 그치고 만다. 내용의 형식을 연구하고자 한다면 서사학에서 제시하는 방법론의 틀을 사용해 좀 더 체계적인 접근을 해야 할 것[15]이라고 하였다. 메츠의 지적은 전적으로 옳다. 영화텍스트의 담론 연구가 불필요하다는 말이 아니고, 상대적으로 형식적 연구가 부족했다는 말이다. 형식연구는 영화의 서사학, 내러티브에서 출발해야 하고 방법론을 갖추어야 한다. 그래야 체계적이고 객관적인 분석을 행할 수 있다.

메츠는 영화기호학이 등장하기 전까지 기표의 형식에 관한 체계적인 연구방법론이 존재하지 않았다. 영화 기의를 이야기하는 것은 형식은 제외하고 내용만을 다루는 것이다. 영화 기표의 형식 연구를 위해서는 소위 협의의 의미에서 영화 랑가주라고 지칭하는 특정 기법들을 알고 있어야 한다. 편집의 형태로서 스트레이트 컷(straight cut), 디졸브,

15 이수진, 크리스티앙 메츠, 앞의 책, p.29.

페이드 인·아웃, 와이프, 파노라마, 교차편집, 순차편집, 샷·리버스 샷 등과 카메라앵글로서 클로즈업, 바스트샷, 하이앵글, 이동샷, 조안샷 등의 기술에 대한 지식이 요구되며, 조명, 음악, 사운드, 타이포그래피 등에 대한 지식 역시 요구된다. 요컨대 영화 기표의 형식을 연구하기 위해서는 영화 랑가주에 대한 공부가 필수[16]라고 하였다.

메츠가 위에서 주장하고 있는 것들은 모두 영화의 표현 기술일 뿐이지 구성요소가 아니라는 점이다. 메츠는 여기서 중대한 착각을 했다. 상기의 기술들을 몰라도, 다시 말해 상기의 것들을 포함하지 않고도 얼마든지 영상언어를 구사하고 영화를 만들 수 있다. 따라서 메츠가 주장하는 영화 랑가주의 특정 기법들은 영화의 기표를 구성하는 요소가 아니라, 단지 하나의 장식일 뿐이다. 이것들은 문자언어에서라면 언어의 핵심이 아니라 하나의 문장부호나 디자인일 뿐이다. 예를 들어, 대문자나 소문자, 명조·고딕체 등 여러 글씨체들, 고대 로마자나 히브리어 형태, 산스크리트어체, 특히 사전의 첫머리글자를 디자인하듯 글씨를 디자인하는 요령 등이다. 물음표, 쉼표, 마침표, 대쉬, 괄호, 일부러 띄어쓰기, 안 띄어쓰기, 시구를 적을 때처럼 기교를 부려서 글씨를 만들어 쓰는 것 등에 해당한다고 할 수 있다. 우리는 이런 것들을 언표의 구성요소라고 하지 않는다. 그런 것들 없이도 얼마든지 언어를 구사해 소통할 수 있고, 의사를 전달할 수 있고, 컨텐츠를 만들 수 있다. 그러한 것들이 핵심적인 요소는 아니라는 말이지 불필요하다는 것은 아니다.

이미지는 홀로 자율적이고 폐쇄적인 왕국을 세울 수는 없다. 이미지는 그를 둘러싼 것과 소통 없는 닫힌 세상을 만들 수 없다. 단어 혹은 다른 나머지와 마찬가지로 이미지도 의미의 법칙과 작용에 포함될 수밖에 없고, 사회 내부에서 의미작용을 만드는 광대한 내부에 속할 수밖에 없다. 이미지 창조자의 영혼에 문화는 항상 내재하기 마련인데, 문화와 관련되자마자 도상적인 텍스트는 담화 형태를 지닐 수밖에 없게 된다.[17] 이 말은 영상작가가 문자작가가 단어를 쓰는 것처럼 이미지를 백지상태에서 만들어 쓰는 게 아니라 주변 환경에서 골라 쓴다는 말과 같다. 영상작가는 소설가가 단어장에서 단어를 골라 쓰듯, 우주적 환경에서 이미지를 골라 쓰는 것이다.

영화에서는 기표가 이미지(영상)로 나타나기는 하지만, 그 이미지(화면)는 움직인다. 따라서 기표를 고정적인 이미지로 봐서는 안된다. 이미지는 최초의 단위인 프레임에서

---

16 이수진, 크리스티앙 메츠, 앞의 책, pp.29－30.
17 이수진, 크리스티앙 메츠, 앞의 책, p.33.

발전하여 샷을 이룬다. 샷은 이미지로 보이지만 그것은 의미를 간직한 이야기소(素)들이다. 즉 샷이 의미단위이지 이미지가 의미단위는 아니다. 이 이야기소들이 모여서 의미결합을 만들고, 이것들이 쌓여서 의미집단을 이루는 것이다. 샷이 어떤 의미를 가지고 있느냐는, 드러난 기표인 이미지만으로는 알 수 없고, 그 내용인 기의를 살펴봐야 하는 것이다. 따라서 의미를 알기 위해서는 기표의 형식적인 샷의 구성을 살펴봐야 한다. 영화의 형식을 연구하는 작업은 조직과 구조의 적합성을 고려하면서, 영화 전체를 모두 살펴보는 것이라고 할 수 있다. 다시 말해 영화 구조를 분석하는 작업이며, 이 구조는 이미지와 소리의 구조(기표의 형식)임과 동시에 감정과 생각의 구조(기의의 형식)이기도 하다.[18] 필자는 이 책에서 샷과 씬, 그리고 시퀀스들의 형식, 즉 기표들이 이루는 구조 형식에서 전체 영화의 구조를 살펴보고자 하는 것이다. 구체적으로 샷의 의미를 찾는 작업은 다음 책에서 시행할 것이다.

필자는 이 책에서 메츠가 지적한 대로 영화의 형식적 분석을 행하였다. 다만 메츠가 추천한 요소들이 아니라, 필자가 주장하는 거대 통합체 7가지 요소들 중에서 막, 에피소드, 시퀀스를 중심으로 구조적 분석을 하였다. 그리고 세부적인 통합체 요소로서 33포인트를 지정하였다.

18 크리스티앙 메츠, 이수진 역, 영화의 의미작용에 관한 에세이 2, 문학과지성사, 2011. p.125.

VI. 영웅의 여정

모든 스토리의 프로타고니스트(주인공)는 여행을 하는 영웅이다. 영웅에 대한 스토리의 본질은 여행이다. 여행을 한다는 것은 현재의 위치에서 떠난다는 의미이다. 이러저런 이유로 고향을 등지고, 가족과 이별하고, 가진 것으로부터의 분리이다. 별리가 있고 나서야 인간은 비로소 홀로 설 수 있다. 태초에 인간은 어머니의 탯줄을 자르면서(분리) 홀로 숨을 쉴 수 있지 않았는가. 인생은 나그네 길이라고도 한다. 영웅은 별 부족함 없는 지금의 환경을 떠나 미지의 세계로 들어가는 위험을 감수해야 한다. 새로운 세계에서 영웅은 적대적인 세력들과 대결하며 생존해 나가야 한다.[1] 신을 떠남으로써 미지의 황야에 버려진 인간은 죽든 살든 스스로 삶의 여정을 겪어내야 한다. 피조물인 인간은 신과 분리될 때 악의 세력으로부터 무수한 유혹과 공격을 받고, 이를 이겨내야만 홀로 설 수 있다. 인간의 삶의 의지가 투영된 것이 곧 영웅 이야기라고 할 수 있다.

영웅이 향하는 여행은 물리적인 외부세계일 수도 있고, 내부로 향하는 정신적 세계일 수도 있다. 겪어보지 못한 새로운 장소를 여행하거나, 마음 또는 영혼을 찾아 떠나는 깨달음의 여행은 영웅을 변화하게 한다. 영웅의 감정은 절망에서 희망으로, 약점을 강점으로, 어리석음에서 지혜로운 자로, 미움에서 사랑으로 변한다.[2] 물론 반대 방향으로의

1 크리스토퍼 보글러, 함춘성 역, 앞의 책, p.45.
2 크리스토퍼 보글러, 함춘성 역, 앞의 책, p.45.

여행 또한 가능하다. 영웅은 여행을 통해서 성장하고 변화한다. 이러한 영웅의 변모를 목격하는 관객 역시 영웅과 함께 여행을 떠나고 변화하는 과정을 경험하게 된다. '영웅의 여행'이란 조셉 캠벨이 신화를 연구하고, 신화 속 주인공들의 행동에서 찾아낸 개념으로 내러티브의 패턴을 말한다.[3]

1. 신화

신화(Myth)란 상징적인 이미지들과 이야기들을 조합해 놓은 것이며, 인간 경험의 가능성들에 대한 은유이고, 특정한 시대에 이루어진 특정한 성취이다.[4] 신화는 우리의 삶, 우리의 육체 그리고 우리의 환경을 소재로 한다. 역동적이고 살아 있는 신화는 이 소재들을 각 시대의 지적 특성에 적합한 형태로 다루어 왔다. 신화는 인간과 우주의 완전한 조화와 일치를 가장 이상적인 상태로 조명한다. 인간은 어머니와의 관계에서 가장 편안하고 이상적인 상태를 구가한다. 자식과 어머니 간의 '신비적인 관계(participation mystique)'는 궁극의 낙원이다. 우리 자신과 우리의 어머니인 대지와 전 우주와의 관계도 이와 같다. 자신과 우주와의 관계에 자연스러움을 느끼면서, 그곳에 오래 머무는 것, 이것이 신화의 기능이다. 사회가 발전하면서 제기되는 문제는 개인과 사회의 이런 신비적인 관계를 지속시키는 일이다. 지금 우리 사회를 돌이켜 볼 때 그런 기회가 거의 없음을 알게 된다.[5] 어머니의 탯줄로부터 분리된 이후 고독한 존재로 살아갈 수밖에 없는 현대인에게 있어서 '신화'의 역할을 '영화'가 대신하고 있다. 그렇다면 신화의 기능 역시 영화가 대행해야 할 의무이다. 대리체인 영화가 본체인 신화를 닮은 이유, 그리고 닮아가야 하는 이유가 여기에도 있다.

조셉 캠벨의《천의 얼굴을 가진 영웅》에서 인류가 오랜 세월 동안 구술해온 이야기의 이면에 숨어 있는 패턴을 밝혀냈다. 세상의 모든 이야기가 의식적이든 무의식적이든 고대 신화의 패턴에서 벗어나지 않으며, 이를 밑바탕 삼아 무한히 변용되고 있을 뿐이다.

---

3 크리스토퍼 보글러·데이비드 맥케너, 함춘성 역, 스토리 개발부서의 메모/인물과 구조에 관한 비밀노트, 비즈앤비즈, 2017. p.65.

4 조셉 캠벨, 박경미 역, 네가 바로 그것이다, 해바라기, 2004. p.30.

5 조셉 캠벨, 과학세대 역, 앞의 책, p.5.

영웅신화는 인간의 심연에서부터 영원히 용솟음치는 도저히 믿기 어려울 정도로 요지부동한 요소들의 집합체다. 신화는 인간 정신이 기능하는 방식에 대한 정확한 모형이다. 영웅신화를 모형으로 삼아 구축한 이야기는 인류가 공유하는 집단무의식에 내재된 보편적 연원이라는 뿌리에서 나온 것으로, 인류 보편의 문제를 다루기 때문에 사람들의 공감을 이끌어내는 마력이 있다.[6] 캠벨의 책에 제시된 개념들은 작가들의 스토리텔링에 큰 영향을 미쳤다. 영화제작분야에서는 특히 더 했다. 존 부어맨, 조지 밀러, 스티븐 스필버그, 조지 루카스, 프란시스 코폴라를 비롯해 쟁쟁한 감독들이 자신들의 성공 원인을 캠벨이 밝혀낸 만고불변의 이야기 패턴이라고 말했다. 캠벨이 이 책과 또 다른 저작을 통해 밝힌 개념들은 분석도구의 틀로써 훌륭한 역할을 한다.[7]

독일의 문화인류학자 아돌프 비스타인은 세계의 신화와 종교체계에는 어느 곳에서나 같은 이미지와 같은 주제가 되풀이해서 나타난다는 것을 알아냈다. 그는 이것을 '원소적 관념(Elementary Ideas)'이라고 불렀다. 그는 또 그것들이 발생할 때마다 환경에의 적응이나 해석에 차이가 있으며 다른 옷을 입고 나타난다는 것을 알아냈다. 이런 지역적인 차이를 그는 '민속적 관념(Folk Ideas)'이라고 하였다.[8] 비스타인이 구별한 신화의 원소적 관념은 소쉬르가 말한 랑그이고, 민속적 관념은 빠롤에 부합하는 개념이다. 세계에 흩어져 있고 민족과 지역마다 고유한 신화를 가지고 있지만, 그러한 신화 역시 언어와 마찬가지로 하나의 구조를 이루고 있다. 신화의 변치 않는 이미지와 주제에 관한 것은 랑그에 해당하고, 지역의 환경에 적응하고 민족마다 다른 옷을 입는 신화의 모습은 빠롤이라고 볼 수 있다. 영화도 마찬가지이다. 이야기를 들려주고 싶고 궁금해 하는 인류의 영원한 욕망에 기인한, 현대의 신화인 영화텍스트는 변치 않는 이미지의 원리와 고정적으로 작동하는 구성 성분들이 있다. 이러한 원리와 성분들 때문에 영화는 다른 문화 장르와 구별되고 정체성을 유지하고 있다. 그러나 영화를 구성하는 성분들은 여러 환경에서 다른 성분들과 배열되고 결합할 때 전혀 다른 빛깔을 나타낼 수 있다. 따라서 다양한 이야기가 등장하고 영화텍스트는 생명력을 유지하고 있으며 앞으로도 끊임없이 이어갈 것이다.

6 크리스토퍼 보글러 · 데이비드 맥케너, 함춘성 역, 앞의 책, pp.63−64.
7 크리스토퍼 보글러 · 데이비드 맥케너, 함춘성 역, 앞의 책, p.62.
8 조셉 캠벨, 과학세대 역, 앞의 책, p.113.

인류의 문화유산인 신화가 역사적으로 이야기, 전설, 종교, 예술을 통해서 전승되어 왔지만, 이제 이 방법들은 영화라는 매체 속으로 모두 통합되었다. 현대 사회에서 영화로 대표되는 영상텍스트는 스크린과 모니터에서 그들의 신화를 보게 된다. 영화는 공동의 꿈으로, 우리 시대의 신화원형을 표현하고 전달하며 통합하는 일차적인 통로가 되었다.[9]

2. 조셉 캠벨의 17여정

조셉 캠벨은 평생 신화를 연구하고 분석하면서 신화와 인간과의 관계성을 천착하였다. 그는 신화는 결국 인류가 만들어낸 이야기로 그 속에는 인간의 의지와 꿈, 희망이 담겨있다는 것을 알아냈다. 그렇게 만들어진 신화는 다시 원형(原型, Archetype)이 되어 인류의 무의식 속에 똬리를 틀고 있으며, 인간의 꿈에 나타나곤 한다. 캠벨은 그의 책에서 영웅의 여정을 3장으로 나누고, 또 각 장을 세분화하여 총 17단계의 영웅의 모험을 설명하고 있다.[10] 그 단계별 여정은 다음과 같다.

첫 장[11]은 Departure(출발)이다. ① The Call to Adventure(모험에의 소명) ② Refusal of the Call(소명의 거부) ③Supernatural Aid(초자연적 도움) ④ The Crossing of the First Threshold(첫관문[12]의 통과) ⑤ The Belly of the Whale(고래의 배) 등 다섯 단계이다.

두 번째 장 Initiation(입문) 과정은 ⑥ The Road of Trials(시험의 길) ⑦ The Meeting with the Goddess(여신과의 만남) ⑧ Woman as the Temptress(유혹녀) ⑨ Atonement with the Father(아버지와의 화해) ⑩ Apotheosis(신격화) ⑪ The Ultimate Boon(궁극의 선물) 등 여섯 단계로 구성됐다.

세 번째는 Return(귀환) 장이다. ⑫ Refusal of the Return(귀환의 거부) ⑬ The Magic Flight(마술적 비상) ⑭ Rescue from Without(외부로부터의 구조) ⑮ The Crossing

9 윌리엄 인딕, 유지나 역, 앞의 책, p.203.

10 Joseph Campbel, *op. cit.*, pp.41－210.

11 원저에는 'chapter'로 분류되어 있다.

12 '문지방' 정도의 의미인데, 우리나라 번역서에는 대부분 '관문'으로 되어있다. 관문이 좀 더 큰 장애물을 뜻한다면 관문이 좋다. 영웅은 관문뿐 아니라, 수많은 문턱을 넘어야 한다.

of the Return Threshold(귀환관문의 통과) ⑯ Master of the Two Worlds(두 세계의 주인) ⑰ Freedom to Live(삶에의 자유) 등 여섯 단계이다.

이윤기는 이책을 번역하면서 캠벨의 각 단계에 다음과 같은 부기를 달았다.[13]

첫 번째 분리 혹은 출발의 단계는 ① 모험에의 소명 혹은 영웅 소명의 표적, ② 소명의 거부 혹은 신으로부터의 우매한 도주, ③ 초자연적인 조력 혹은 모험에 도전해 어느 정도까지 성공해본 사람의 뜻밖의 도움, ④ 첫 관문의 통과, ⑤ 고래의 배 혹은 밤의 영역으로의 여행 등이다.

두 번째는 시련과 입문의 성공 단계이다. 세부 단계는 ⑥ 시련의 길 혹은 신들의 위험한 측면, ⑦ 여신(Magna Mater)과의 만남 혹은 다시 찾은 유아기의 행복, ⑧ 유혹자로서의 여성 혹은 외디푸스 고뇌의 체득, ⑨ 아버지와의 화해, ⑩ 신격화(Apotheosis), 그리고 ⑪ 궁극적인 선물 등이다.

세 번째 단계는 귀환과 사회와의 재통합이다. ⑫ 귀환의 거부 혹은 버림받은 세계, ⑬ 불가사의한 탈출 혹은 프로메테우스의 도주, ⑭ 외부로부터의 구조, ⑮ 귀환 관문의 통과 혹은 일상의 세계로의 회귀, ⑯ 두 세계의 스승, 그리고 ⑰ 사는 자유 곧 궁극적인 선물의 성질과 기능 등이다. 원서보다는 조금 더 자세한 여정이 되었다.

캠벨이 제시한 모험 단계는 영웅이 세상에서 겪게 되는 여정이며, 이는 곧 드라마의 전개 과정으로서 스토리의 플롯이 된다. 캠벨의 여정을 종합하면, 원래 살던 오두막이나 성에서 떠난 신화적 영웅은 꾐에 빠지거나 납치당하거나 자진해서 모험의 문턱에 이른다. 여기에서 영웅은 길을 안내할 그림자 같은 부정적인 존재를 만난다. 영웅은 이를 퇴치하거나 이 권능을 지닌 존재와 화해하여 산 채로 암흑의 왕국으로 들어간다. 이때 골육상잔이 벌어지고 용(악의 우두머리)과의 싸움에서 제물을 바치거나 부적에 의지하기도 한다. 문턱을 넘어선 영웅은 낯설지만 이상하게도 친숙한 힘에 이끌려 이 세계를 여행한다. 여행 도중에 위협을 받거나 시련을 겪고, 초자연적인 도움(조력자)을 받기도 한다. 신화적인 영역의 바닥에 다다르면 영웅은 아주 어려운 시험을 당하고, 그 시험을 이기면 보상을 받는다. 이 승리는 세계의 어머니인 여신과의 결합(신성한 결혼), 창조자인 아버지에 의한 인정(아버지와의 화해), 그 자신이 신격화(신이 됨)된다. 혹은 적대적인 능력이 그의 힘에 벅찰 경우에는 전리품의 사취(신부 훔치기, 불 훔치기)로 나타난다. 원래 이 승리는 자

13 조셉 캠벨, 이윤기 역, 앞의 책, pp.39－40.

기 의식의 확장이며, 존재와의 합일이다. 즉 깨달음을 얻고 변모하며 자유를 누린다. 마지막 단계는 귀환이다. 영웅이 그 권능의 축복을 받는 경우, 전리품은 영웅을 보호한다(사자, 使者). 그렇지 못할 경우 영웅은 도망치고, 부정적인 세력의 추격을 받는다. 영웅은 모습을 바꿔가며 도주하거나, 장애물을 피하며 도망간다. 귀환의 관문에서 초월적인 권능의 소유자는 뒤에 남아야 한다. 영웅은 그 무서운 왕국에서 귀환한다(귀환, 부활의 단계). 그가 가져온 전리품(불사약)은 세상을 구원한다.[14]

크리스토퍼 보글러는 캠벨이 제시한 영웅의 여행을 12단계로 정리하여 '영웅의 여행 모델'을 만들었다. ① 일상세계 ② 모험에의 소명 ③ 소명의 거부(주저하는 영웅) ④ 정신적 스승 ⑤ 첫 관문의 통과 ⑥ 시험, 협력자, 적대자 ⑦ 동굴 가장 깊은 곳으로의 진입 ⑧ 시련 ⑨ 보상(보검을 획득) ⑩ 귀환의 길 ⑪ 부활 ⑫ 영약을 가지고 귀환 등이다.[15] 신화 시대에서 현대적 여행길로 많이 내려왔다.

한편, 린다 카우길은 아리스토텔레스의 3막 구조를 바탕으로 '5포커스(5 focuses)'라는 개념을 주장하였다. 5포커스는 선동적 사건, 1막의 클라이맥스, 중심점, 2막 클라이맥스, 3막 클라이맥스 등으로 사건의 중심 역할과 스토리 전개를 고려해 판단한 것이다.[16]

필자는 카우길의 5초점을 확장하여 스토리의 구조를 8단계로 보았었다. 그것은 아리스토텔레스의 3막 구조를 바탕으로 하여 시간의 배치 속에서 선동적 사건과 중심점 그리고 각 장의 클라이맥스 등의 사건 구성을 중요지점으로 보아 총 8개 지점을 특정하는 것이었다.[17]

2. 프로프의 31개 기능

러시아 민속학자 블라디미르 프로프[18]는 러시아 민담에 대해서 형식주의적 접근을 시도하였다. 103편의 민담을 조사 분석한 프로프는 반복되는 유형에 주목하여 등장하는

14 조셉 캠벨, 이윤기 역, 앞의 책, pp.242－244.
15 크리스토퍼 보글러, 함춘성 역, 앞의 책, pp.45－61.
16 린다 카우길, 이문원 역, 앞의 책, pp.53－70.
17 김무규 외, 앞의 책, pp.88－90.
18 Vladimire Jakovlevic Propp(1895~1970), 러시아의 형식주의 문학이론가.

인물들의 유형과 역할, 그리고 시공간적 배경에서 보편적인 공통점을 찾아내었다. 프로프는 민담들의 서사에 등장하는 인물들의 기능과 역할이 규칙성을 갖고 있으며, 각각의 내러티브 속에 일정한 공통구조가 있음을 발견하였다. 그는 러시아 민담에 31개의 서사 단위들이 있고, 이것은 저마다 고유한 기능을 수행하고 있음을 알았다.[19]

프로프는 민담에서 드러난 인물들의 행동을 기능(function)이라고 하였다. 기능은 단순하고 독특한 행위에 부합하는 서사의 기본 계기이다. 예를 들어, 민담의 시작부분에서 주인공이 떠나는 것이나, 끝부분에서 배신자가 처벌받는 것 등이다. 프로프는 민담의 이야기 속에서 존재하는 중요한 기능들과 이들을 연결하는 데 기여하는 부수적 기능들을 합하여 모두 31개의 기능들을 제시하고 규정하였다.[20] 그리고 31개의 기능들이 일정한 순서에 따라 수행되고 있음을 밝혀냈다. 프로프는 31개의 기능들은 이야기를 이루는 구성요소이며 내러티브 기능을 한다. 이러한 요소들은 인간 정신의 기본적인 속성 중의 하나이며, 나아가 사회적 기능의 공통적인 요소를 제공한다고 하였다. 프로프의 31개 기능들은 다음과 같다.

① 부재(가족 중에서 한 사람이 집을 떠나있다), ② 금지(영웅에게 금지명령이 내려진다), ③ 금지의 위반(금지가 위반된다), ④ 탐색(악당이 정보를 찾아내려 한다), ⑤ 정보누설(악당이 희생물에 관한 정보를 얻게 된다), ⑥ 모략(악당이 희생자, 혹은 그가 가진 것을 빼앗기 위해 희생자를 속이려고 한다), ⑦ 방조(희생물이 속임을 당하고, 그로 인해 엉뚱하게도 악당을 도와주는 꼴이 된다), ⑧ 가해(악당이 가족 중 일원에게 해를 끼치거나 상해를 입힌다) 혹은 결여(가족 중 한 사람에게 무엇인가가 결여되어 있거나, 그것이 무엇인지 갖기를 원한다), ⑨ 중개 또는 중개적 사건(불운과 결여가 영웅에게 알려지고, 영웅이 요청이나 명령을 받아 출발을 허락하거나 파견된다), ⑩ 대항 개시(탐색자형 영웅이 대항하자는 데 동의하거나, 대항할 것을 결의한다), ⑪ 떠남(영웅이 집을 떠난다), ⑫ 증여자의 첫 번째 기능(영웅이 증여자에게 시험을 당하거나, 심문을 받거나, 공격을 받으며, 이를 통해 영웅은 마법의 구슬이나 조력자를 얻는 발판을 마련한다), ⑬ 영웅의 반응(영웅이 장차 증여자가 될 사람의 행동에 반응한다), ⑭ 마법의 수증(마법의 구슬을 손에 넣는다), ⑮ 공간상 이동(영웅이 그가 찾는 대상이 있는 곳으로 옮겨가거나, 인도되거나, 안내받는다), ⑯ 투쟁(영웅과 악당이 투쟁에 돌입한다), ⑰ 낙인(영웅이 낙인찍힌다), ⑱ 승리(적대자가 패배한다), ⑲

19 크리스토퍼 보글러 · 데이비드 맥케너, 함춘성 역, 앞의 책, p.178.
20 자크 오몽 · 미셸 마리, 이윤영 역, 앞의 책, p.138.

해소(결여나 상처의 해소, 최초의 불행이나 결여가 해소된다), ⑳ 귀환(영웅이 돌아온다), ㉑ 추적(영웅이 추적당한다), ㉒ 구조(추적으로부터 영웅이 구조된다), ㉓ 비밀리에 도착(영웅이 몰래 집이나 다른 나라에 도착한다), ㉔ 가짜영웅의 요구(가짜 영웅이 부당한 요구를 해온다), ㉕ 난제(풀기 어려운 과제가 영웅에게 주어진다), ㉖ 해결(난제가 해결된다), ㉗ 인지(영웅이 인지(발견)된다), ㉘ 폭로와 정체노출(가짜 영웅이나 악당의 정체가 폭로된다), ㉙ 변신(영웅에게 새모습이 부여된다), ㉚ 처벌(악당이 처벌 받는다), ㉛ 결혼(영웅이 결혼을 하고 왕좌에 오른다) 등이다.[21] 여기서 ① 부재부터 ⑪ 떠남까지가 제1막에 해당하고, ⑳ 귀환까지 제2막이 끝난다고 볼 수 있다. ㉑ 추적부터 제3막이 시작되어 ㉛ 결혼이 결말부의 에필로그에 해당하는 기능이다.

이상의 프로프가 발견한 기능들은 31개 전부가 한 편의 민담에 다 들어 있는 것은 아니다. 그리고 반드시 순서대로 발생하는 것도 아니다. 31개의 기능들은 서사단위이고, 민담에서 발견 가능한 경우의 수라고 보면 된다. 다만 프로프가 구조주의적으로 민담들 분석을 시도하였고,[22] 발견한 31개의 기능들은 민담을 구성하고 있는 요소들이라는 점을 이해하면 된다. 프로프는 민담에서 플롯이 어떻게 전개되는지, 그 역할을 수행하는 작은 단위들은 어떻게 맡은 바 기능을 하는지에 관심을 가졌기 때문이다.[23]

4. 스나이더의 15단계

성공적인 시나리오에 꼭 필요한 것이 장르와 구조라고 주장하는 블레이크 스나이더는 자신의 창작 경험과 수많은 영화들을 분석하여 관객이 가장 좋아할 열 가지 유형을 발견하였다. 이 열 가지 안에 코미디, 드라마, 액션도 들어있지만 정말 중요한 건 그게 아니다. 분위기와 주제도 중요하지 않다. 오직 중요한 건 이야기라고 하였다. 그는 열 가지 시나리오 유형을 만들고 보니 다른 영상작가들도 이 비밀을 알고 있었다는 사실을 깨달았다고 한다. 그렇지 않고서야 각 범주 안에 든 영화들이 이토록 많은 유사점을 가지고 있을 수 없다는 사실을 깨달았기 때문이다.[24] 수많은 영화들은 결국 구조와 관련되어

21 크리스토퍼 보글러 · 데이비드 맥케너, 함춘성 역, 앞의 책, pp.180－211.
22 크리스토퍼 보글러 · 데이비드 맥케너, 함춘성 역, 앞의 책, pp.179－180.
23 크리스토퍼 보글러 · 데이비드 맥케너, 함춘성 역, 앞의 책, p.215.
24 블레이크 스나이더, 이태선 역, *SAVE THE CAT!*, 비즈앤비즈, 2021. p.14.

열 개의 장르(유형)로 정리된 것이다.

그가 찾은 열 가지 유형은 다음과 같다. 집안의 괴물, 황금양털, 주전자에서 나온 지니, 평범한 사람에게 닥친 문제, 통과의례, 버디 러브, 이유 추리, 바보의 승리, 집단 이야기, 슈퍼히어로 등이다.

스나이더는 또한 지금까지 성공한 모든 영화의 비밀을 푸는 보편적인 열쇠를 찾고자 노력하였다. 그리고 찾아낸 것이 그가 주장하는 열다섯 개 장(beat)들이다. 이로써 스나이더는 장르와 구조라는 두 개의 체크리스트를 가지고 우수한 많은 영화들을 분석하고 적용하여 이론을 완성하였다.[25]

다음은 스나이더가 찾은 15개 장들이다. 괄호 안의 숫자는 시나리오 대본의 쪽수라고 밝히고 있지만, 실제 영화상영 시간의 분이라고 봐도 별 차이가 없을 것이다. 필자의 33포인트와 비교하였다.

① 오프닝 이미지(1)

영화의 분위기, 유형, 단서를 설정하는 장면이다. '마지막 이미지'와 대척점이 되는, 이전(before)에 해당하는 스냅샷이라고도 할 수 있다. 33포인트의 오프닝(P1)에 해당한다.

② 주제명시(5)

영화의 주제를 함축적으로 드러내는 것으로, 대개 주인공에게 말한다. 나중에 이것이 주인공이 난관을 헤쳐 나가는 데 결정적인 도움을 준다. 33포인트에서는 소명의 전달과 거부 포인트에서 주제가 암시된다.

③ 설정(1~10)

시나리오의 처음 10쪽은 독자의 흥미를 끌어야 할 뿐만 아니라, A스토리의 모든 인물을 소개하거나 암시하는 역할을 해야 한다. 제1막의 전개부(도입부)에 해당한다.

④ 기폭제(12)

전보든 누군가의 방문이든, 아내가 다른 남자와 침대에 함께 있는 것을 목격하는 일

25 블레이크 스나이더, 이태선 역, 앞의 책, pp.16-21.

이든, 주인공의 삶을 뒤흔드는 사건을 말한다. 영화에서 처음으로 발생하는 중대한 사건이다. 33포인트에서는 인시던트(P3)에 해당한다.

⑤ 토론(12~25)

한 장면이든 여러 장면이든, 이 부분에서 주인공은 자기가 이 여정을 떠나야 할지 말아야 할지 갈등한다. 33포인트에서는 소명·거부(P4)와 멘토·수명(P5)에 해당한다.

⑥ 2막 진입(25)

우리가 정립(thesis)의 세계를 뒤로하고 거꾸로 된 반정립(anti-thesis)의 세계, 즉 2막으로 진입하는 곳이다. 주인공은 결단을 내리고 그의 여정이 시작된다. 33포인트에서는 제1막이 끝나고(P9) 제2막이 시작(P10)되는 지점이다.

⑦ B 스토리(30)

전통적으로는 러브스토리에 할애되나, 실제로는 좋은 영화라면 여기서 주제에 대한 토론이 이루어진다. 33포인트에서는 서브플롯이 소개되는 지점이다.

⑧ 재미와 놀이(30~55)

여기서 우리는 플롯을 잊고 예고편에서 재미있게 보인 장면들을 즐기며 전제에 대한 약속을 민끽한다. 33포인트에서는 시험(P11) 부분이고, 조셉 캠벨의 신화에서는 '고래의 배'에 해당한다. 여기서 작가는 무한한 역량을 발휘하여 어떡하든 관객을 재밌게 해야 한다.

⑨ 중간점(55)

영화의 전반부와 후반부를 가르는 선이다. 위험이 고조되고 시계가 째깍이기 시작한며 주인공에게 압력이 가해진다. 33포인트에서는 MidPoint(P15)에 해당하는 지점이다.

⑩ 악당이 다가오다(55~75)

내부적으로나(주인공의 팀에 내재한 문제) 외부적으로(실제로 악당이 고삐를 죄어온다) 진짜 압박이 가해진다. 33포인트에서는 시련(P16)의 지점이다.

⑪ 절망의 순간(75)

가짜 패배이면서 죽음의 바람이 닥치는 지점이다. 이 대목에서는 뭔가가 반드시 죽어야 한다. 33포인트에서는 시련(P16)의 전개 끝부분이다.

⑫ 영혼의 어두운 밤(75~85)

'아버지, 왜 저를 버리시나이까?' 주인공이 모든 희망을 잃는 지점이다. 33포인트에서는 시련의 절정에서 영웅이 좌절 끝에 부르짖는 것을 신이 듣고 응답해주는 장면(P17)에 해당한다.

⑬ 3막 진입(85)

그러나 주인공의 절망은 오래가지 않는다. 새로운 영감이나 막판의 행동, 또는 B스토리에서 러브스토리를 형성하던 인물이 충고해준 덕분에 주인공은 싸우기로 마음먹는다. 33포인트에서는 제2막이 끝나고(P23) 제3막이 시작되는 지점이다. 영웅은 귀로(P21)에서 추격(P24)하는 악당과 다시 격돌한다.

⑭ 피날레(85~110)

두 세계의 종합(synthesis), 이전 세계와 새로이 배운 세계를 토대로 주인공은 제3의 길로 나아간다. 33포인트에서는 홍익인간(P31)에 해당하는 지점이다.

⑮ 마지막 이미지(110)

'오프닝 이미지'의 대척점. 변화가 일어났음을 증명한다. 모든 이야기는 변신에 대한 것이므로, 그 변화는 극적이어야 한다. 33포인트의 에필로그(P32)에 해당한다.

이상의 장르와 구조는 제작자들과 관객이 원하는 것이다. 시나리오를 쓸 때 장르와 구조라는 두 원칙을 지켜야 한다. 혹은 제작을 하려는 시나리오가 성공할지 판단이 서지 않는다면 이 두 원칙을 적용하여 들어맞으면 성공할 가능성이 높다.[26]

---

26 블레이크 스나이더, 이태선 역, 앞의 책, pp.18－21.

Ⅶ. 영화텍스트의 구조

1. 통합체와 계열체

영화텍스트가 재현하는 시공간은 상대적으로 시간과 공간의 두 가지 축이 있다. 시간축은 다시 통시적 시간과 공시적 시간으로 교차한다. 통시적(通時的, diachronic) 시간은 말 그대로 시간을 꿰뚫는 수직적[1] 시간의 흐름에 따라 공간이 재현된다. 공시적(共時的, synchronic) 시간이란 같은 시간을 공유하는 시간축에서 수평적[2] 공간들이 재현된다. 교차하는 두 시간축을 공간축으로 접근해 보면, 통시적 시간은 동공적(同空的)으로 공유하는 동일한 공간에서의 시간의 흐름을 재현한다. 공시적 시간은 동시적(同時的) 공간으로, 공유하는 동일한 시간에서의 여러 공간이 재현된다.

공간축 역시 두 가지 공간영역으로 분할된다. 하나는 시간축에 따라 재현되며 흘러가는 내러티브 공간이고, 다른 하나는 텍스트 전체가 재현하는 조형공간이다. 조형공간

---

1 우리는 시간의 흐름을 보통 좌에서 우측으로 흐르는 구도로 생각한다. 이것을 좌표로 그리면 보통 x축을 잡는다. 그래서 수평축이라고 보는 경우가 있으나, 시간은 수평적인 평등구조가 아니다. 지나간 시간은 절대 현재로 돌아올 수 없는 강제성이 있다. 시간은 물리적 법칙을 거스를 수 없는 절대적 위계질서를 가지고 있다. 그러므로 시간 흐름의 구조는 수평적이라기보다는 수직적 구조로 볼 때, 그 구조를 꿰뚫는 시각이 용이하다.

2 수직적 시간 축에 매달린 이항대립쌍들이 같은(수평적) 지위에서 계열화되어 있다.

에서는 내러티브의 시간이 처음부터 다 흘러가서 전개가 마무리된 상태에서 시간이 멈추어진 공간이다. 흘러가는 내러티브 공간은 미시적 공간이고 이는 프레임 공간이라고 할 수 있다. 조형적 공간은 말 그대로 입체적인 공간으로, 텍스트가 지시하고 관객이 상상하는 공간이다.

어떤 이야기(텍스트)를 분석할 때, 우리는 크게 통합체와 계열체를 상정할 수 있다. 통합체는 텍스트의 시간축을 수직적으로 세워놓고 통시적으로 접근하는 것이다. 상대적으로 계열체는 시간축에 따라 재현되는 공간들을 탐색하는 것이다. 구조가 의미를 생성한다는 고전적 구조주의의 입장이 아니더라도, 우리는 하나의 텍스트에서 의미를 찾는 연구를 진행할 때, 이 두 가지 접근방법을 모두 사용해야만 보다 완전한 의미를 찾을 수 있다.

일반언어로 된 텍스트, 예를 들어 하나의 책으로 된 장편 소설인 경우에는 구성상 언어 기호들이 상위에서 하위단위들로 피라미드 구조를 띠고 있다. 하나의 문학 작품은 크게 권(卷) 또는 편(編), 부(部)로 나누고, 그 밑에 절(節) 또는 장(章, chapter)이 있다. 다음 하위단위로 문단(文段, paragraph) 또는 단락이 있다. 문단은 수많은 문장(文章, sentence)으로 이루어진다. 그리고 하나의 문장은 여러 개의 단어(單語, word)로 구성되며, 한 단어는 음소(音素, alphabet)들의 조합으로 이루어진다. 언어기호가 이처럼 소리의 최소 단위(알파벳 또는 글자)와 의미의 최소 단위(단어 또는 낱말)로 나눠지는 것을 분절(articulation)이라고 한다.[3]

소쉬르는 일반언어학 강의에서 언어를 파롤과 랑그로 구분하고, 랑그의 구조가 진정한 의미를 창출한다고 보고 랑그의 구조를 연구하였다. 본고는 소쉬르의 관점에서 영화언어의 구조를 일반언어의 구조와 상대적으로 비교하여 요소와 기능들을 구분하였다.

텍스트 분석에서 이러한 접근 방법은 통합체(syntagma) 분석이며, 통시적(diachronic)이자 수직적 분석이다. 즉 텍스트를 입체적으로 세워서 피라미드 구조로 환치하여 분석하는 것이다. 다른 접근 방법으로는 계열체(paradigme) 분석이 있으며 이는 공시적(synchronic)이자 수평적 분석이다. 이러한 접근은 텍스트의 이항대립적 의미를 찾는 방법론이며 주로 기호학적 분석을 행하게 된다.[4]

---

3 주형일, 영상커뮤니케이션과 기호학, 패러다임, 2018. p.43.
4 계열체 분석 방법과 사례연구는 다음 기회에 소개하기로 한다.

영화를 영상언어로 보고 소쉬르의 '일반언어' 구조를 따라 상대적으로 그 요소들을 살펴보면 다음과 같다.

•• 영상언어와 일반언어의 수직적 구조

일반언어	영상언어	수직적 구조	
작품	Story (Film)	1	1편
막	Act.	1,2,3	3막
장(章)	Episode	7 ~ 12	7~12개
문단	Sequence	10 ~ 20	10~20개
문장	Scene	120 ~ 200	120~200개
단어	Shot	900 ~ 1,500	1,500여 개
글자	Frame	129,000 ~ 172,000	170,000여 개

2. 통합체 요소

(1) 작품(FLIM; STORY)

한편의 영화는 미디어(매체)에 담긴 내용물(contents)로 하나의 작품(film)이며 한편의 이야기(story)이고, 이는 텍스트(text)이다. 앞장에서 살펴본 대로, 영화 콘텐츠는 이야기거리[5]를 켜켜이 쌓아가는 구조물이다. 이는 직물처럼 이야기거리를 날줄과 씨줄로 엮어낸 결과물이다.

이야기(story)는 극적 구조물로서 하나의 거대한 사건이다. 주인공의 삶이 거대한 변화를 겪는 이야기이다. 즉 이야기의 시작과 끝에서 주인공인 사람의 조건이 절대적으로 변화를 겪어야만 한다. 이는 불가역적으로 취소가 불가능하며, 원래의 상태로 절대 환원될 수 없다. 이야기를 시작할 때의 주인공 삶의 조건과 상황이 이동하여 끝을 맺는다. 이야기의 상승은 절대 취소 불가능한 변화를 야기하는 마지막 절정까지 치고 올라가야 한다. 이야기의 모든 요소(비트, 장면, 대사, 해설) 하나하나가 인물의 행동을 변화시키는 상황을 설정한다.[6]

5 이야기를 구성하는 하부 단위, 이야기 소(素).

6 로버트 맥기, 고승범 · 이승민 역, 시나리오 어떻게 쓸 것인가/STORY, 황금가지, 1997. pp.70－71.

이야기는 세상 사람들 중 누구의 삶에 대한 것이다. 등장인물의 수많은 삶의 조각들 중에서 단지 몇 순간만을 골라내어 그의 삶 전체의 야기를 들려줘야 하고, 나아가 세상 사람들의 삶을 조명할 수 있어야 한다. 결국 세상 사람들의 삶 전체에 넘쳐나는 이야기들을 두 시간 안에 축약시켜야 한다. 이러한 과정은 구조적으로 이루어져야만 가능해진다. 구조적이란 말은 수많은 삶의 이야기들 중에서 선택한 일련의 사건들이다. 일련의 사건들은 사람에 대한 특정한 관점(가치)을 제공하며 관객에게 특정한 감정을 발흥하도록 하기 위한 목적을 가지고 선택되어진다. 결국 구조란 삶에 대한 특정한 관점을 보이는 사건들을 특정한 감정을 불러일으키도록 선택하고(만들고) 그것들을 배열하는 것이다.

(2) 막(幕; ACT)

막은 연극에서 차용한 용어이다. 연극적 전통에서 막간은 연극 도중에 막이 내려지고 그 사이에 무대장치를 바꾸는 시간이다. 막이 바뀐다는 것은 이야기의 무대가 바뀌는 것이고 전개되는 세계가 바뀜을 의미한다.

아리스토텔레스는 당시 상연되던 희랍극들을 연구하여 3막 구조론을 피력하였다. 그는『시학』에서 비극을 극적구조의 본질로 이해하였다.[7] 우리는 고대 희랍극 이래로 모든 드라마의 기본 구조인 3막 구조에 익숙해져 있다. 드라마는 순서대로 1, 2, 3의 이야기 토막을 가지며, 그 순서는 설정, 전개, 해결의 논리이다. 이는 드라마를 설정하고 나아가 갈등을 통해 전개해나가며 마침내 갈등이 해결되고 끝을 맺는 구조이다.

필자는 영화를 분석하는 데 있어, 먼저 텍스트를 3막으로 나누어 본다. 그리고 대부분의 인기 있거나 유명한 영화들은 쉽게 3막으로 나누어지고 있음을 확인하였다. 이 말은 영화를 만드는 사람들이 당초 영화를 설계할 때 3막구조를 염두에 두고 만들었다는 말이다. 결과적으로 영화 텍스트에서 막의 구분은 물리적 강제 단위이다. 따라서 영화를 보다보면 막의 구분을 위해 영화적 장치들을 해놓은 것을 볼 수 있다. 막을 경계로 당연히 내용적으로도 달라진다. 이는 희랍극에서 막간에 무대를 바꾸고 세계가 달라지는 것과 상통한다. 영화텍스트도 막을 경계로 주인공은 이전까지와는 전혀 다른 세계로 진입하게 된다.

---

7 제1부 I.1.3막구조 참조.

(3) 에피소드(EPISODE)

에피소드는 스토리를 이루는 사건들의 집합이다. 전체 이야기(film)를 구성하는 여러 가지 사건들이 모여서 에피소드를 이룬다. 몇 개의 씬(장면)들이 모여서 시퀀스를 만들고, 여러 개의 시퀀스들이 모여서 에피소드를 구성한다.[8] 에피소드는 독립된 이야기 형식을 갖춘 하나의 일화(逸話)이며, 주인공 캐릭터들이 벌이는 독립된 이야기 토막이다.

에피소드는 에이젠슈타인이 연극을 단위로 쪼개면서 유래됐다. 이야기를 주체(subject)별로 또는 정체(identity)에 따라 나눈 부분(segment)이다. 사건들이 어떤 계기(motif)로 하나로 뭉친 덩어리이다. 그 덩어리 속에서 사건들은 연속적으로 전개된다.

에피소드라는 용어는 아리스토텔레스도 사용하였다. 『시학』 제9장에서 플롯 가운데 최악의 것은 에피소드 플롯이다. 이야기 속에서 여러 가지 에피소드가 서로 개연성 또는 필연성(인과관계) 없이 존재할 때, 이것을 에피소드 플롯이라 부른다고 하였다.[9] 바꾸어 말하면, 에피소드들은 서로 인과관계에 의해서 연결될 때 플롯을 구성한다고 할 수 있다. 또 『시학』 제12장에서 비극의 전체를 구성하는 양적 부분들을 언급하였다. 비극은 프롤로그, 에피소드, 퇴장, 합창 등으로 나뉜다. 여기서 프롤로그는 비극을 상연할 때 합창대의 입장에 앞서 오는 부분 전부를 말하고, 에피소드는 완전한 두 곡의 합창 노래 사이에 있는 부분 전부를 말한다고 하였다.[10] 아리스토텔레스가 나눈 비극의 양적 분할을 영화 텍스트의 구성요소에 대입하였을 때, 프롤로그는 영화가 시작하고 본 이야기가 진행되기 전에 나오는 오프닝에 해당한다고 할 수 있다. 비극의 에피소드는 완전한 두 곡의 사이에 나온다고 하였는바, 완전한 곡이라면 완전한 구성을 가지고 있으며, 전체 이야기를 이루는 토막의 클라이막스라고 볼 수 있다. 따라서 비극의 에피소드는 완전한 곡들 사이에 나오는 이야기 부분이라고 해석할 수 있다. 따라서 비극은 완전한 곡과 에피소드들의 각 단계로 구성된다고 추측되어진다. 그렇다면 필자가 주장하는 이야기 구조의 에피소드와 유사한 개념이라고 볼수 있다.

아리스토텔레스는 또한 이야기가 전부터 있어 온 것이거나 작가가 창작한 것이거나

---

8 로버트 맥기, 고승범 · 이승민 역, 앞의 책, p.70.

9 마이클 티어노, 김윤철 역, 스토리텔링의 비밀/아리스토텔레스와 영화, 아우라, 2008. p.58.

10 박정자 역. 해설, 앞의 책, p.95.

작가가 자기 이야기의 전체적 구도를 설정한 후, 그것을 에피소드로 채우고 디테일로 풍요롭게 해야 한다고 하면서, 이야기와 에피소드의 관계를 언급하고 있다.[11] 한편, 아리스토텔레스는 에피소드를 줄거리에 적절하게 어울리도록 만들어야 한다고 하였다. 등장인물들에게 일단 이름이 주어지면 거기에 에피소드들을 채워넣어야 한다. 드라마에서는 에피소드들이 간결한데, 서사시에서는 에피소드들로 말미암아 길이가 한없이 길어진다고 하였다.[12]

필자는 이상의 논의들을 종합하여 에피소드를 이야기를 구성하는 사건들의 집합이라고 정의한다. 하나의 에피소드에 속하는 사건들은 동일한 아이디어나 모티브를 공유한다. 주로 캐릭터와 관련된 사건들이 연대기적이거나 의식의 흐름, 또는 정체성에 따라 하나의 에피소드로 묶인다.

한편, 에피소드는 전체 이야기를 부분으로 나눈 세그먼트(segment)라고 할 수 있다. 즉 전체 이야기를 구성하는 독립된 이야기 단위로서 연속적 사건들의 덩어리이다. 문학 체계로는 절(節), 장(章), 챕터(Chapter)에 해당한다고 볼 수 있다.

린다 카우길도 세그먼트(segment)란 용어를 쓰고 있다. 그는 영화의 길이에 따라서 보통 5개 내지 9개의 세그먼트로 플롯을 분할해서 정보를 처리하는 것이 효과적이라고 한다. 세그먼트는 액션의 흐름에 초점을 모아줌으로써 관객이 플롯의 진행을 파악하는 데 도움을 준다. 각 세그먼트들은 강한 인과관계로 연결되도록 짜여져야 하며, 메인플롯과 특정한 관계를 맺고 있다. 1막은 보통 2개의 세그먼트로 구성되고, 2막은 전반부에 2~3개, 후반부에 2~3개의 세그먼트들이 분명하게 존재한다. 3막은 1~2개의 세그먼트로 구성된다. 영화에서 플롯을 세그먼트로 구축하는 것은 장면 간의 인과관계를 강화해서 결과적으로 텍스트의 추진력을 향상시키기 위함이다. 관객은 인과관계에 의해서 이야기를 이해한다. 세그먼트는 인과관계를 명확히 유지함으로써 관객들이 이야기를 쉽게 따라오도록 유도한다. 세그먼트는 구체적인 초점과 목적을 갖고 있는바, 전체적인 플롯의 목적과 주제에 맞추어 캐릭터들을 정해진 방향으로 움직인다.[13] 이상과 같은 카우길의 세그먼트에 대한 설명은 이 책의 에피소드의 개념과 기능으로 봐도 좋다.[14]

---

11 박정자 역·해설, 앞의 책, p.116.

12 박정자 역·해설, 앞의 책, pp.117-118.

13 린다 카우길, 이문원 역, 앞의 책, pp.56-57.

14 요즘 OTT플랫폼이 대세인 가운데 시리즈물이 많아졌다. 보통 시리즈물에서 에피소드라 함은 하

에피소드는 주인공 중심으로 벌어진 일련의 사건들이다. 주인공의 연대기 또는 연속성을 기준으로 나열된 사건들을 모은 것이다. 주인공은 스토리상에서 여러 번 탈바꿈(변모; morphosis)을 하게 되는데, 그 단계가 에피소드가 될 수 있다. 에피소드에서의 시간과 공간은 계속성을 띤다. 계속적이라는 말은 미세하게 시간 단위 혹은 날짜 단위가 될 수도 있고, 월 또는 연 단위로 이어질 수도 있다. 공간 역시 스토리의 규모에 따라서 일상적 생활 공간에서 지역 혹은 지방, 국가 단위로 옮겨 다닐수도 있다. 다만 이러한 시공간이 하나의 아이디어 혹은 모티브를 가지고 묶여있어야 된다.

캐릭터(주인공)의 활동 시기 또는 기능 중심으로 에피소드가 존재하기도 한다. 에피소드는 물리적이기보다는 이야기를 내용적으로 배분한 단위에 가깝다. 따라서 한 에피소드가 나누어져서 다른 에피소드와 교차할 수도 있다. 보통 한 작품에 7~12개의 에피소드들이 들어간다. 상영시간이 길다고 해서 에피소드의 개수가 많은 게 아니고, 에피소드를 이루는 사건들의 진행시간이 상세하게 길어진다.

각각의 에피소드에는 이름을 붙이는 것이 좋다. 네이밍(naming)하는 요령은 첫째, 주인공의 행위를 규정짓는 명사형으로 짓는 방법이 있다. 둘째는 주인공이 어떤 행위를 했는지를 서술하는 주부와 술부로 구성되는 서술문으로 지을 수도 있다. 또한 서술문을 요약·지칭하는 명사형도 좋다.

(4) 시퀀스(SEQUENCE)

시퀀스는 이어지는 시간 또는 공간에서 이루어지는 독립적인 하나의 사건이다. 스크린에서 시공간의 단절은 있지만, 관객은 크게 개의치 않는다. 하나의 사건을 보여주는데 굳이 처음부터 끝까지 그 사건이 행해지는 시공간을 다 보여줄 필요는 없다. 시퀀스는 눈에 띄게 물리적으로 확연히 구분되기도 하지만, 물리적 배분보다는 내용상 구분되는 단위여서 시퀀스의 경계가 애매한 경우도 발생한다. 실제 복잡한 영화에서는 시퀀스가 나뉘어져 배치될 수 있다. 그렇지만 시퀀스는 액션들이 동일한 모티브(아이디어)에 의해 전개되는 하나의 사건이기 때문에 면밀히 들여다보면 구분할 수 있다. 시퀀스(seqence)는 말 그대로 순서대로 연이어 배열되는 것이다. 어떤 사건에 대한 행위가 끊이지 않고 연속적으로 영위되는 단위이다. 지속적인 행위라 하면 공간이 바뀌어도 연속적인 행동으로

나의 방영횟수분을 말하기도 한다. 또는 연속적으로 제작되는 영화의 1회분을 뜻하기도 한다.

여겨진다. 즉 시퀀스는 여러 장면(씬, 공간)에서 발생할 수 있다.

이야기가 성립되려면 먼저 어떤 상황이 설정되고, 그 상황에 따라 여러 가지 힘이 가해져서 일정한 운동과 변화가 일어나야 한다. 여기서 운동과 변화가 바로 사건이다. 이러한 사건들이 플롯의 바탕을 이루게 된다. 사건들은 정교한 메커니즘에 의해 동력을 생산하고 전달하여 상황과 요소들 간의 관계에 변화를 이끌어가며 탄력을 제공한다. 개별 사건들은 상호 독립적이다. 이들 사이를 논리적으로 끈끈하게 이어주는 연결고리가 필요한데 그것이 인과관계이다.[15]

시퀀스는 공통된 테마, 모티브(동기), 아이디어, 상황, 시간, 장소 혹은 행위와 관련된 여러 개의 씬들이 모여서 이루어진다. 연속적이거나 공통된 시간 또는 공간에서 벌어지는 사건을 지시하며, 동일한 동기에 의해서 벌어지는 사건이기 때문에 하나의 컨셉(아이디어)을 가지고 있는 사건이다.

사건은 사람들에 의해 일어나고 사람들에게 영향을 미침으로써 결국 등장인물을 구체적으로 규정한다. 그리고 사건은 등장인물의 행동으로 구체화된다. 사건은 주인공이 벌이는 행위에서 비롯되고, 반대로 사건 속에서 주인공은 반응하며 행동하게 된다. 주인공은 일정한 장소에서 행동하며, 사건은 일정한 물리적 공간에서 발생하는 일련의 행위들이다. 이 행위들이 곧 이야기거리가 된다. 영화에서 행동하지 않는 사건, 대화 속에서만 언급되거나 하나의 이미지로 보여지는 것은 사건이 아니다. 추상적인 사건은 존재하지 않는다. 사건의 바탕은 캐릭터 상호간의 관계 속에서 발생하는 갈등이다. 사건의 기능은 등장인물의 변화를 초래하는 것이다. 인물은 사건을 겪기 시작할 때와 사건이 종료되었을 때 가치관이나 생각, 태도, 의지, 마음 상태 등이 변해 있어야 한다.

변한다는 것은 외형적이기보다는 가치의 변화를 의미한다. 가치는 주인공이 세상을 바라보는 가치관이며, 이야기 예술의 영혼이 된다. 궁극적으로 가치의 수용을 표현하는 것이 이야기 예술이다. 세상을 바라보는 가치관인 이야기적 가치는 인간 경험의 보편적 성격을 띠고 있는 것이지 특별한 것은 아니다. 이야기적 가치는 대립항으로 구성되며, 각각의 대립항으로 이동할 수 있는 양면적 성격을 가진 경험이다. 가치가 긍정에서 부정으로, 부정에서 긍정으로, 또는 한순간에서 다른 순간으로 전이한다. 예를 들어, 삶과 죽음, 사랑과 미움, 강과 약, 지혜와 어리석음, 충성과 배반, 선과 악 등처럼 가치들이 이분법적

15 서정남, 영화 서사학, 앞의 책, pp.81－82.

으로 대립한다.[16]

시퀀스는 이야기적 사건이고 사건은 이야기거리들이 모인 것이다. 시퀀스는 구조의 측면에서 본 요소 개념이고, 사건은 재료의 측면에서 본 소재 개념이다. 사건을 어떤 책에서는 이벤트(event)라고도 하며 일본말로는 구다리(件)라고 한다. 시퀀스는 이야기거리의 덩어리이며 한 토막의 사건이다. 사건들의 덩어리가 에피소드를 이룬다. 시퀀스는 문학에서 문단(文段), 단락(段落), Paragraph에 해당한다. 하나의 시퀀스는 그 내부에서 3막 또는 기승전결의 구조를 갖는다. 시퀀스는 여러 개(2~5개)의 씬들이 모여서 이루어진다. 씬보다는 가치 또는 정황의 변화가 더 크게 일어나며, 더 큰 하나의 가치에 집중한다. 주인공의 삶의 조건이 변화되며, 변화의 목적이 분명히 존재한다. 시퀀스를 거치면서 주인공은 삶에 대한 통찰력과 세상을 바라보는 시각의 변화를 겪는다. 스토리는 보통 10~20여 개의 시퀀스로 구성된다.

시퀀스에도 이름을 붙이는 것이 여러모로 편리하다. 사건을 규정하는 고유명사나 보통명사, 또는 상징어구로 짓는 경우가 있다. 그러나 시퀀스의 이름은 사건이니 만큼 주인공의 행위를 규정하는 주부와 술부가 있는 하나의 서술문으로 네이밍하는 것이 좋다.

(5) 씬; 장면(SCENE)

씬은 장면(場面)이다. 장면이란 물리적 장소(場所)를 기준으로 한다. 실제로 사건이 발생하고 등장인물들이 행동하는 공간이다. 내용상으로는 동일한 시공간에서 이루어지는 사건의 일부가 존재한다. 여러 시공간에서 이루어지는 사건을 동일한 시공간으로 나눈 단위라고 할 수 있다. 틈이나 단절 없이 계속된다고 느끼는 실재 존재하는 물리적 시공간이다. 같은 장소에서 벌어지는 일은 하나의 씬이다. 그러나 같은 장소라 하더라도 시간을 건너뛰어 생기는 일은 씬도 분리된다.

문학작품으로 치면 하나의 문장(文章, sentence)에 해당한다. 주부와 술부를 갖춘 하나의 진술문이 된다. 주부는 주어(명사)와 주어를 수식하는 형용사 등으로 구성되고, 술부는 동사를 중심으로 이를 수식하는 부사 등이 따라붙는다. 주부 술부가 접속사로 이어져 중문을 이룰 수 있고, 복문처럼 좀 더 복잡한 씬이 될 수도 있다.

씬(scene)은 대본의 극적 기본 구성 요소로서 동일한 물리적 시공간을 의미한다. 씬

16 로버트 맥기, 고승범·이승민 역, 앞의 책, pp.59－62.

은 주로 같은 시간대에 같은 장소에서 벌어지는 사건을 조명하는 것으로 정의할 수 있다. 씬은 하나의 샷으로 구성되기도 하지만 주로 여러 개의 샷이 모여서 하나의 씬을 이룬다. 스토리 작가가 하는 일은 여기까지이다. 씬 구성을 마치면, 그것을 샷과 프레임으로 찍어 내는 것은 감독과 카메라가 할 일이다.

씬에는 당연히 넘버링과 이름이 따라붙는다. 씬이 물리적 장소이니만큼 씬의 제목은 구체적인 장소를 규정하는 명사가 보통이다. 그리고 촬영을 위해서 실내와 실외인지, 낮과 밤 등의 시간대, 날씨 등을 규정해준다.

(5-1) 비트(BEAT)

비트(beat)는 장면 내의 단위이다. 각각의 비트는 보통 대화나 행동에서의 방향의 변화에 의해 표시된다. 비트는 행동과 반응(action/reaction)이라는 행위의 교환을 단위로 한다. 리트머스 시험지처럼 자극이 있으면 반응이 있고, 이러한 액션과 리액션이 반복되면서 변화를 보이고, 변화의 과정이 장면을 구성한다.[17]

비트는 한 인물의 등장이나 퇴장으로 끝나거나 시작되기도 한다. 장면을 비트로 나누는 기준은 장면 내에서 등장인물의 감정이나 대화 혹은 행동을 관찰하면 몇 개의 마디로 이루어졌음을 알 수 있다. 매듭 없이 한 장면이 이루어졌다면 그것을 연기하는 배우나 연출하는 감독은 애를 먹을 것이다. 그보다 먼저 그 장면이 빠진다 해도 스토리에는 별 영향을 미치지 않을 가능성이 높다. 비트 단위는 배우에게 감정이나 태도의 변화를 규정하는 데 도움을 준다. 감독들에게 비트를 정의하는 것은 장면 자체의 진정한 중요성을 이해하는 데 도움을 준다. 각 배우는 자기가 맡은 인물의 시각에서 비트를 정의한다. 그러므로, 그들의 정의는 다른 배우들의 정의와 상당히 다를 수 있다. 그리고 감독은 더욱 객관적인 시각에서 장면을 보면서, 다른 어떤 배우들과도 상이한 비트를 정의할 수 있다. 그러므로 비트의 선택은 상당히 주관적이다.

때때로 새로운 비트는 새로운 마스터 앵글을 요구한다. 그러므로 비트는 씬을 구성하는 하위단위라고 할 수 있고, 보통 배우들의 행위의 교환으로 나누어지고 진행된다. 작용과 반작용이 반복된다. 한 장면을 구성하는 감독의 연출과 배우의 액션은 모두 비트에 따라서 진행된다. 당연히 카메라의 앵글과 샷 역시 비트에 따라서 결정된다.

---

17 로버트 맥기, 고승범·이승민 역, 앞의 책, p.65.

비트에는 능동적 동명사 어구로 이름을 붙이는 것이 좋다. 행동뿐 아니라 인물의 감정까지 나타내주면 더 좋다. 예를 들어, '간청하기'보다는 '그녀의 발 앞에 설설 기기'가 비트를 더 잘 요약해준다.[18]

이상을 종합하면, 이야기는 그것을 구성하는 모든 요소가 제 역할을 다해야만 소기의 목적을 달성할 수 있다. 이야기의 모든 대사와 지문 하나하나가 등장인물의 행동을 변화시키거나 혹은 배경상황을 설정하는 역할에 충실해야 한다. 그래야 배우의 행위 역시 제기능을 다하게 된다. 등장인물의 액션과 리액션이 모여서 비트를 만들고, 하나하나의 비트가 씬(장면)을 구성하고, 씬들이 모여서 시퀀스를 구축하고, 여러 시퀀스들이 연합하여 에피소드를 구성한다. 각각의 에피소드들이 제기능을 다할 때 비로소 하나의 완성된 이야기가 탄생한다.[19]

(6) 샷(SHOT)

샷이란 카메라가 녹화를 시작해서 끝내는 순간까지를 의미한다. 다시 말해 카메라가 작동을 시작해서 감독의 컷 소리와 함께 멈추는 순간까지 녹화된 필름을 말하는 물리적 단위다. 하나의 샷은 길거나 짧을 수도 있으며, 한 샷을 위해 복잡한 카메라의 움직임이 요구되는 경우도 있고, 카메라의 위치가 완전히 고정되어 있는 경우도 있다.

샷이 중요한 이유는 이것이 영상언어에서 기본단위이며 의미를 생성하기 때문이다. 문자언어에서의 단어(單語)에 해당한다고 볼 수 있다. 의미를 담고 있는 최소단위이다. 영상작가는 이 샷을 이용해 자기의 사상을 펼쳐 나가고 예술을 표현하게 된다.

샷은 커팅되지 않고 이어지는 일련의 프레임들이다. 테이크(take)와 구별해야 하는데, TAKE는 샷을 찍기 위해서 카메라가 한번 작업하는 단위이다. 샷은 카메라가 한 번 돌아갈 때(One Take) 담긴 영상이다, 실제로는 여러 번 샷을 찍어 최적의 샷을 찾게 된다. 샷 역시 시공간의 개념이다.

비슷한 용어로 컷(cut)이 있다. CUT은 편집(cutting)한 결과를 의미하는 영상이다. 다시 말해 샷을 자른(cutting) 결과의 조각 또는 편집(editing)한 결과물이다. 보통은 샷과 컷을 혼용해서 쓰기도 한다. 실제로 의미를 생성하는 데 쓰인 단위는 컷이라고 할 수 있

18 로버트 맥기, 고승범 · 이승민 역, 앞의 책, pp.377－378.
19 로버트 맥기, 고승범 · 이승민 역, 앞의 책, p.71.

다. 왜냐하면 샷 하나가 의미를 만들기보다는 여러 샷들이 모여서 편집한 결과 의미가 있는 단어를 만들기 때문이다. 즉 프레임들의 연속으로 이루어진 샷들을 잘라 놓은 것들이 컷이다. 이 컷들이 모여서 의미를 만들 때 샷이 된다.

샷은 영화구조의 문법적 기본단위이면서, 몽타주의 최소단위이고, 영화서술의 기본적인 구성단위가 된다. 그리고 영화의 의미론적 단위가 되기 때문에 샷은 내적 요소의 통일성이 요구된다. 하지만 영화매체의 특성 때문에 샷은 임의적 구성단위일 뿐이다. 장편영화는 보통 900~1,500여 개의 샷으로 구성되며, 액션영화는 더 많은 샷이 소요되고, 요즘 스피드 시대에 맞게 점점 많은 샷이 요구되고 있다.

영화는 현실의 전체가 아니라 단지 스크린의 크기에 맞게 잘라낸 현실의 한 조각일 뿐이다. 이는 마치 스틸 카메라가 우리의 눈으로 보이는 자연의 세계를 뷰파인더만큼 한 조각 떼어내어 보여주는 것과 같다. 이처럼 스크린의 세계가 항상 어떤 다른 세계의 한 부분이라는 사실은 예술로서의 영화의 기본적인 특성을 규정한다. 그러므로 샷은 세상의 단편이라고 할 수 있다. 이런 샷의 기능은 샷이 의미를 가진다는 것이고, 그것은 세상의 한 조각을 보여줄 뿐이다. 언어에 기능적으로 다양한 의미가 있는 것과 마찬가지로 샷도 다양한 의미를 내포할 수 있다. 세상과 우주의 무한한 공간이 샷 안으로 들어오면서 영화적 공간으로 변환되고, 스크린에 비친 영상들은 기호가 되며, 그 기호는 그것이 시각적으로 묘사하고 있는 것 이상을 지시한다. 샷은 개별 의미의 담지자로서의 독자성을 보존하면서 영화의 총체를 구성한다. 나아가 샷은 몽타주에 힘입어 시간적 운동 속에서 개별성을 극복한다. 관객은 스크린에 투사된 한 조각 샷을 통해서 세상을 바라보고 우주를 상상하게 된다. 나아가 두 샷의 연속성은 두 샷의 단순한 합이 아니라, 이들이 보다 높은 차원에서 의미론적 통일체 속으로 합류하는 것이다. 이처럼 영화 언어는 샷의 개념을 확립함과 동시에 예술적 표현의 새로운 가능성을 만들어 간다.

우리가 보는 실제인 삶의 세계는 연속적이다. 청각이 말을 단어로 분절해 소통하듯이 우리의 시각은 소통을 위해 세계를 분절할 필요가 있다. 따라서 삶의 모사인 영화의 스크린 세상은 세계를 불연속성으로 분절해 표현할 수밖에 없다. 즉, 세계를 하나의 단편으로 인식할 수밖에 없다. 그러나 단편들은 자족적이며, 다양한 조합을 통해 가능한 예술적 세계를 펼쳐 보인다.

(7) 프레임(FRAME)

프레임은 하나의 정사진(still cut)이다. 이는 공간의 개념이며 미장센의 기본 단위에 해당한다. 한편, 시간축으로 보면 순차 배열의 요소로서 몽타주의 기본 단위가 되기도 한다. 문학으로 보면 하나의 문자(文字), 알파벳, 어소(語素)에 해당한다.

프레임은 영화(film)를 이루는 가장 기본적인 물리적 단위로서 필름의 한 틀(frame)을 의미한다. 하나하나의 프레임의 성격과 기능은 흔히 쓰이는 스틸 카메라의 그것과 동일하다. 그러나 영화에서는 이 프레임들이 모여서 움직임을 구현하게 되고, 샷을 이루며 씬을 만들고 나아가 시퀀스를 구성해 한 편의 영화(film)를 만들게 되는 것이다. 따라서 하나의 프레임이 갖는 의미는 존재 가치가 없고, 그것의 예술적 가치는 프레임들이 모여 샷을 이루었을 때 비로소 나타나게 된다. 영화에서 프레임이 논의되는 중요한 이유는 그것이 샷의 구성단위이기 때문이다.

프레임과 샷, 씬, 시퀀스를 문자매체와 비교해 본다면, 프레임은 글자를 이루는 기본적 알파벳이라고 할 수 있다. 글자들이 모여 단어를 이루듯이 프레임들이 모여 하나의 단어인 샷을 만든다. 단어들이 모여 하나의 문장을 만드는 것과 마찬가지로 단어인 샷들이 모여서 문장이라고 할 수 있는 씬을 만드는 것으로 비유할 수 있다. 씬이 문장이라면 문장들이 모여 하나의 문단을 이루듯이, 씬들이 모여서 하나의 시퀀스를 만들게 된다. 그리고 문단들이 모여서 하나의 완성된 글(작품)을 이루듯이 시퀀스들이 모여서 하나의 완성된 영화(film)를 만들게 된다. 영상언어를 분석할 때 우리는 구조를 해체하였다. 그것은 하나의 영화를 가장 큰 구성요소인 막부터 에피소드로 나누고, 다시 에피소드들을 각각의 시퀀스로 해체하는 작업이다. 시퀀스는 다시 씬들로 분해되고, 씬은 또 샷으로 나뉘고, 샷은 프레임들로 해체된다.

3. '묵주기도문'의 구조분석

천주교에서 행하는 '묵주기도문'은 예수의 생애를 일목요연하게 압축한 훌륭한 스토리이다. 지금까지 설명한 막과 에피소드, 시퀀스와 주요 포인트 등을 묵주기도문에 적용

•• 묵주기도문의 구조

〈묵주기도〉			포인트
제1막			
에피소드 1; 환희의 신비		잉태와 출산, 소년기; 0~12세	
시퀀스1	1단	마리아께서 예수님을 잉태하시다.	인시던트
시퀀스2	2단	마리아께서 엘리사벳을 찾아보시다.	전개
시퀀스3	3단	마리아께서 예수님을 낳으시다.	CM
시퀀스4	4단	마리아께서 예수님을 성전에 바치시다.	전개
시퀀스5	5단	잃으셨던 예수님을 성전에서 찾으시다.	
		(출가)	NTW
제2막			
에피소드 2; 빛의 신비		공생애(30~33세), 세례 ~ 최후의 만찬	
시퀀스6	1단	예수님께서 세례 받으시다.	
시퀀스7	2단	예수님께서 가나에서 첫 기적을 행하시다.	앞 CM
시퀀스8	3단	예수님께서 하느님 나라를 선포하시다.	시험
시퀀스9	4단	예수님께서 거룩하게 변모하시다.	전개
시퀀스10	5단	예수님께서 성체성사를 세우시다.	
에피소드 3; 고통의 신비		33세, 최후의 날; 십자가의 날	
시퀀스11	1단	예수님께서 피땀을 흘리시며 기도하시다.	
시퀀스12	2단	예수님께서 매 맞으시다.	MP
시퀀스13	3단	로마 병사들이 예수님께 가시관을 씌우다.	시련
시퀀스14	4단	예수님께서 십자가를 지시다.	
시퀀스15	5단	예수님께서 십자가에 못 박혀 돌아가시다.	
에피소드 4; 영광의 신비		부활 ~ 현시 ~ 승천, 마리아, 하늘나라.	
시퀀스16	1단	예수님께서 부활하시다.	CM
시퀀스17	2단	예수님께서 승천하시다.	NTW
제3막			
시퀀스18	3단	예수님께서 성령을 보내시다.	
시퀀스19	4단	예수님께서 마리아를 하늘로 불러올리시다.	CM
시퀀스20	5단	예수님께서 마리아께 천상모후의 관을 씌우시다.	에필로그

하여 분석해보았다. 묵주기도문은 짧은 스토리에 많은 장면들[20]을 함유하고 있고, 천주교인이 아니더라도 비교적 많은 사람들이 알고 있을 문장이라서 개념을 설명하는 데 좋은

20 물론, 묵주기도문에는 장면(SCENE)이 나오지 않고 그 상위단위인 시퀀스까지만 제시되어 있다. 하지만 예수의 생애 스토리를 아는 사람들은 충분히 추측하여 채워 넣을 수 있을 것이다.

사례연구가 될 것이라고 판단하였다.

묵주기도문은 총3막으로 구성되어 있으며, 신비로운 에피소드 4개가 제시된다. 각각의 에피소드는 5개씩의 시퀀스로 표현된다. 즉 묵주기도문은 총3막에 4개의 에피소드, 총20개의 시퀀스로 구성되었음을 알 수 있다.

표에 나타난 대로 묵주기도문은 예수님의 신비로운 생애를 크게 4주기로 나누어 스토리를 전개한다. 묵주기도문의 스토리를 가지고 예수님 일생을 영화로 만들 경우, 3막 구조에 4개의 에피소드와 20개의 시퀀스로 만들 수 있다는 것이다.

제1막은 예수님의 탄생과 유년시절이다. 여기서 주의할 점은 예수님의 탄생과 유년시절이 성모 마리아의 시점에서 전개된다는 점이다. 1막은 '환희의 신비'라는 1개의 에피소드와 5개의 시퀀스로 이루어졌다. 마리아가 일상적인 일과를 하다가 수태고지를 받고 잉태하는 장면이 '도발적 사건'으로 인시던트 포인트다(P3). 마리아는 천사의 수태고지를 받고(P4) 주님의 뜻에 순종한다(P5). 즉 전령 가브리엘이 전하는 소명을 받아들이는 것이다. 그리고 멘토인 사촌 엘리자벳을 찾아간다. 제1막의 클라이막스는 마리아가 예수님을 출산하시는 장면이다(P7). 그리고 예수님의 어린 시절 시퀀스가 전개되며 제1막이 끝난다(P9). 그리고 청년시절은 생략되고, 예수님이 세례받으시는 장면부터 제2막이 시작된다.

제2막 전반부는 영웅의 시험 내지는 임무에 해당하는 에피소드들이 나온다(P11). 따라서 예수님이 세례받으신 후 처음 기적을 행하는 장면이 2막 앞 CM이다(P12). 하느님 나라를 선포하시고, 거룩하게 변모하시며, 제자들과 최후의 만찬을 하시면서 성체성사를 몸소 시범 보이시는 시퀀스들이 전개된다(P11). 이 에피소드는 약 3년간의 예수님 공생애 시기이다. 따라서 가장 빛나는 '빛의 신비'라는 이름을 가진 에피소드로 소개된다. 2막 중반부에 예수님과 악당이라고 할 수 있는 대제사장과 총독이 조우하는 장면이 나온다(P15). 대제사장이 있는 회당은 응접실이 될 것이다. 묵주기도문에는 예수님이 제자들과 만찬을 드신 후 다음날 새벽 겟세마네 동산에서 기도를 드리실 때. 얼마나 혼신의 정성을 드리셨는지 피땀을 흘리시는 시퀀스에서 바로 매 맞는 시퀀스로 전개된다.

에피소드3은 예수님의 최후의 하루를 그리고 있다. 새벽에 기도를 마치시고 내려오시다가 유다가 이끌고 온 로마 병사들과 대제사장이 보낸 성전지기들한테 붙잡히신다. 예수님은 대제사장에게 끌려가고 이어서 빌라도 총독 앞에 끌려가 재판을 받게 된다.[21] 여기가 영웅과 악당이 만나는 중심점인 미드포인트(Mid Point)다. 이 지점 이후로 예수님의 시련이 전개되며(P16) 스토리는 급격한 물살을 타고 한 방향으로 진행한다. 따라서 에피소드의 이름도 '고통의 신비'이다. 로마 병사들에게 매 맞으시고, 그들이 조롱하기 위해 씌워준 가시관에 찔려 이마에 피를 흘리시고, 무거운 십자가를 지고 골고다 언덕을 오르셔야 한다. 그리고 최후의 시련인 십자가형을 당하신다. 얼마나 더 가혹한 시련이 있을 수 있을까. 묵주기도 스토리에는 나오지 않았지만, 십자가에서 숨을 거두신 후 천둥이 치고 지진이 일어나 천지가 암흑으로 변했다고 한다. 예수님이 돌아가시면서 제2막이 끝나는 게 아니다. 에피소드가 바뀌어 '영광의 신비'에서 예수님이 부활하시고 승천하시는 장면(P19)까지가 제2막이다. 예수님이 이땅에서 임무를 다 마치시고 하느님 나라로 올라가시는 장면이 다음 세계로 넘어가시는 NTW에 해당한다(P22).

제3막은 승천하신 후의 세계이다. 따라서 우리들은 그 세계를 잘 모른다. 다만 예수님이 성모 마리아를 불러올리시는 장면만을 볼 뿐이다. 여기가 제3막의 CM이다(P28). 그리고 예수님께서 성모님께 천상모후의 관을 씌워주셨다는 전언이 에필로그가 될 것이며(P32) 영화는 끝나게 된다(P33).

묵주기도문을 통하여 3막의 분류와 에피소드, 시퀀스의 쓰임새와 기능, 네이밍, 그리고 주요 포인트 등을 알아보았다. 묵주기도문이 짧은 스토리이기 때문에 에피소드가 4개이지 더 자세하게 이야기를 전개한다면, '빛의 신비' 부분에서 많은 에피소드들을 추가할 수 있을 것이다. 그러나 20개의 시퀀스는 부족함이 없이 충분히 영화를 만들 수 있다. 씬을 만들 때 자세하게 씬(장면)들을 만들면 되기 때문이다. 따라서 예수님의 생애를 영화로 만든다면 이상의 4개 에피소드로도 충분할 것이다. 왜냐하면 예수님의 생애는 많이 알려져 있기 때문이다.

또한 묵주기도문의 연구에서 참고로 삼을 것은 막의 구분과 에피소드와 시퀀스를 나누고 이름을 짓는 사례이다. 막의 구분은 1, 2, 3의 각막들의 세계가 다르다는 것이다. 묵주기도문의 제1막은 탄생과 유년시절이다. 인간 누구나가 다 그렇듯이 예수의 이때 생애도 어머니 중심적이다. 다음 세계는 예수님이 세례를 받으시고 본격적으로 세상을 구하시는 세계를 그리고 있다. 당연히 이전 1막의 세계와는 다른 세상이다. 2막의 세계에

21 우리가 시퀀스를 쪼개서 신을 만든다면 예수님이 대제사장 앞에 끌려가고, 총독 앞에서 재판받는 장면을 설정할 수 있을 것이다.

서 사명과 임무를 성취하시는 모습을 보여주지만, 배신자들과 악당의 세력으로 인하여 후반부에서는 고통의 세계를 체험하신다. 시련 당하는 부분이 스토리상으로는 하루의 일과이지만 영화에서는 약 1/4의 분량을 차지할 것이다. 마지막으로 맞이하는 제3세계는 하늘나라이다. 승천하시는 예수님을 따라갈 수는 없기 때문에 인간들은 그 모습만을 볼 뿐이다. 그리고 불안해하는 인간들을 위해 성령을 보내주시고, 그것도 모자라 성모 마리아를 하늘로 불러올리셔서 예우하심으로써 인간들에게 신뢰를 보여주시는 것이다. 즉 예수님은 유년시절, 공생애 시절, 천상의 세계 등 전혀 다른 세상을 경험하시고, 그 세상을 관객들에게 보여주게 된다.

주목할 것은 예수님이 한 세계에서 다른 세계로 넘어갈 때에는 경계부분에서 반드시 물리적인 시공간을 이동하게 된다. 제1막과 2막의 경계에서는 이동이 생략되어 있는데, 그 사이에 20여년의 스토리 시간이 흘렀다. 그리고 예수님이 세례받으러 요단강으로 걸어가시는 장면이 있다면, 그것이 다음 공생애 세계로 물리적 공간을 이동하는 장면이 될 것이다. 제2막과 제3막의 경계에서 이동하시는 장면은 묵주기도문에 뚜렷이 나온다. 예수님이 어느 날 하늘로 올라가시는 것을 목격한 사람들이 있기 때문이다. 즉 예수님은 불가해하지만 스토리상으로 물리적인 시공간을 이동하시고 다음 세계인 천상으로 옮아간 것이다. 이렇듯 모든 스토리의 막의 경계에서는 반드시 주인공인 영웅이 다음 세계로 넘어가는 물리적 시공간 이동의 장치가 제시된다고 할 수 있다.

에피소드를 제시하고 그 이름을 짓는 것이 영상 텍스트를 분석하고 창작하는 데 많은 도움이 된다. 묵주기도문의 예에서처럼 에피소드의 이름은 명사형태로 짓는 게 좋다. '환희의 신비' '빛의 신비' '고통의 신비' '영광의 신비' 등처럼 명사형 이름을 짓되 수식어 또는 절을 사용하여 부연설명을 해주면 좋다. 이름만으로도 그 에피소드의 성격을 짐작할 수 있다. 물론 자세한 설명을 요하는 텍스트에서는 에피소드도 여러 개의 문장으로 서술적으로 표현하면 된다. 기억할 것은 에피소드가 예수님의 연대기적 생애를 중심으로 나뉘었지만, 에피소드 이름은 삶의 테마에 따라 붙여졌다는 점이다. 유년시절은 환희의 신비로, 공생애는 빛의 신비, 최후의 날은 고통의 신비, 부활과 승천 이후는 영광의 신비로 불려진다. 영광의 신비 에피소드는 제2막과 제3막에 걸쳐서 일어나고 있다. 이런 경우는 일반 영화텍스트에서도 종종 존재한다.

시퀀스의 이름은 서술형 문장으로 지으면 좋다. 에피소드보다는 더 세세한 스토리이기 때문에 구체적인 행위를 암시하는 주부와 술부로 이루어진 완벽한 하나의 문장으로 표현하였다. 물론 수식어구나 절로 부연설명하는 복잡한 문장이나, 여러 개의 문장으로 서술해도 괜찮다. 다만 일목요연하게 중심적인 행위를 표현하는 문장으로 시퀀스를 제시하면 스토리를 이해하는 많은 도움이 된다. 서술형 시퀀스도 이를 요약하는 명사형 시퀀스로 불릴 때가 많다. 예를 들어 위에서 '예수님께서 매 맞으시다.'의 시퀀스는 '매맞는 시퀀스'로, '로마 병사들이 예수님께 가시관을 씌우다.' 시퀀스는 '가시관 시퀀스'로, '예수님께서 십자가를 지시다.'는 '십자가 행진' 시퀀스로 불릴 수 있다.

Ⅷ. 캐릭터

1. 캐릭터 원형

아리스토텔레스는 말이나 행동이 그 사람의 본심을 드러낼 때 그것이 바로 성격이라고 하였다. 그는『시학』제15장에서 인물의 성격(character)에 대해서 지향할 바를 추천하였다. 첫째, 인물은 선해야 한다. 악한이라 하더라도 선할 수 있기 마련이다. 둘째, 인물들은 적합성이 있어야 한다. 남성적이거나 여성적 혹은 전사이거나 노예 등은 그에 맞는 성격을 부여해야 한다. 셋째, 인물은 사실적이어야 한다. 인물의 훌륭함이나 타당성과는 별개로 현실계에서 존재하는 사실성(true of life)을 가져야 한다. 넷째, 인물은 일관성(consistency)이 있어야 한다. 일관성이 없는 인물일지라도 일관되게 일관성이 없어야 한다.[1] 캐릭터 중에서도 특히 주인공인 영웅은 플롯을 적극적으로 이끌어 가야 한다. 영웅은 무엇인가에 자신을 걸어야 한다. 그렇기 때문에 액션을 취해야 한다.[2]

플롯과 마찬가지로 인물의 묘사도 작가는 언제나 필연성(the necessary)과 개연성(the probable)을 추구해야 한다. 그래서 한 특정의 인물은 필연성과 개연성에 따라 특정의 말이나 행동을 해야 한다. 그리고 사건도 필연적이고 개연적인 시퀀스에 의해 인물과 부합해야 한다. 초상화가들은 모델의 특징적 형태를 부각시켜 사실적으로 그리면서도 그를 실제보다는 더 아름답게 그린다. 마찬가지로 작가 역시 결점이 있는 인물을 묘사할

1 박정자 역·해설, 앞의 책, pp.106－108.
2 린다 카우길, 이문원 역, 앞의 책, p.72.

때라도 그런 특성을 보존해야 하지만 그들을 고상하게 그려야 한다. 아리스토텔레스는 재능을 타고난 작가는 모든 캐릭터를 주조해낼 수 있다고 하였다.[3] 우리가 이야기에 빠져드는 것은 이야기가 대단해서가 아니라, 그 속의 매력적인 캐릭터들과 의미 있는 내용 때문이다.[4] 물론 영화텍스트는 문자텍스트보다 볼 것(스펙타클)에 의존하게 되지만, 보는 것만으로 관객을 붙잡아둘 수는 없다.

조셉 캠벨은 《천의 얼굴의 가진 영웅》에서 등장인물의 캐릭터 유형을 소개하였다. 그는 세계의 영웅 신화를 연구하면서, 그 신화들이 모두 동일한 스토리를 바탕 삼아 무한히 변용되고 있으며, 무한히 되풀이되고 있다고 하였다. 무엇인가를 찾아 떠나는 영웅, 모험에의 소명을 영웅에게 전하는 전령, 영웅에게 신비한 능력을 전수하는 현로, 영웅의 길을 가로막는 수문장, 자유자재로 변신하여 영웅을 혼란에 빠트리고 현혹시키는 동행자, 영웅을 파멸시키려고 안간힘을 다하는 그림자 같은 악당, 현 상황을 반전시키고 부자유한 감정을 희극적으로 해소하는 장난꾸러기 익살꾼 등이 신화와 민담에 등장하는 캐릭터들이다.[5]

칼 융은 고대의 신화 속에 나오는 캐릭터(인격)의 여러 가지 패턴을 유형화하여 그것들의 원형(原型, Archetype)을 찾아내었다. 원형이란 인류가 공유하는 유산으로 집단 무의식에 잠재해 있는 고대 인격의 여러 가지 패턴들이다.[6] 집단 무의식인 원형은 보편적으로 공유된 연상과 이미지로 구성된다. 원형이란 기본적인 아이디어(원시적 이미지)로서 모든 인간을 연결시킬 수 있는 중요한 무의식적 형상들이다.[7] 원형은 시대와 문화를 초월하여 전 인류의 신화적 상상력에서뿐만 아니라, 각 개인들의 꿈과 인격에도 존재한다. 따라서 이러한 캐릭터 원형은 개인의 꿈속에서 또는 문화적 창작행위에서 무의식적으로 솟아오른다.

그러므로 세상의 모든 스토리텔링은 의식적이든 무의식적이든 고대 신화의 패턴에서 벗어나지 않으며, 대부분의 스토리는 영웅의 여정(여행)이라는 관점에서 구성된다고

3 박정자 역. 해설, 앞의 책, pp.106－116.
4 린다 카우길, 이문원 역, 앞의 책, p.109.
5 크리스토퍼 보글러, 함춘성 역, 앞의 책, p.62.
6 크리스토퍼 보글러, 함춘성 역, 앞의 책, p.62.
7 예를 들어, 인류에게 '어머니'를 의미하는 단어와 표현과 묘사는 무수히 많지만, 모든 재현물의 이면에 있는 기본적인 아이디어는 하나이다. 그것이 바로 '어머니의 원형'이다. 윌리엄 인딕, 유지나 번역, 시나리오 작가를 위한 심리학, 인벤션, 2018. p.176.

볼 수 있다. 즉 모든 스토리에는 원질신화(monomyth)의 원리[8]가 작동하고 있으며, 신화에 등장하는 젊은 영웅, 현로, 변신자재자, 영웅의 그림자(악당) 등은 현대의 스토리텔링에서 무한히 반복·재생되고 있다.[9] 우리는 이야기에 등장하는 인물의 캐릭터 원형을 파악한다면, 원형의 기능을 알고 있기 때문에 이야기에서 그 인물의 역할과 임무를 짐작할 수 있다. 현대적 의미에서의 캐릭터 원형이란, 영화를 포함한 모든 이야기에서 일정한 유형의 등장인물들이 비슷한 행위를 반복하면서 보여주는 행동양식이라고 할 수 있다.[10]

한편, 보글러는 이러한 원형들이 고정불변한 캐릭터로 스토리 내내 행동하는 것이 아니라, 일정한 효과를 달성하기 위해서 캐릭터가 일시적으로 수행하는 기능으로 보았다. 하나의 캐릭터를 복수의 등장인물이 수행할 수 있고, 하나의 등장인물이 복수의 캐릭터 기능을 할 수 있다는 말이다. 캐릭터들이 합종연합하여 새로운 캐릭터를 만들어 내는 건 얼마든지 가능한 일이다. 다만 영웅과 악당 등은 중요한 캐릭터들이기 때문에 캐스트가 고정되어야 스토리의 흔들림이 없다. 같은 편끼리 영웅과 악당의 기능을 일시적으로 대신할 수도 있지만 영웅과 악당 캐릭터는 고정되어야 한다. 정확히는 스토리에서 프로타고니스트와 안타고니스트는 불변이고 그것이 확정되어야 안정적인 플롯이 완성된다. 그리고 분석도 가능해진다. 프로타고니스트와 안타고니스트를 제외한 캐릭터들은 한 가지 이상의 원형적 특질을 구현할 수 있다. 주인공에게 소명을 전달하는 전령이, 그 임무가 끝나면서 현로가 될 수도 있고, 익살꾼으로 변모할 수도 있다. 물론 주인공들이라 하더라도 일시적으로 가면을 쓰고 익살꾼이나 그림자의 역할을 수행하는 경우도 있다.

보글러는 스토리에서 자주 등장하는 등장인물 원형 8가지를 제시하였다. ① 영웅 ② 정신적 스승(현로), ③ 관문 수호자, ④ 전령관, ⑤ 변신자재자, ⑥ 그림자, ⑦ 협력자, ⑧ 장난꾸러기/익살꾼 등이다. 스토리에서 영웅은 다른 캐릭터들의 에너지와 특질을 끌어모아 통합하며 앞으로 나아가기도 한다. 영웅은 여정에서 만나게 되는 다른 캐릭터들에게서 필요한 것을 취하면서 완전한 존재가 되어간다. 조셉 캠벨이 찾아낸 원형은 인간의 수만 가지 특질이 인격화된 상징이라고 할 수 있다. 원형들은 인격의 면면을 표상한다. 그래서 캐릭터의 원형은 인간이 처할 수 있는 일반적 상황에 대한 메타포로 읽힐 수

8 단일신화(monomyth)라고도 하며, 대부분의 이야기는 영웅신화의 구조, 즉 영웅의 여정으로 이해된다.

9 크리스토퍼 보글러, 함춘성 역, 앞의 책, p.42.

10 크리스토퍼 보글러·데이비드 맥케너, 함춘성 역, 앞의 책, p.111.

있다.[11]

영웅은 머나먼 모험을 떠나면서 다양한 인물과 캐릭터를 만난다. 신화 속 영웅이 하는 모험은 세상 밖으로의 외적여정(external journey)임에도 불구하고, 결국은 내적여정(inner journey)을 상징한다. 영웅이 여정에서 만나는 인물들은 결국은 영웅 자신의 다른 부분과 만나는 것이고, 영웅은 이렇게 캐릭터를 통합해나가면서 성숙해 간다. 영웅이 어디를 가든, 모험이 무엇을 수반하든, 그의 여정은 늘 자기 발전의 내적 여정이며, 자신의 부족한 캐릭를 보완하는 행위이며, 여정의 목표는 언제나 캐릭터의 완전한 통합이다.[12]

칼 융에 의하면, 캐릭터들의 원형인 주체(영웅)는 네 부분으로 구성된 완전한 전일적 존재라고 한다. 영웅은 사위일체(Quaternity)인바, 네 가지 원초적 원형들이 통합된 캐릭터이다. 네요소는 페르소나, 그림자, 아니마(또는 아니무스), 현로(또는 여신) 등이다. 남성이나 여성 영웅의 심리 속에서 이 네가지 형상들은 완전하게 통합을 이루어야 한다. 영화텍스트에서 나오는 캐릭터로는 영웅, 악당, 애정의 상대, 멘토 등이 해당한다. 영웅은 여정을 통해 악당 멘토 그리고 애정 상대의 어떤 요소들과 조우해야만 하고 통합해야만 한다. 보다 특별하게 영웅은 자신의 그림자로 고민해야만 하며, 멘토로부터 무언가를 배워야 하고, 애정 상대의 사랑을 얻어야만 한다. 즉 영웅은 악당과 갈등하지만 멘토로부터 무언가를 배워서 이를 극복하고 사랑하는 사람과 결실을 맺어야 한다. 이처럼 네 캐릭터들이 영웅의 정체성을 형성하는데 도움을 주고 통합된다면, 스토리의 심리적 완결성이 영화 결말부에서 성취될 것이다. 영웅의 사위일체적 완전성은 다른 캐릭터들의 발전과 교류하면서 이루어진다.[13]

2. 테오프라스토스의 30캐릭터

아리스토텔레스의 제자인 테오프라스토스는 《캐릭터 The Characters》라는 책을 썼다. 그는 그리스 아테네의 시장과 아고라 광장에 직접 관찰한 사람들의 유형을 30가지로

11 크리스토퍼 보글러, 함춘성 역, 앞의 책, pp.63-65.
12 윌리엄 인딕, 유지나 역, 앞의 책, pp.219-220.
13 윌리엄 인딕, 유지나 역, 앞의 책, p.205.

구분해서 묘사했다. 테오프라스토스는 사람들 성격의 유형과 이를 바탕으로 한 그들의 생존전략을 간결하고 위트 넘치게 서술하였다. 수많은 사람들에게서 행동과 태도의 일정한 유형이 보였다. 나중에는 카테고리로 묶을 수 있게 됐고, 다른 사람들도 그 분류를 보고 인정할 수 있게 되었다. 세상에는 비슷한 세계관과 인생관을 갖고 비슷한 생존전략과 성공 전략을 구사하는 많은 사람들이 존재한다. 이들을 어떤 유형으로 묶을 수 있는 것이다. 테오프로스토스는 이러한 유형이 다양한 사회적 상황에서 보여줄 수 있는 예상 가능한 행동을 각각의 인물 유형별로 나누어 100여 단어로 짧게 묘사하였다. 그가 보고 들은 것은 생생한 삶의 현장이었다. 세상에서 볼 수 있는 모든 인물들의 캐릭터를 정리한 것이다. 서른 가지 유형은 다음과 같다.

가식꾼, 아첨꾼, 낭설꾼, 조야한 자, 상냥한 자, 눈치 없는 자, 수다쟁이, 무뢰한, 뻔뻔한 자, 구두쇠, 무례한 자, 성가신 자, 참견하는 자, 멍청이, 퉁명스런 자, 미신에 빠진 자, 불평불만자, 의심 많은 자, 불결한 자, 불쾌한 자, 허영심 가득한 자, 인색한 자, 허풍쟁이, 거만한 자, 겁쟁이, 집정자, 만학도, 험담꾼, 악한 자, 탐욕스런 자 등이다.[14]

3. 프롭의 7행위영역

러시아에서 구전되어온 민담들을 분석한 블라드미르 프로프는 러시아 형식주의 틀 안에서 이야기 속 등장인물들을 바라봤고, 구조 내에서 인물들의 기능에 초점을 맞췄다. 등장인물 누가 그 행위를 했느냐가 중요한 문제가 아니라, 인물들이 가능한 행위의 유형에 관심을 두었다. 인물들은 이야기의 목적이 아니라, 수단으로서 행위의 영역으로 수렴된다. 일정한 유형의 인물은 전형적인 기능만을 논리적으로 수행해야 한다는 것이다. 그러므로 인물은 기능상 그들이 보여줘야 할 역할만으로 규정된다.[15]

프로프는 31개의 기능들을 행하는 7가지 행위영역들을 찾아냈다. 이는 7가지의 인물유형이라고 할 수 있으며, 또한 7개의 행위소라고 볼 수 있다. 프로프가 제시한 7가지 인물들 유형은 다음과 같다. ① 악당(그림자, 적대자), ② 증여자(제공자, 스승) ③ 협

14 크리스토퍼 보글러·데이비드 맥케너, 함춘성 역, 앞의 책, pp.139-145.
15 크리스토퍼 보글러·데이비드 맥케너, 함춘성 역, 앞의 책, p.216.

력자, ④ 공주/왕(도움 요청자, 임무부여자), ⑤ 파견자(사자, 전령자), ⑥ 영웅, ⑦ 가짜 영웅 등이다.[16][17]

이상의 인물 유형들은 민담에서 등장하는 인물들의 행위영역이라고 할 수 있다. 7개의 행위영역을 서술하면 이렇다. '영웅은 누군가로부터 도움을 요청받고 사건에 개입한다. 직접 악당을 처벌할 수 없는 상황에 처한 제공자(donor)는 사자(使者)를 보내어 영웅을 돕도록 한다. 영웅은 계속되는 시험과 고난을 극복하면서, 예전과 다른 능력이나 지혜를 얻게 된다. 영웅은 새롭게 얻은 능력으로 악당을 어려움에 빠트려 사건을 해결한 듯 보이나, 다시 악당의 공격을 받는다. 문제의 해결을 위해 영웅은 제공자에게 도움을 요청하지만 제공자는 이미 죽었거나 능력이 없어진 상태이다. 결국 영웅은 혼자의 힘으로 악당을 처벌한다.'[18]

프로프가 제시한 러시아 민담에서의 스토리 전개 유형은 조셉 캠벨이 그리스 로마 신화들을 연구하고 제시한 영웅의 여정에서 스토리 전개와 같다. 그리고 앞에서 설명한 33포인트의 스토리 전개와도 유사하다.

4. 캐릭터 Character

필자는 프로프와 캠벨이 제시한 인물 유형에 현대적 인물들을 더해서 가능한 캐릭터들을 다음과 같이 제시한다.

① 영웅(프로타고니스트), ② 악당(안타고니스트), ③ 적대자, ④ 경쟁자, ⑤ 협력자, ⑥ 멘토, ⑦ 전령, ⑧ 공여자, ⑨ 변신자, ⑩ 희생자, ⑪ 수문장, ⑫ 훼방꾼, ⑬ 익살꾼, ⑭ 팜므/옴므 파탈, ⑮ 공주/왕자, ⑯ 마더/파더, ⑰ 가짜 영웅 등이다.

여기서 순서는 무의미하고, 스토리에 따라 없는 캐릭터가 있을 수도 있다. 영웅과 악당을 빼고는 하나의 등장인물이 여러 캐릭터를 소화할 수 있고, 하나의 캐릭터를 여러 인물이 해낼 수도 있다. 영웅과 악당도 서로의 역할 교환은 불가능하지만 익살꾼이나 마

16 임재철, 대중 영화의 이해, 1994, p.104.
17 크리스토퍼 보글러 · 데이비드 맥케너, 함춘성 역, 앞의 책, pp.216－218.
18 김운찬, 현대기호학과 문화분석, 중문출판사, 2014. p.120.

더, 공여자, 멘토 등의 기능을 겸할 수는 있다.

캐릭터(character)는 캐스트(Cast)와는 전혀 다른 의미이다. 캐스트는 등장인물로서 단순히 스토리에 나오는 인물이다. 특정 배우가 그 역할을 행한다. 즉 캐스트는 스토리상에 등장하는 인물들의 이름이고, 이들이 현실계에서 수행하는 역할이다. 캐릭터는 등장인물이 스토리에서 담당하는 성격이다. 캐릭터(성격)는 스토리에서 인물이 맡고 있는 기능(function) 또는 임무라고 할 수 있다. 캐릭터는 캐스트가 스토리에서 수행하는 인물의 성격유형이자 개성이다. 캐릭터가 맡은 바 임무를 충실히 하고, 기능을 원활하게 해낼 때 스토리는 빛이 나게 된다. 캐릭터는 배우를 섭외하고 결정하기 전에, 의상을 다지인하기 전에, 배우의 동선을 정하기 전에 미리 만들어지는 근원적인 것이다. 이야기 이전의 상태에서 캐릭터는 만들어진다.[19]

① 영웅; Protagonist

영웅(Hero, 英雄)은 원래 인도·유럽어족의 어근 'ser'(지켜주다, 보호하다)에서 파생되었다고 한다. 즉 영웅이라는 단어는 여성 내지 어린이를 지켜주는 남성 보호자를 뜻한다. 스토리에서의 영웅은 양떼를 보호하고 돌보기 위해 자신을 희생할 수 있는 양치기처럼 타인을 위해 자기의 이익을 희생할 줄 아는 자다.[20] 영화에서는 영웅은 이러한 역할에서 더 나아가 스토리의 중심인물로서 모든 사건이 영웅을 위해서 존재한다. 조셉 캠벨에 의하면 영웅은 보통사람의 성취와 경험의 범주를 넘어서는 것을 발견하거나 이루어낸 사람이다. 그러한 과정에서 영웅은 자기 삶을 자기보다 큰 것에 바친 사람을 일컫는다.[21]

영웅은 사회의 존경을 받기도 하고 무시당하거나 경멸을 당하기도 한다. 영웅 혹은 그가 속한 세계는 상징적인 어떤 장애로 고통을 받는다. 영웅은 이를 타파하기 위하여 모험을 떠난다. 그리고 자신의 고통을 치유하고, 세상을 구할 수단을 가지고 귀환한다. 소영웅은 자신 또는 자신과 가까운 가족을 구하지만, 대영웅은 세상과 사람들을 구원한다. 어떤 영웅이든 행장(行狀)과 모험의 과정은 크게 다르지 않다.[22]

스토리에서 영웅은 중심 캐릭터이며 프로타고니스트이다. 프로이트의 견해에 의하

19 크리스토퍼 보글러·데이비드 맥케너, 함춘성 역, 앞의 책, p.129.
20 크리스토퍼 보글러, 함춘성 역, 앞의 책, p.67.
21 조셉 캠벨·빌 모이어스, 이윤기 역, 앞의 책, p.229.
22 조셉 캠벨, 이윤기 역, 앞의 책, pp.40－41.

면 영웅은 애초에 에고(ego) 덩어리다. 영웅의 여정은 대개 가족 또는 부족의 집단에게서 분리되는 것으로 스토리가 전개된다. 이는 유아가 엄마에게서 분리될 때 경험하는 느낌과 상응한다. 그러므로 영웅의 원형은 정체성과 완전함을 찾아 헤매는 에고를 표상한다. 우리 인간은 완전한 전일적 존재가 되어가는 과정에서 자신 안에 존재하는 수호자, 괴물, 조력자를 대면하게 된다. 우리는 정신을 탐험하는 과정에서 우리 자신의 인격과 캐릭터의 한 단면인 선생, 인도자, 악령, 신, 단짝, 하인, 희생양, 스승, 유혹자, 배신자, 동료 등을 만난다. 영웅에게 스쳐지나가는 인물들 모두는 영웅 자신의 내면에서 찾을 수 있다. 인간은 성공적인 인생을 살기 위해서, 스토리에서의 영웅 역시 더 큰 자기(self)가 되기 위해서는, 자기 내면의 다양한 면면들을 자신과 분리된 개별적인 타자로 치부하는 에고(ego)가 이러한 특질들을 통합해야 한다.[23]

영화텍스트에서 관객은 영웅을 통해 스토리를 들여다보게 된다. 관객은 드라마 시작 단계에서부터 영웅과 동일화를 이루어 영웅의 눈으로 스토리의 세계를 바라본다. 작가는 영웅에게 보편적인 특성과 남과 다른 유일무이한 특성을 뒤섞고 여러 특질을 배합함으로써 그러한 작업을 성취한다.[24]

영웅은 자발적인 영웅과 비자발적 영웅이 있을 수 있다. 자발적 영웅은 처한 환경을 개선하고자 스스로 나서는 영웅이다. 비자발적 영웅은 주위 환경으로부터 떼밀려서 영웅의 길을 걷게 되는 인물이다. 반(反)영웅 캐릭터도 존재한다. 반영웅이라 함은 영웅적 기질과 행동을 통하여 화려하게 주목을 받는 영웅이 아니라는 뜻이다. 반영웅에는 두 가지 유형이 있다. 하나는 상처입은 영웅이다. 어떤 연유에선지 사회로부터 스스로를 격리하거나, 사회에 의해 거부된 영웅이다. 주류사회로부터 추방된 고독한 영웅이다. 주류사회가 부조리하거나 부패하였기 때문에 그에 어울리지 못하고 실망하여 자의반 타의반 그 조직 또는 사회를 떠난 반항아이다. 두 번째 유형은 비극적 영웅이다. 내부의 악을 극복하지 못하고 그것 때문에 좌절하고 파멸하고 만다. 비극적 영웅은 나름대로 매력적이고 존경받을 만하지만 어떤 결함을 가지고 있다. '신의 영광을 위해 이 길을 가리라.'는 식으로 행동한다. 관객은 그릇된 결정인 줄 뻔히 알면서도 무모한 행동을 결행하는 영웅이 파멸하는 과정을 지켜볼 뿐이다. 또한 촉매역할을 하는 영웅도 존재한다. 영웅답게 행동

23 크리스토퍼 보글러, 함춘성 역, 앞의 책, pp.67-68.
24 크리스토퍼 보글러, 함춘성 역, 앞의 책, p.68.

은 하지만 정작 자신은 변하지 않고 주변 인물들이 변하게끔 유도하고 영향을 미치는 존재이다. 촉매영웅은 근본적으로 타인을 돕고 그들이 성장하도록 인도한다.[25]

포스트모더니즘의 영웅은 모더니즘 시대의 영웅에 비해 영웅이라고 할 수 없을 정도로 빈약하다. 고전적 영웅처럼 행동하지도 않고, 사회적 정의와 평화를 외치지도 않는다. 그의 바람은 공공의 선도 아니고 소시민적 삶의 개인적 이익을 추구할 뿐이다. 심지어 공적으로 지탄받는 일을 할 수도 있다. 그러나 그런 영웅이 궁극적으로 행하고 도달한 세상은 역시 정의와 평화, 공정한 세상이다. 다만 그러한 성과가 화려하고 거대하게 세상의 이목을 받는 게 아니고, 작으나마 공평한 세상에 일익을 담당하는 것들이다.

② 악당: Antagonist

악당(惡黨)은 주적(主敵)이며 영웅의 대척점에 서는 또 다른 주인공이다. 즉 악당은 영웅의 그림자이다. 그림자는 우리 내면세계의 억눌린 괴물이 사는 곳으로서, 어둡고 표출되지 못한 채 거부당한 에너지를 표현한다. 그림자는 마음에 들지 않는 자신의 모든 것, 자신도 용인할 수 없는 우울한 일체의 비밀스런 부분이다.[26] 우리가 버리려고 노력했거나 끊어버렸던 특질들이 여전히 내부 깊숙이 숨어 있다가 무의식의 기저에서 작용한다. 그림자는 어떤 이유로 가려있거나 거부당했던 부정적 특질이 어떤 기화로 표출될 때 나타난다. 이러한 그림자가 스토리에서 악당, 적대자의 캐릭터에 투사되면서 영향을 발휘하게 된다. 악당은 영웅을 파괴하거나 죽음에 이르게 하기 위해 목숨까지 거는 안타고니스트(Antagonist)이다.

우리는 세상에 보여주는 외면, 우리 자신 중에서 다른 사람들에게 드러내는 부분을 페르소나라고 한다. 페르소나는 우리가 세상을 향해서 감추는 부분을 감싸주는 의상이다.[27] 칼 융에 의하면 우리들 자신은 원초적인 이중성 속에서 타인에게 보여주는 면과 그 이면의 감추는 부분으로 구조화 되어있다. 이중성은 이항대립적인 구조로 서로 대항하거나 결합할 때, 완전한 의미를 갖는 상호보완적 존재이다.[28] 우리의 육체는 빛속에서 항상 그림자를 끌고가듯이, 우리의 자아는 의식의 빛 속에 그림자를 끌고 다닌다. 그림자는 제

---

25 크리스토퍼 보글러, 함춘성 역, 앞의 책, pp.73-77.
26 크리스토퍼 보글러, 함춘성 역, 앞의 책, p.105.
27 윌리엄 인딕, 유지나 역, 역, 앞의 책, p.178.
28 음과 양, 여성 남성, 빛과 어둠 등.

2의 자아(alter ego)이며, 무의식적 자아의 흐릿한 반영이다. 그림자는 늘 우리 자신과 함께 하지만 알아차리지 못하는 어두운 측면이다. 그림자는 페르소나의 이면에 숨겨진 존재이다.[29]

악당을 이야기할 때는 항상 영웅을 고려해야 한다. 악당 홀로의 존재는 무의미하다. 물론 영웅도 마찬가지지만 악당과 영웅은 서로 상대가 있어야 존재 의미가 드러난다. 그래서 영웅과 악당은 빛과 그림자라고 한다. 영웅은 자아의 빛이 쪼이는 부분에 존재하는 자기이다. 그러므로 밝고 희망차고 정의롭고 공개적이다. 반대로 악당은 자아에서 빛이 쪼이는 반대쪽이다. 빛의 반대쪽은 그림자가 지기 마련이다. 물론 빛이 없으면 그림자도 없기 마련이다. 따라서 영웅이 없으면 그림자도 없게 된다. 자아의 그림자는 빛의 영역 반대쪽에 있기 때문에 특질 또한 반대적이다. 어둡고 음침하며 불행하고 불공정하며 이기적이고 파괴적이다. 자아의 좋은 면이 영웅의 특질이라면, 그 반대이거나 상대적 요소가 악당을 이루는 특질이 된다.

③ 적대자

적대자(敵對者)는 영웅을 괴롭히는 자, 영웅이 맞서서 싸워야 하는 적이다. 주적(main enemy)은 악당이고, 적대자는 악당의 부하들이거나 악당보다 한 계급 아래의 악당이라고 할 수 있다. 적대자는 악당편일 수도 있고 독립적일 수도 있다. 영웅 입장에서는 당연히 악당편이 된다. 멜로드라마에서는 연적(戀敵)이 적대자가 된다. 영웅은 처음부터 악당을 상대하지는 않는다. 적대자와 악당의 조무래기 등을 상대하다가 중간점(P15.MP)에서 악당과 마주친다. 적대자는 악당만큼은 아니지만 영웅에게 치명상을 입히곤 한다.

④ 경쟁자

경쟁자(競爭者)는 영웅과 공을 두고 다투는 자이다. 영웅을 견제하는 자이기 때문에 적대자와 구분이 안 갈 수도 있다. 적대자는 영웅의 반대편에서 영웅을 죽이려 한다면, 경쟁자는 영웅과 같은 편에서 공통 목표를 향해 가는 경쟁관계이다. 경쟁자와 영웅은 목표가 같지만 다만 동기와 목적이 다르고 추구하는 가치가 달라서 언젠가는 대립할 수밖에 없는 운명이다. 경쟁자가 변심하여 악당편에 가서 영웅을 괴롭히면 변신자(배신자)가

---

29 윌리엄 인딕, 유지나 역, 앞의 책, p.180.

된다. 반대로 적대자가 악당을 배신하고 영웅편에 와서 도와주면 친신자(변신자)가 된다.

⑤ 협력자

영웅의 조력자로 동지이자 친구이다. 영웅이 여정에서 함께 하는 동반자 캐릭터이다. 모든 스토리텔링에는 영웅의 단짝이 있다. 그는 영웅의 동행자로서, 싸우기도 하고, 충고와 경고를 하고, 논쟁상대이며, 양심을 대변하기도 하고, 심부름 역할도 한다.[30]

영웅의 협력자가 있으면 악당의 협력자도 존재한다. 영웅의 협력자는 영웅편이고, 악당의 조력자는 악당의 부하들로서 영웅을 괴롭힌다. 악당의 부하들 중에서 조무래기들이 있는 반면에 악당만큼 강력한 부하도 있기 마련이다. 그런 부하는 언젠가는 악당을 꺾고 적의 우두머리가 되어 영웅에게 도전할 것이다.

⑥ 멘토

멘토(Mentor)는 영웅의 스승이다. 멘토는 〈오디세이아〉에 나오는 인물로서 오디세우스의 아들 텔레마코스를 훈육하기 위해 아테나가 현신한 인물이다. 멘토는 신의 음성으로 이야기하거나 신령한 영험의 지혜를 받아 행동한다. 영웅에게 판단의 결정적 단서를 제공하거나 지혜를 주어서 영웅이 결단을 내리는 데 도움을 준다. 때로는 신의 소명을 영웅에게 전달하는 전령 역할을 하기도 한다.

멘토는 우리 안에 존재하는 신적 영역이자 퍼스낼러티의 단면을 표상한다. 이러한 높은 수준의 자아는 좀 더 현명하고 고상하며 우리 안에 있는 것 중에서 신의 품성에 가까운 부분이다. 영웅이 닮고 싶어 하는 모습이며, 일찍이 시험을 통과한 이전의 영웅이며, 지식과 지혜의 꾸러미를 전수해주는 은사(恩師)의 이미지를 표상한다. 멘토는 동양에서는 현로(賢老)이며 정신적 스승이다. 영웅에게 비법을 전수하고 보호하며 재능을 부여한다.[31]

멘토는 영웅에게 무술을 가르치고 비법을 전수하여 영웅을 혹독하고 강하게 키운다. 마침내 영웅이 악당을 상대할 만큼 성장했을 때, 상대할 목표(사람 또는 대상)를 알려주며 하산(下山)하라고 한다. 영웅은 물리적으로 성장하는 것뿐 아니라 정신적으로도 성숙하

30 크리스토퍼 보글러, 함춘성 역, 앞의 책, p.110.
31 크리스토퍼 보글러, 함춘성 역, 앞의 책, pp.79－80.

다. 스승은 영웅의 의식을 바꾸거나 의지를 다잡게 한다. 멘토가 영웅의 마음을 강하게 다져놓아야 자신감을 갖고 시련을 극복할 수 있다.[32]

⑦ 전령

소명을 나르는 자이다. 영웅에게 하늘의 명령을 전달하고, 임무를 알려주는 캐릭터이다. 전령은 영웅에게 도전을 종용하고 중대한 변화가 도래할 것임을 알려주며, 스토리를 굴러가게 한다. 관객은 전령을 통해서 영웅에게 모험과 변화가 다가오고 있음을 알아챈다. 전령은 친영웅적이거나 반영웅적 또는 중도적 인물일 수 있다. 고대 신화에는 신의 계시나 메시지를 전하는 전령이 등장하기 마련이다. 성경에서 마리아께 수태고지를 하는 가브리엘 천사는 전형적인 전령이다.

전령은 사람일 수도 있고, 어떤 힘일 수도 있다. 전령은 현 상태를 변화시킬 새로운 에너지에 대한 소식을 영웅에게 가져다주는 도구이다. 그것은 한 통의 전화나 메시지일 수도 있고, 태풍이나 지진의 전조일 수도 있다. 꿈이나 계시같이 비물질적인 것일 수도 있다.[33]

영웅은 전령으로부터 전해들은 소명을 받을 것인지 거부할 것인지 고민하게 된다. 스토리 초반부에 영웅은 그럭저럭 자신의 삶을 꾸려가는데, 전령으로부터 받은 소명이 평범한 삶에 끼어들어 영웅에게 새로운 결단을 요구하게 된다.

⑧ 공여자

공여자(供與者)는 영웅에게 전권(全權)을 부여하는 자이다. 영웅에게 어떤 권한을 부여하던지 능력·금전·권한 등을 제공하는 역할이다.

전권 공여자 원형은 영웅이 소명을 받고 모험을 떠나 임무를 완성할 수 있도록 권한과 권능을 부여해주는 캐릭터이다. 경우에 따라서 멘토가 이 일을 행할 수도 있고, 공여자가 전령 역할을 겸할 수도 있다.

보통 공여자가 영웅에게 무언가를 줄 때는 초자연적이고 신통력 있는 물건이나 확고한 신념 등이다. 알라딘은 날으는 양탄자의 도움을 받고, 아서왕은 엑스칼리버를 얻으

---

32 크리스토퍼 보글러, 함춘성 역, 앞의 책, p.167.
33 크리스토퍼 보글러, 함춘성 역, 앞의 책, pp.94-96.

며, 스타워즈의 루크에게는 광선검이 제공된다.[34]

⑨ 변신자

변신자는 수시로 변화된 모습으로 등장하여 영웅을 헷갈리게 하고 잘못된 곳으로 이끌어 간다. 영웅은 변신자재자의 실체를 망각한 채 필요에 따라 변신하는 모습에 현혹되어 현명한 판단을 못하고 말려들게 된다. 간에 붙었다 쓸개에 붙었다 하는 인물유형이다. 영웅편에서 악당편으로 변신하면 배신자(背信者)이지만, 악당편에서 영웅편으로 오면 친신자(親信者)라고 할 수 있다.

인간은 대부분 어느 시점에서 타인에게 두 얼굴로 보일 때가 있다. 얌전하기만 하던 사람이 일정 분노를 일으키면 짐승처럼 변할 수 있다. 변신자는 스토리에 의심과 불확실성을 심어놓는다.[35]

조셉 캠벨은 변신자재자(變身自在者)의 원형을 신화 속에서 설명하고 있다. 진실만 말하는 해신(海神) 프로테우스(Proteus)는 '땅을 기는 모든 생물, 물속에 사는 모든 생물, 심지어는 타오르는 불꽃에도 말을 시킬 수 있고, 그와 똑같이 변신할 수 있다.'[36]고 한다. 프로테우스야 말로 변신자의 전형이다. 사실 캠벨이 변신자재자 또는 형태변환자(The Shapeshifter)라고 말한 캐릭터는 여기서 말하는 변신자와는 조금 다르다. 중요한 캐릭터는 어떤 의미에서 모두 형태변환자라고 할 수 있다. 캐릭터는 이야기가 진행되면서 필수적으로 발전하고 변해야 하기 때문이다.[37]

⑩ 희생자

희생자(犧牲者)는 영웅의 목적 달성 과정에서 희생되는 자이다. 영웅 대신 죽거나 악당에게 바쳐지는 희생제물이다. 협조자 중에서 또는 멘토가 희생이 되기도 한다. 보통 영웅과 같은 편에서, 가족 동료 연인들이 희생자가 된다. 희생은 목숨을 바치는 것뿐만 아니라, 핍박받거나 고립되거나 하는 등의 비정상적 처우도 포함된다.

대개의 스토리에는 희생자가 있기 마련이다. 희생자(Helpeer)는 악당에게 제물로 받

34 윌리엄 인딕, 유지나 역, 앞의 책, p.225.
35 크리스토퍼 보글러, 함춘성 역, 앞의 책, p.101.
36 조셉 캠벨, 이운기 역, 앞의 책, p.170.
37 윌리엄 인딕, 유지나 역, 앞의 책, p.196.

쳐졌다가 영웅의 활약으로 구출되거나, 납치되어 영웅으로부터 구출되기를 기다리는 존재도 있다. 성의 망루에 갇힌 공주나, 시름시름 앓는 공주는 희생자 캐릭터다.

⑪ 수문장

수문장(守門將)은 영웅의 여정의 길목에서 진로를 방해하는 자이다. 영웅이 새로운 세계로 들어갈 때, 관문에서 문지기(gate keeper)로 나타나 통과를 가로막는 캐릭터이다.

영웅은 여정 중에 새롭고 낯선 세계 속으로 두 번 들어간다. 제1막에서 제2막의 세계로 들어갈 때, 그리고 영웅이 임무를 끝내고 전리품을 가지고 귀환하는 세계에서 두 번의 관문을 통과해야 한다. 이때마다 영웅 앞에 문지기가 나타나 시비를 걸거나 위협을 가하고, 실제로 싸움을 걸어온다.

영웅이 수문장을 꺾고 관문을 통과할 때 수문장은 협력자로 변신할 수도 있다. 수문장은 악당편이거나 적대자가 아니고 중립적인 입장에서 영웅의 의지나 기량을 시험하기 위하여 존재할 수도 있다. 멘토가 가면을 쓰고 수문장 역할을 하기도 한다.[38]

⑫ 훼방꾼

훼방꾼은 영웅의 임무를 방해하는 자이다. 악당이나 적대자 축에는 못들지만 은근히 영웅을 괴롭히며 목적 달성을 방해하는 자이다. 보통 우군에서 훼방꾼이 발생한다. 그는 자신의 잘못을 깨닫고 영웅을 돕기도 한다. 그러므로 훼방꾼은 변신자의 일종일 수도 있다.

⑬ 익살꾼

익살꾼은 어릿광대이자 코믹 조력자이다. 익살꾼 또는 장난꾸러기 원형은 장난을 치면서 긴장을 해소하고 스토리의 흐름을 원만하게 하는 광대나 희극적 성격의 캐릭터이다. 스토리에서 건강한 웃음을 선사하고 영웅의 위선도 지적하며, 상황의 부조리나 모순에 주의를 기울임으로써 건강한 변화와 완전한 인격상의 변모를 이끌어낸다. 악의 없는 장난을 치고 싶어 견딜 수 없는 에너지와 변화에 대한 욕망을 구현한다. 동화에서는 장난꾸러기 자신이 영웅이 되기도 한다. 장난꾸러기는 정작 자신은 변하지 않으면서 타인

38 크리스토퍼 보글러, 함춘성 역, 앞의 책, p.90.

의 삶에 영향을 미치는 촉매캐릭터가 되는 경우가 많다.[39]

⑭ 공주/왕자

공주와 왕자는 왕궁에서 어려움 없이 자라서 세상 물정을 모르는 캐릭터이다. 따라서 세상과 부딪칠 때 말썽이 날 수밖에 없다. 왕과 왕비의 사랑을 독차지한 나머지 말썽을 부리고 주변 사람들과 마찰을 일으킨다. 그들이 일으킨 문제를 영웅이 해결해야만 하는 과제다. 보통의 공주와 왕자는 영웅에게 구조 구원 구출을 기다리는 희생자인 경우가 많다. 일반적으로 공주병과 왕자병이 걸린 캐릭터들이다.

⑮ 마더/파더

마더와 파더는 모성애와 부성애를 불러일으키고 그런 역할을 하는 캐릭터이다. 흠결 많은 영웅을 따뜻하게 감싸 안는 자이다. 멘토가 겸할 수도 있고 협력자 중에서 역할을 하기도 한다. 어쨌든 마더와 파더는 영웅이 기댈 수 있는 중요한 영웅편이다. 반대로 악당편에도 악당의 마더와 파더는 존재한다. 따라서 악당 때문에 나쁜 짓은 하지만, 모성과 부성 입장에서는 비난하기 힘든 캐릭터가 된다.

⑯ 팜므파탈/옴므파탈

영웅을 낭패로 이끄는 자들이다. 변신자의 특별한 유형이다. 영웅을 파멸로 이끌 만큼 매력적이고 파괴적이어서 악당 반열에 오른 캐릭터들이다.

남성적 자기(The self)는 그 속에 여성적 원형(Anima)을 가지고 있고, 여성은 심리 속에 남성적 원형(Animus)을 가지고 있다고 한다. 이 말은 융이 심리학에서 이항분포적 대립항으로 개념을 설명하고 있고, 조셉 캠벨의 신화 속 캐릭터들이 페르소나와 그림자를 동시에 가지고 있다는 것을 상기할 때 틀린 말이 아니다. 그러므로 영웅은 여정 속에서 또 다른 그림자인 아니마를 만나고 통합되어야 한다. 아니마는 모성의 원형인 '마더'와는 다르다. 마더는 성스러우며 무성적(asexual)이다. 어머니는 사랑을 주는 것이라면, 아니마는 성적이거나 낭만적인 사랑을 제공한다. 전통적인 영웅담에서 '곤경에 빠진 여성'으로 등장해 영웅이 구출해야 하는 인물이다. 영화텍스트에서 아니마의 그림자가 팜므파탈이

39 크리스토퍼 보글러, 함춘성 역, 앞의 책, pp.116－118.

다. 어둠의 아니마인 그녀는 순수한 사랑보다 성적인 사랑을 제공한다. 영웅을 유혹하여 위험에 빠트린다. 거짓 아니마인 팜므파탈은 영웅을 애정문제로 꾀어내는 요부(vamp)이다. 반대로 남성적 속성을 재현하는 아니무스는 여성영웅 영화에서 아니마의 기능이 변용되는 형태이다.40

⑰ 가짜 영웅

영웅인 듯 행세하면서 영웅의 공과를 가로채려는 자이다. 가짜 영웅은 영웅과 동행하면서 영웅을 도와주고 결정적 순간에 배신한다거나 또는 영웅이 죽은 줄 알고 영웅 행세를 하는 캐릭터이다. 보글러는 이를 '허위 청구자'라고 하였다. 허위청구자는 영웅행세를 하면서 공여자에게 영웅의 권리(채권)를 요구한다. 결국 영웅의 귀환으로 그의 욕망은 물거품으로 끝나지만, 사람들은 한때나마 그를 진짜 영웅으로 착각하게 된다. 변신자를 겸할 수도 있다. 협력자나 경쟁자 중에서 나오기도 한다.

이상은 스토리에서 등장할 수 있는 캐릭터들을 종합해본 것이다. 이 밖에도 캐릭터를 얼마든지 창조해낼 수 있을 것이다. 물론 영화 텍스트에 이 모든 캐릭터가 다 등장하는 것은 아니다. 중요 캐릭터는 반드시 존재하지만 그 외는 스토리의 구조에 따라서 특히 장르에 따라 나오지 않는 캐릭터들이 많을 것이다.

40 윌리엄 인딕, 유지나 역, 앞의 책, pp.190－193.

PART

04

통합체분석 종합 사례

IX. <타이타닉, 1997>

1. 영화소개, 장르와 플롯

상영시간 187분, 제작비 2억 달러, 파라마운트와 20세기폭스 두 메이저 스튜디오에서 공동제작한 〈타이타닉, 1997〉은 대작답게 최고의 제작비와 최고 흥행이라는 기록을 가지고 있다. 영화는 1912년 4월 14일 저녁 인도양에서 실제로 있었던 최대의 해난사고를 소재로 한다. 이를 소재로 85년간 책 다큐멘터리 영화 연극 뮤지컬 등의 장르에서 수많은 텍스트가 만들어졌다. 그리고 그 대미를 장식하며 방점을 찍은 것이 제임스 카메론 감독의 〈타이타닉〉이다.

이 영화에 대해 비평가들은 암울한 예측을 쏟아내었다. 첫째, 관객들은 이미 그 스토리가 어떻게 끝나는지를 뻔히 알고 있는 비극이라는 사실이다. 사람들은 호화로운 최대의 여객선에서 춤을 추다가 바다에 빠져 1,500여 명이 죽었다. 그 다음 무슨 일이 일어날지 전혀 알 수 없는 드라마의 기본적인 문제가 결여되어 있다는 점이다. 둘째, 제1차 세계대전 직전의 우울한 시기를 배경으로 하는 시대물이고, 시대물은 비용이 많이 들고, 현대의 관객들이 관심을 두지 않아 인기가 없을 것이라는 점이다. 셋째, 카메론 감독이 이 재난영화를 멜로드라마로 만들었지만, 빙산과 충돌하기까지 1시간 30분 동안이나 관객은 사랑이야기를 인내하며 봐야 한다는 점이다. 넷째, 런닝타임이 길어 극장주들이 싫어한다는 사실이다. 다섯째, 당시로서는 빅스타라고 할 수 없는 배우들을 주인공으로 기용했다는 점이다. 게다가 해외배급권을 갖는 조건으로 많은 비용을 투자한 20세기폭스는 한 가지 걱정이 더 있었다. 타이타닉 스토리는 유럽에서는 매혹적인 소재이긴 하지만, 아시아권에서는 그렇지 않다는 점이다. 외국의 젊은이들이 오래전의 난파선에서 벌어진 시대극을 보러 극장에 올 것인가에 자신이 없었다는 점이다.[1]

이러한 모든 난관을 뚫고 제임스 카메룬은 〈타이타닉〉을 최고의 영화로 만드는 데 성공하였다. 전 세계에서 관객들은 극장으로 몰려들었고, 박스 오피스에서 16주 이상 1위를 차지하였다. 엄청난 제작비는 두 달 만에 회수하였고, 두 제작사는 막대한 수익을 올렸다. 아카데미 시상식에서 작품상, 감독상을 비롯하여 촬영상, 편집상, 미술상, 의상상, 음악상, 주제가상, 음향편집상, 음향믹싱상, 시각효과상 등 11개 부문을 휩쓸었다. OST 등 다른 부가수입도 굉장했다.

그렇다면 도대체 이 영화는 어떤 이유에서 수많은 난제를 극복하고 그러한 기록들을 낳을 수 있었을까? 그것은 오직 영화 〈타이타닉〉만이 답할 수 있을 것이다. 〈타이타닉〉이 어떤 영화인지, 어떻게 만들어졌는지 그 영화의 해부를 통해 답을 대신하고자 한다.

먼저 〈타이타닉〉은 멜로드라마이면서 실제 있었던 재난을 소재로 하는 영화이다. 메인플롯은 로즈와 잭의 이루어질 수 없는 사랑이다. 또한 보통의 멜로드라마처럼 로즈와 잭 그리고 칼의 삼각관계가 긴장을 유발하는 기본 축이다. 서브플롯은 타이타닉호와 빙산이라는 인공물과 자연물의 대립이다. 이 두 스토리가 주요 배경이다. 단순하다. 후자는 주로 디제시스(diegesis)적이지 스토리 표면에 나오지 않는다. 대서양을 최고 속도로 달려서, 런던과 뉴욕을 가장 빨리 주파하는 신기록을 향해 달려가는 세계 첨단의 배와 이를 방해하는 북극의 유빙이다. 영화의 규모로 봐서 서브플롯이 더 있을 만도 한데 아니다. 나머지 등장인물들은 서브플롯에 이르지 못하고 모두 엑스트라에 멈췄다. 그만큼 이 영화가 남녀 두 주인공의 러브스토리에 집중했다는 것이다. 물론 난파선을 탐색하는 탐험대 스토리와 대장 브룩과 손녀 리지의 러브라인도 서브플롯이라고 할 수 있지만, 플롯의 기본 요건인 문제제기, 갈등, 해결의 구조를 결여하고 있어서 서브플롯이 될 수 없고, 중요한 등장인물로서 구실을 충실히 했다고 평가한다. 그리고 현재 할머니가 된 로즈는 과

1 린다 카우길, 이문원 역, 앞의 책, p.295.

거의 젊은 로즈의 연장이기 때문에 굳이 별도의 서브플롯으로 뺄 필요는 없다. 다만 탐험대 스토리는 설정과 해결이라는 플롯의 요건을 갖추기는 했지만, 전개부분에서 특히 갈등이 미약하고 주체의 상대역이 특정되지 않았다는 점에서 역시 서브플롯에서 제외하였다.

2. 캐릭터

〈타이타닉〉의 프로타고니스트이자 영웅은 로즈이다. 그리고 안타고니스트는 잭이다. 잭은 멜로드라마 주인공 로즈의 상대역이다. 따라서 잭이 악당이 된다. 적대자는 칼 호글리이다. 혹자는 칼이 악당이라고 할 수 있겠으나, 필자가 정의한 캐릭터의 개념으로는 칼이 러브라인의 삼각관계에서 두 점의 상대적인 한 꼭짓점을 차지하는 적대자일 뿐이다. 당연히 삼각관계에서는 악당 노릇을 할 것이다. 그 밖에 악당 부하이자 훼방꾼인 러브조이, 로즈의 멘토이면서 훼방꾼인 루스(로즈 모친), 잭의 협조자이자 마더 기능을 하는 몰리 부인이 존재하지만 미미한 역할들이다. 이 영화에는 규모만큼 수많은 인물들이 등장하지만 모두 엑스트라들일 뿐이고 이름 없는 사람들이다. 그만큼 캐릭터에서도 두 주인공 로즈와 잭에게 집중하였다는 점을 엿볼 수 있다. 결국 이 영화는 멜로드라마이지 재난영화가 아니라는 점이다.

3. 서사단위

(1) 막

① 제1막

〈타이타닉〉의 제1막은 영화시작부터 로즈와 잭의 첫 만남이 끝나고 로즈가 선실로 드러가면서 끝난다(45;26). 러브조이는 잭을 의심한다. 제1막이 총 영화길이(187분)의 약 24.5% 지점에서 끝난다. 45분간 지속되는 1막은 제3막구조에서 각 막에 할애되는 25% 룰을 지키고 있다. 제2막은 컷 전환으로 이어진다.

제1막은 〈타이타닉〉의 스토리에서 설정임무에 충실하다. 중요 캐릭터가 소개되고, 메인플롯과 중심갈등, 서브플롯의 문제가 제시된다.

② 제2막

제2막은 (139;33)에 끝난다. 로즈와 잭이 포옹하는 장면을 지켜보는 칼은 울상이지만, 러브조이가 끌고가자 떨어지지 않는 발길을 돌린다. 연인이 연적과 도망갔음은 물론 다이아몬드도 함께 사라져버렸다. 여기까지가 총 187분의 런닝타임 중에서 3/4, 약 74%인 139분이 지났다. 제2막은 94분간 이어지며 3막구조의 시간 배분(75%)을 지키고 있다.

영화의 전개부분이다. 연인들은 시험을 당하고, 이를 극복하자 멋진 선물이 안겨진다. 그러나 애정의 삼각관계에서 분노하는 자는 있는 법이다. 더구나 그가 모든 것을 할 수 있는 돈을 가진 자라면 더욱 위험하다. 연인들은 생명까지 위협당하는 시련을 당하고, 사랑의 도피행각을 벌인다.

③ 제3막

제3막은 48분 동안 이어진다. 장장 187분에 걸친 대장정이 마무리 되고, 영웅의 한평생에 걸친 사랑의 모험은 끝이 난다. 비극이 비극으로 끝나는 게 아니다. 살아남은 로즈는 할머니가 되어 그때까지 고이 간직해오던 다이아몬드를 바다에 버림으로써 평생을 품어왔던, 아니 속박해온 사랑으로부터 해방된다. 그리고 축복 속에서 젊은 잭을 다시 만난다.

(2) 에피소드

Epi.①	타이타닉호에의 승선과 출항
로즈 일행과 잭이 타이타닉호에 승선하고, 배는 인간의 꿈과 오만, 욕망을 싣고 출항한다.	
Epi.②	자살시도와 이를 말리는 남자
로즈는 우울감에 자살을 시도하다가 잭에게 구조된다.	
Epi.③	불타는 사랑
로즈와 잭은 격정적 사랑을 나눈다.	
Epi.④	사랑의 침몰
배와 함께 사랑도 침몰한다. 칼은 잭을 감금한다.	
Epi.⑤	사랑의 도피
탈출하는 승객들 틈에서 로즈는 다시 배로 뛰어들고, 잭과 사랑의 도피를 한다. 침몰하는 배에서 연인	

이 갈 곳은?	
Epi.⑥	생과 사
잭과 로즈는 타이타닉과 함께 바다에 뛰어들어, 잭은 죽고 살아난 로즈는 구조된다.	
Epi.⑦	해방
현실의 할머니 로즈는 고이 간직하던 다이아몬드를 바다에 던져 사랑의 속박으로부터 해방된다. '대양의 심장'은 연인 잭에게 주는 제물이다. 할머니는 이제 눈을 감을 수 있다.	

(3) 시퀀스

Seq.①	오프닝 시퀀스
탐험선에 할머니 로즈가 도착해 과거를 들려준다.	
Seq.②	승선
정박 중인 타이타닉호에 로즈 일행과 잭이 승선한다.	
Seq.③	만남
타이타닉은 출항하고, 우울한 로즈와 할 일 없는 잭은 우연히 만나 묘한 감정이 싹튼다.	
Seq.④	사랑의 시험
둘은 사랑할 자격이 있는지 시험에 든다. 로즈는 거대한 다이아몬드의 유혹에 시험받고, 잭은 상류사회에의 신고식을 치른다.	
Seq.⑤	자유
따분한 자리를 박차고 나온 둘은 신나는 진짜 파티를 즐긴다.	
Seq.⑥	비상
배의 고물에서 위험한 비상을 하며 연인들은 시험을 통과한다.	
Seq.⑦	마지막 시험
로즈의 누드 데생을 그리면서 아슬아슬한 순간을 이겨낸 두 사람은 이제 순수하고 진정한 사랑을 할 자격을 얻었다.	
Seq.⑧	위험한 불장난
둘은 사랑의 도피 후 멋진 선물을 나누지만, 이것이 위험한 불장난인 줄 관객은 안다.	
Seq.⑨	빙산
우려가 현실로 나타나, 타이타닉이 빙산에 부딪힌다.	
Seq.⑩	SOS
타이타닉은 구조요청을 보내고, 배와 승객들의 사정은 암울하다.	
Seq.⑪	시련
연인에게 시련이 닥쳐, 잭은 감금되고 로즈는 따귀를 맞는다.	
Seq.⑫	탈출
로즈는 잭을 구하고 연인들은 죽음의 계곡에서 탈출한다.	
Seq.⑬	도피
타이타닉을 탈출하는 승객들 틈에서 로즈는 도로 배안으로 뛰어들어, 잭과 사랑의 도피를 하고, 칼은 이들을 쫓는다.	

Seq.⑭	침몰
타이타닉이 침몰하고, 도피중인 연인들도 함께 죽음의 수렁에 빠진다.	
Seq.⑮	생존
암흑의 바다에서 로즈는 잭과 이별하고 홀로 살아남는다.	
Seq.⑯	구조
로즈는 구조된다.	
Seq.⑰	생환
로즈는 구조선의 갑판에서 도슨 부인이 되고, 그녀의 주머니에는 다이아몬드가 들어있다.	
Seq.⑱	해방
현실의 할머니는 다이아몬드를 잭이 잠들어 있는 바다에 놓아준다. 이야기를 마친 할머니는 눈을 감고, 탐험도 종료된다.	
Seq.⑲	꿈 또는 사후세계
문이 열리고 타이타닉호의 중앙홀에서 로즈는 사랑의 결실을 맺는다. 이것이 꿈이어도 좋고 사후세계라도 상관없다. 어차피 인생은 일장춘몽일터.	

4. 33포인트

〈타이타닉〉은 대서양에 가라앉은 타아타닉 호를 탐색하는 현재의 탐사대와 침몰 당시 배의 특실에 타고 있었던 승객 할머니의 대화가 표면적인 줄거리다. 탐사대는 당시 특실의 금고에 있을 것으로 추정되는 보석 '대양의 심장'을 찾기 위해서 로봇을 침몰선으로 보내고, 이런 과정을 TV에서 보게 된 할머니가 현장에 있었던 장본인이라고 주장하며 탐사선에 오게 된다. 할머니가 탐사대원들에게 들려주는 회상장면이 본 영화의 주된 줄거리이다. 따라서 〈타이타닉〉 이야기는 꾸며낸 픽션이면서도, 앞뒤에 다큐멘터리 기법을 사용함으로써 실제 있었던 사실처럼 관객을 이끈다. 현재에서 할머니의 회상을 통해 자연스레 과거로 넘어가 본 이야기를 전개하다가, 잊을 때쯤에 현재의 할머니가 등장하여 할머니의 기억 속에 있는 아름답고도 슬픈 추억이라는 것을 일깨워준다. 후반부에 과거는 현재와 교묘히 얽혀 할머니의 과거가 결코 과거가 아니었음을, 현재도 진행중임을 보여준다.

〈타이타닉〉의 장르는 멜로드라마다. 재난 소재이긴 하지만 배경일 뿐이다. 멜로드라마의 경우에 프로타고니스트가 영웅이 되는 것은 당연하다. 그런데 악당역은 진짜 나쁜 놈이 아니라 멜로의 상대역이 안타고니스트가 된다. 그리고 두 연인들의 사랑을 방해하거나 삼각관계에서 사랑을 빼앗으려는 연적이 존재하게 마련이다. 이 연적에 해당하는 적대자가 영웅을 괴롭히는 역할을 한다. 따라서 프로타고니스트와 안타고니스트가 함께 대적하는 제3의 대상이 적대자이며 악당의 기능을 한다. 그러므로 멜로드라마에서는 각 포인트에서 프로타고니스트와 안타고니스트가 서로 치환하며 기능을 수행하는 경우가 종종 발생한다. 시험이나 시련의 포인트에서 영웅인 프로타고니스트가 겪어야 할 사건을 상대역인 안타고니스트가 대신 수행하는 일이 발생하기도 한다. 여기서 영웅은 로즈이고 상대역은 잭이다.

따라서 〈타이타닉〉을 분석하기 위해서는 전제를 염두에 두고 행해야 한다. 먼저 영웅인 로즈의 입장에서 이야기가 진행되며, 멜로드라마의 특성상 로즈의 기능을 잭이 대신하기도 한다는 점, 그리고 현재와 과거가 분리되지 않고 하나의 플롯을 구성한다는 점이다. 포인트가 점으로 이어져 두 개 나오는 것은 이 영화가 방대한 분량으로 그런 포인트를 한 개 이상 갖고 있기 때문이다.

P1.1. 오프닝 (0:45)

항구에 정박해서 출항을 준비하는 타이타닉호 모습과 승선하는 사람들, 배웅 나온 사람들의 군중 씬이 갈색 톤 다운으로 보여진다. 현재의 난파선 탐험에서 과거를 다큐멘터리처럼 보여주는 장치이다.

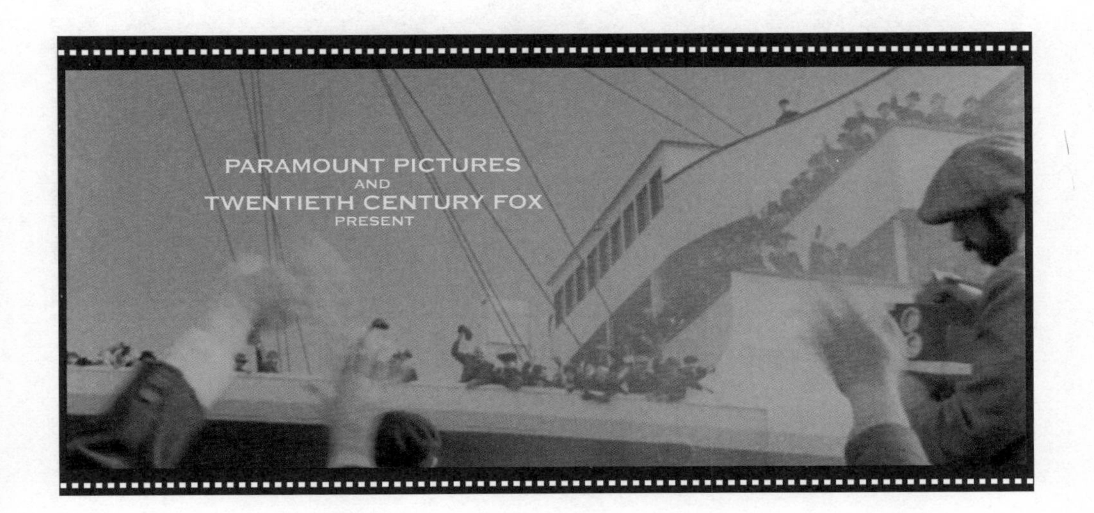

P1.2. 타이틀 (1;10); TITANIC

현재의 푸른 바다 물결이 너울치고 타이틀 나온다.

바닷속 탐사불빛, 탐사정이 바닷속을 유영하며, 가라앉은 타이타닉호를 탐사한다. 침실에서 금고를 건져 올린다. 금고에는 찾는 물건이 없다. 데생 그림이 나온다. 그 그림의 여인이 목에 걸고 있는 보석, '대양의 심장'이다. 그림의 주인공이라고 말하는 할머니가 탐사선으로 온다. 노인이 된 로즈는 실제로 경험한 자신의 기억을 들려준다. 그녀의 눈동자에서, 과거 타이타닉호의 화려했던 중앙홀 문이 열리면서(19;47), 노인은 84년 전의 이야기를 풀어놓는다.

여기까지가 오프닝이다. 대작답게 상당히 긴 오프닝 타임을 소비한다. 관객은 기다린 보람만큼 할머니의 이야기가 궁금해질 것이다.

P2.1. 일상 (21;03)

정박중인 타이타닉. 오프닝 끝나고 본격적인 이야기가 시작된다. 타아티닉 배는 이 영화의 서브플롯 주인공이다.

P2.2. 일상 (22;18)

항구에 막 도착해서 타이타닉을 바라보는 로즈와 칼, 모친 등 일행. 로즈는 이제 자신의 운명을 바꿀 타이타닉에 몸을 실어야 하는 순간이다.

P3.1. 인시던트1 (23;11)

로즈는 자신의 운명을 가를 타이타닉호에 승선한다. 멘토이자 로즈의 운명을 강권하고 있는 모친 루스가 앞장서고 있다. 로즈는 배를 타야만 하는 운명이다. 모친의 강압에 못이겨 미국의 갑부인 칼의 청혼을 받고 타이타닉을 타고 미국으로 가는 길이다.

현재의 오프닝이 길어서 인시던트가 늦게 나왔다. 그러나 할머니의 눈동자에서 과거로 들어가는 시간(19;47)부터 따지면, 즉 본격적인 이야기가 시작되고 3분 후에 인시던트가 나온 셈이다. 그리고 러닝타임을 비교하면 인시던트가 그리 늦게 나온 셈도 아니다. 앞으로 <타이타닉>이 33포인트 룰을 얼마나 충실히 따랐는지 확인하게 될 것이다.

P5. 멘토·수용

승선하는 로즈 장면에서 멘토·수용 포인트가 함축됐다고 할 수 있다. 영화 스토리상 추측할 때, 사전에 청혼하고 결혼을 승낙하는 시퀀스가 있었을 것이다. 영웅(로즈)의 소명은 칼과 결혼하여 가족을 먹여 살리는 것이다. 칼의 청혼을 받고 로즈는 거절하나 모친의 강권으로 약혼을 하게 된 것이다. 이 같은 사실은 영화가 진행되면서 드러난다. 보이지 않은 스토리상 약혼하는 장면이 인시던트가 되겠으나, 본 스토리에서는 이 과정이 생략되고 바로 소명을 받아들이고 배에 오르는 로즈가 보여진다. 그러므로 본 영화에서는 승선하는 장면이 '인시던트 포인트'라고 볼 수 있다. 로즈는 배에 오르기만 하면, 그 배는 떠나갈 것이고 돌이킬 수 없이 로즈는 코가 꿰어 칼과 결혼하는 절차를 밟게 될 것이다. 따라서 'P3. 인시던트'와 'P5. 멘토·수명 포인트'가 동시에 한 시퀀스에서 나타났다고 볼 수 있다. 이러한 추측은 영화 73분(73;48)에서 드러난다.

P4. 소명 · 거부 (23:26)

배를 탔지만 내키지 않는 발걸음이다. 로즈는 다들 꿈의 배라는 타이타닉에 승선하지만, 자신이 '노예선에서 족쇄를 차고 미국으로 송환되는 것' 같다고 생각하며, '자신의 속은 울고 있다'고 독백한다. 배를 탄다는 것은 칼과의 결혼을 받아들이는 것이기 때문에 로즈는 끌려가는 노예처럼 배에 타기 싫어진다. 사실상 실행되지는 않지만 소명을 거부하고 있다.

P2.3. 일상 (23:55)

안타고니스트 잭의 일상이 나온다. 배표를 걸고 도박하는 잭의 하류 인생이 보여진다. 잭의 소명(희망)은 꿈의 배를 타고 신대륙으로 가는 것이다.

P3.2. 인시던트2 (26:19)

잭의 인시던트 포인트다. 안타고니스트인 잭도 승선을 한다. 도박으로 미국 가는 배표를 딴 잭은 친구와 함께 마지막으로 타이타닉에 오른다. 이제 잭의 운명은 타이타닉과 함께 한다. 돌이킬 수 없는 운명의 배 안으로 들어갔다.

P3.3. 인시던트3 (27;24)

타이타닉이 출항한다. 타이타닉호의 출항은 서브플롯을 구성하는 주체의 인시던트이다. 타이타닉 역시 돌이킬 수 없는 운명의 항해에 올랐다. 대서양의 빙산과 싸워야 한다.

P6.1. 전개1 (36;13)

갑판에서 그림을 그리는 잭의 눈에 로즈와 칼이 들어온다.

P6.2. 전개2 (36;35)

따분한 파티와 위선자들과의 대화에 싫증 난 로즈. 현실의 할머니 로즈는 자신의 미래가 눈에 보이는 듯 했다고 회상한다. 회상이 너무 선명하고 화려해서 관객은 현실처럼 느낀다. 제임스 카메룬이 의도한 바이지만, 관객은 과거의 타이타닉 배 한복판에 있고, 할머니는 오히려 관객의 기억 속에 존재하는 미래의 인물이다.

P7. CM (38;41)

로즈의 자살시도를 잭이 말린다.

P8. NTW (44;54)

로즈가 선실로 이동한다.

P9. 제1막 끝 (45;26)

로즈와 잭의 첫 만남이 끝나면서 제1막도 끝난다. 러브조이는 잭을 의심한다. 제2막은 컷 전환으로 이어진다. 제1막이 총 영화길이(187분)의 약 24.5% 지점에서 끝난다. 제3막구조에서 각 막에 할애되는 25%룰을 지키고 있다.

P10. 수문장 (46;08)

칼이 56캐럿 다이아몬드 목걸이를 선물한다. 로즈와 잭의 사랑 앞에 강력한 방해자는 칼이며 그가 가지고 있는 돈이다. 제2막 시작과 함께 로즈와 잭의 사랑이 싹트려 할 때에 나타나 로즈의 마음을 흔든다.

P11.1. 시험1 (46;53)

다이아몬드 목걸이(대양의 심장)를 받고 부담스럽다는 로즈에게 칼은 마음을 열라고 한다. 자신을 받아준다면 아까울 게 없다면서. 로즈의 눈동자는 흔들린다. 로즈는 시험에 들게 된다.

P11.2. 시험2 (58:36)

칼의 초대로 상류층 디너에 초대받은 잭. 몰리 부인이 빌려준 정장을 입고 로즈를 맞는다. 디너 식탁에서 딸을 쫓아다니는 잭을 못마땅하게 여긴 로즈의 모친과 칼로부터 3등칸 손님이라고 멸시 당한다. 잭은 당당하게 대한다. 잭의 의연함은 시험을 통과하여 로즈의 환심을 사게 되지만, 칼과의 충돌을 예고한다.[2]

P11.3. 시험3 (68:11)

진짜 파티를 하는 로즈와 잭. 따분한 1등칸 디너를 끝내고 잭은 로즈를 몰래 만나, 진짜 파티를 하자며 3등칸으로 데리고 가 신나게 춤을 춘다. 이 광경을 러브조이가 훔쳐 본다. 로즈는 잭의 세계로 입문하는 시험을 통과한다.[3]

P11.4. 시험4 (71:10)

로즈와 칼의 갈등. 로즈가 지난 밤에 3등칸에서 보낸 사실을 가지고 잭의 분노가 폭발하여 식탁을 뒤집어엎자 로즈는 충격을 받는다. 로즈는 칼과의 관계에서 시험을 받는다.

2 크리스토퍼 보글러, 함춘성 역, 앞의 책, p.304.
3 크리스토퍼 보글러, 함춘성 역, 앞의 책, p.304.

P11.5. 시험5/ P5.멘토·수명 (73;48)

모친이 로즈를 달랜다. 멘토·수명 포인트에 해당한다. 루스는 딸에게 잭을 만나지 말라고, 호글리 가(家)에는 돈이 있다고 한다. 로즈는 많이 들어 알고 있다고 한다. 모친은 네 아버지가 성만 남겨줬고, 우리는 그걸로 살아가야 한다. 불공평하다는 딸에게 '내가 식모살이를 해야 하느냐'고 말하며 달랜다. 이 부분이 로즈가 싫어하면서도 배에 탈 수밖에 없었던 이유였다. 즉 소명(배를 타야한다=칼과 결혼해야 한다.)을 받아들일 수밖에 없는 포인트였다. 이 포인트는 또한 로즈에 대한 시험이다.

P11.6. 시험6 (82;36)

비상과 키스. 실제로 여기서부터 제1막의 클라이막스가 시작된다. 배의 이물에서 날개를 펴는 로즈. 이전에 친구와 함께에서는 잭이 '나는 왕이다.'라고 외쳤던 장면이 재연된다. 비상하는 도중에 로즈는 고개를 돌려 잭과 첫 번째 키스를 한다. 보글러는 여기서부터 접근 국면이 시작된다고 하였다.[4] 대작(大作)답게 시험의 시퀀스가 6개나 나왔다.

P12. 앞 CM (86;07)

다이아 목걸이를 한 로즈의 누드 그리기. (88;20) 로즈의 눈에서 현실 할머니의 눈동자로 왔다가 다시 돌아간다. 이 포인트에서는 잭이 시험에 든다. 잭은 프로페셔널 화가답게 에로틱한 순간을 이겨내고 멋지게 그림을 완성함으로써 시험을 통과한다.[5]

4 크리스토퍼 보글러, 함춘성 역, 앞의 책, p.304.
5 크리스토퍼 보글러, 함춘성 역, 앞의 책, p.304.

P13. 휴지기 (92:00)

러브조이의 추격을 피해 깔깔거리며 도망다니는 로즈와 잭.

P14. 응접실 (93:24)

자동차 안으로 들어가는 둘. 훌륭한 응접실이다. 멜로드라마라는 점을 상기하자. 범죄액션 드라마라면 영웅과 악당이 만나서 결투를 벌일 좋은 장소에서 만나겠지만, 돈 없는 연인들이 사랑을 나누기에는 더 이상 적합할 수 없는 장소이다.

P15.1. MP (95:26)

사랑을 확인하는 둘. MP의 조건을 정확히 지키고 있다. 여기가 영화 총 상영시간의 약 50% 지점이다. 그리고 프로타고니스트와 안타고니스트가 만난다. 전에도 둘이 수없이 만났지만, 사랑을 위해 일체가 되는 것은 처음이다. 또한 여기 지점부터 이야기의 흐름은 급류를 타고 한 방향으로 쏠려가게 된다. 이제 로즈와 잭은 의심할 수 없는 사랑의 동반자가 되어 적들과 싸워나간다. 보글러의 신화적 분석에 의하면, 로즈와 잭은 사랑의 합일로 이전의 삶을 죽이고 새롭게 태어났다고 한다. 기분 나쁘지 않은 죽음(오르가즘)과 재생의 체험을 한 것이다.[6]

P15.2. 서브플롯 MP (100:20)

타이타닉호가 빙산과 부딪힌다. 서브플롯의 MP도 조건을 충족한다. 중간지점 부근에서 영웅(타이타닉)과 악당(빙산)이 정면충돌했다. 그리고 이때부터 서브플롯 역시 대전환이 일어난다. 침몰을 시작한 배는 이제 항해는 관심 없고, 침몰하는 과정과 오직 승객들의 생존 이야기만을 담게 된다.

6 크리스토퍼 보글러, 함춘성 역, 앞의 책, p.305.

P16.1. 시련1 (105:32)

잭이 다이아몬드 도둑으로 몰려 체포되고 감금된다. 로즈가 당할 시련을 일심동체인 잭이 대신 당한다.

P16.2. 시련2 (108:14)

칼에게 따귀를 맞는 로즈. 약혼자한테서 따귀를 맞다니, 이보다 더한 시련이 있는가.

P16.3. 시련3 (109:27)

서브플롯의 시련. 타이타닉이 결국 SOS(구조요청)을 보낸다. 침몰을 앞두고 있다. 꿈의 배라며 세계 최고 기록들을 가지고 위풍당당하게 출항한 배에게 얼마나 더한 시련이 있을까. 이 배에 탄 사람들은 어떤 시련을 맞을까.

P17. 천우신조 (124:05)

잭을 구할 방법이 없어서 낙심한 로즈의 눈에, 벽에 들어 있는 비상용 도끼가 눈에 들어온다. 유리를 깨고 도끼를 꺼내든다. 도끼는 신화에서 신의 무기이다.

P18. 승리 (126:14)

도끼로 내리쳐 수갑의 사슬을 끊는다.

P19. 영약 (126:20)

기쁨의 포옹을 나눈다. 둘은 사선(死線)을 넘어서 사랑을 확인한다. 인간에게 목숨을 아끼지 않는 사랑보다 더한 선물이 있을까.

P20. 캠프파이어 (136:20)

잭은 로즈에게 구명보트를 타라고 하나 로즈는 거부한다. 칼이 나타나 자기 윗옷을 벗어 로즈에게 입혀준다. 이 옷에는 대양의 심장이 들어 있다. 겨우 목숨을 구해 돌아온 연인들 앞에서 약혼자(적대자)가 나타나 자기 여자라고 행동한다. 영약이자 전리품이라고 할 수 있는 로즈를 두고 다투는 형국이다. 관객은 똑똑히 보았다. 칼이 로즈에게 보석을 주는 것을. 이보다 더한 논공행상과 전리품 나눠 갖기가 있을까.

P21. 귀로 (128:45)

도망의 포인트이다. 도망은 영약을 구한 영웅이 악당으로부터 도망가 고향으로 돌아가는 형국이다. 따라서 귀로는 귀환이자 도망과 같은 포인트이다.

로즈가 구명보트에 타고 내려가다가 도로 타이타닉으로 뛰어올라간다. 잭을 두고 갈 수 없어 구명보트에서 내린 것이다. 로즈의 입장에서는 칼로부터 도망가는 것이다. 왜냐하면 보트를 타고 구출되어 미국으로 간다면, 꼼짝없이 칼과 결혼해야 하기 때문이다. 그래서 로즈는 구명보트에서 타이타닉으로 펄쩍 뛰어 들어간다. 사랑하는 사람 잭이 있는 곳으로 돌아가는 귀환이다. 돈 많은 칼은 어떻게 하든 살아나올 수 있다고 생각하지만, 잭은 그렇지 못하고 배에 남을 것이기 때문에 잭에게 돌아간 것이다. 로즈가 미지의 제3막의 세계로 들어간 것이다. 로즈는 자신들 앞에 어떤 운명이 기다릴지 모른다. 이들 연인 앞에 다음 세계는 어떻게 다가올지 관객도 궁금해진다. 배는 침몰할 것이기 때문이다.

P22. NTW (139:01)

로즈가 잭에게로 달려간다. 프로타고니스트가 공간 이동을 한다.

P23. 제2막 끝 (139:33)

로즈와 잭이 포옹하는 장면을 지켜보는 칼은 울상이지만 러브조이가 끌고가자 발길을 돌린다. 여기까지가 총 187분의 런닝타임 중에서 3/4, 약 74%인 139분이 지났다. 정확하게 제3막구조의 시간 배분을 지키고 있다.

P24.1. 수문장 (139:51)

칼이 러브조이의 권총을 빼앗아 연인을 쫓기 시작한다. 제3막의 세계에서 문지기 역할은 역시 훼방꾼이자 적대자인 칼이 하고 있다.

P25. 추격 (140:28)

칼의 총격에 필사적으로 도망가는 연인들. 로즈의 코트 주머니에는 대양의 심장이 들어 있다. 칼은 사랑하는 여인뿐만 아니라 다이아몬드도 잃고 허망해서 웃는다.

이후 영화는 타이타닉의 침몰 국면에 많은 시간(약 25분)이 할애된다. <타이타닉>이 단순한 멜로드라마가 아니라 역사적인 기록물을 표방했기 때문이기도 하고, 타이타닉의 침몰이라는 거대한 서사로 멜로드라마의 스펙타클을 포장했기 때문이다. 사실 타이타닉의 침몰은 서브플롯에서는 추격전에 해당한다. 악당 빙산은 충돌로 1차 공격을 감행하고, 그 여파로 배가 침몰하기 때문이다.

P24.2. 죽음직전 (164:39)

타이타닉과 함께 바다에 빠진 로즈와 잭. 죽음의 바다에 풍덩 빠졌다. 서브플롯인 타이타닉 배는 주인공들을 죽음으로 안내하고 자신들도 죽음을 맞이했다. 서브플롯이 메인플롯과 연결되고 종결됐다.

P26. 부활 (167:04)

죽음 직전에서 겨우 살아난 잭은 연인 로즈가 침대 나무 쪼가리에 올라가게 하고 한숨 돌린다.

P27. 처단 (176:54)

깨어난 로즈가 이미 얼어 죽은 잭과 맞잡고 있는 손을 풀어 잭을 밀어내 수장시킨다. 프로타고니스트가 로즈이고 안타고니스트가 잭인 사실을 기억하면 이상한 일이 아니다. 영웅이 악당을 죽이는 게 처단포인트이기 때문이다. 한편, 이 포인트는 로즈에게는 또 한 번의 부활 포인트이기도 하다. 잭은 죽었고 로즈는 살아났기 때문이다.

P28. 제3막 CM. 승리 (177:44)

헤엄쳐서 죽은 사람의 호루라기를 빼어서 분다. 구조대가 듣고 배를 돌린다. 클라이막스까지 회상을 마친 할머니가 숨을 돌리며 여운이 시작된다.

P29. 여운 (179:40)

구명보트에서 깨어나는 로즈.

P30. 귀환 (180:32)

살아서, 죽음에서 돌아온 로즈. 생환한 구조선 갑판에서 자신을 찾아다니는 칼을 피하는 로즈. 사랑의 전쟁은 끝나지 않았다.

P31. 홍익인간 (184:40)

자신의 이름을 잭의 성을 따라서 도슨이라 말하는 로즈. 주머니에서 다이아몬드를 발견하는 로즈. 현실에서 할머니가 배의 고물로 가서 대양의 심장을 바닷물에 던진다. 사랑하는 사람에게 헌사하는 제물이다.

멜로드라마에서는 홍익인간이 거창하게 전개되지 않는다. 다만 후회없는 사랑과 사랑의 진정성을 확인하는 작업만으로도 족하다. 깨우침도, 니르바나의 자각도, 중요한 홍익인간이다.

로즈는 죽은 잭의 성을 따른다. 앞으로 그녀가 살아갈 생의 다짐이다. 그리고 아무도 모르게, 아직까지 주머니에 간직하고 있던 대양의 심장을 바다에 던진다. 그 다이아는 잭이다. 잭의 희생이고 사랑이다. 그 바다는 잭이 잠든 곳이다. '대양의 심장'의 주인은 잭이다. 잭이 차디찬 바닷물에 가라앉았듯, 다이아몬드도 가라앉는다. 둘은 바닷속, 저세상에서 합일 될 것이다. 그리고 비로소 할머니는 사랑의 여정을 끝낼 것이다.

P32.1. 에필로그1 (185:35)

현실, 할머니가 눈을 감는다. 이제 편안히 저세상으로 갈 수 있게 되었다. 살아남은 칼은 그 후 결혼해서 유산을 받았으나 1929년 대공황으로 권총 자살했다.

P32.2. 에필로그2 (186;57)

꿈 또는 사후 세계에서 바닷속에 수장된 난파선을 따라가다가 이내 화려한 타이타닉의 중앙 홀로 들어간다. 오프닝의 중앙홀 문이 열리는 장면(19;47)으로 이어진다. 현실에서는 입장을 거부 당했었지만, 이제는 세상에서 가장 호화롭던 배의 승객들과 승무원들의 환영을 받으며 입장한다. 시계 앞에서 기다리는 잭을 만난다. 젊어서의 로즈다. 현실에서 이루지 못했던 사랑의 축복을 사후에 받게 된다.

P33. The End (187;20)

장장 187분에 걸친 대장정이 마무리 되고, 영웅의 한 평생에 걸친 사랑의 모험은 끝난다.

5. <타이타닉> 통합체 분석표

•• 영화 〈타이타닉〉 막, 에피소드, 시퀀스, 33포인트 분석표

33포인트		타임	시퀀스		에피소드	
제1막; ~ (45;26)						
P1	오프닝	00;45	Seq.1	오프닝 시퀀스	Epi.1	타이타닉호에의 승선과 출항
P2	일상	21;03	Seq.2	승선		
P3	인시던트	23;11				
P4	소명 · 거부	23;26				
P5	멘토 · 수명	73;48				
P6	전개	36;13	Seq.3	만남	Epi.2	자살시도와 이를 말리는 남자
P7	1막CM	38;41				
P8	NTW	44;54				
P9	제1막 끝	45;26				
제2막 ~ (139;33)						
P10	수문장	46;08	Seq.4	사랑의 시험	Epi.3	불타는 사랑
P11	시험	46;53	Seq.5	자유		
P12	앞CM	86;07	Seq.6	비상		
P13	휴지기	92;00	Seq.7	마지막 시험		
P14	응접실	93;24				
P15	MP	95;26	Seq.8	위험한 불장난		
		100;20	Seq.9	빙산	Epi.4	사랑의 침몰
P16	시련	105;32	Seq.10	SOS		
			Seq.11	감금		
P17	천우신조	124;05	Seq.12	탈출		
P18	승리	126;14				
P19	영약	126;20				
P20	모닥불	136;20	Seq.13	도피	Epi.5	사랑의 도피
P21	도망	128;45				
P22	NTW	139;01				
P23	제2막 끝	139;33				
제3막 ~ (187;20)						
P24	추격	140;28	Seq.14	침몰	Epi.6	생과 사
P25	죽음직전	164;39				
P26	부활	167;04	Seq.15	생존		
P27	처단	176;54				
P28	승리 · CM	177;44	Seq.16	구조	Epi.7	해방
P29	여운	179;40	Seq.17	도슨 부인		
P30	귀환	180;32				
P31	홍익인간	184;40	Seq.18	사랑의 헌사(獻詞)		
P32	에필로그	185;35	Seq.19	사랑의 결실		
P33	끝	186;57				

참고문헌

그레엄 터너, 임재철 외 역, 대중영화의 이해, 한나래, 2013.

김도영, 영화 극적구조의 비밀, 한울, 2015.

김무규 외, 영상이론과 실제, 커뮤니케이션북스, 2012.

김운찬, 현대기호학과 문화분석, 중문출판사, 2014.

데이비드 보드웰, 오영숙 역, 영화의 내레이션 I, 시각과 언어, 2007.

로버트 맥기, 고승범·이승민 역, 시나리오 어떻게 쓸 것인가(STORY), 황금가지, 1997.

린다 카우길, 이문원 역, 시나리오 구조의 비밀(Secret of Screenplay Structure), 시공아트, 2010.

마이클 티어노, 김윤철 역, 스토리텔링의 비밀/아리스토텔레스와 영화, 아우라, 2008.

박정자 번역·해설, 아리스토텔레스의 시학, 인문서재, 2017.

백선기, 대중문화와 그 기호학적 해석의 즐거움, 커뮤니케이션북스, 2004.

베르너 파울스티히, 이상일 편역, 영화의 분석, 미진사, 2003.

블레이크 스나이더, 이태선 역, SAVE THE CAT!, 비즈앤비즈, 2021.

서정남, 영화 서사학, 생각의 나무, 2004.

시드 필드, 박지홍 옮김, 시나리오 워크북, 경당, 2007.

시드 필드, 유지나 옮김, 시나리오란 무엇인가, 민음사, 2017.

신항식, 롤랑 바르트의 기호학, 문경, 2005.

신항식, 시각영상 커뮤니케이션, 나남, 2004.

아리스토텔레스, 천병희 역, 시학, 문예출판사, 1996.

오기환, 스토리: 흥행하는 글쓰기, 시공아트, 2021.

윌리엄 인딕, 유지나 역, 시나리오 작가를 위한 심리학, 인벤션, 2018.

이수진, 크리스티앙 메츠, 커뮤니케이션북스, 2016.

자크오몽·미셸 마리, 이윤영 역, 영화작품 분석의 전개, 아카넷, 2020.

조셉 캠벨, 과학세대 역, 신화의 세계(*Transformation of Myth Through Time*), 까치, 2009.

조셉 캠벨, 박경미 역, 네가 바로 그것이다, 해바라기, 2004.

조셉 캠벨, 이윤기 역, 세계의 영웅 신화(*The Hero With a Thousand Face*), 대원사, 1996.

조셉 캠벨 · 빌 모이어스, 이윤기 역, 신화의 힘, 이끌리오, 2006.

주형일, 영상커뮤니케이션과 기호학, 패러다임, 2018.

크리스토퍼 보글러, 함춘성 역, 신화 영웅 그리고 시나리오 쓰기, 비즈앤비즈, 2013.

크리스토퍼 보글러 · 데이비드 맥케너, 함춘성 역, 스토리 개발부서의 메모/인물과 구조에 관한 비밀노트, 비즈앤비즈, 2017.

크리스티앙 메츠, 이수진 역, 영화의 의미작용에 관한 에세이 2, 문학과지성사, 2011.

토드 클릭, 홍주연 옮김, *BEAT BY BEAT: A CHEAT SHEET FOR SCREENWRITERS*, 비즈앤비즈, 2017.

포터 애벗, 우찬제 외 역, 서사학 강의, 문학과지성사, 2010.

프랑시스 바누아, 유민희 역, 시나리오 모델, 모델 시나리오, 동문선, 2006.

Joseph Campbell, *THE HERO WITH A THOUSAND FACES*, 3rd edit., New World Library Novato, California, 2008.

남궁 영

현, 동아방송예술대 엔터테인먼트경영과 교수(언론학 박사),
한국주관성연구학회 회장. 한국방송학회 회원.
단편영화 <소년, 소녀를 만나다. 2002> 각색·연출
뮤지컬 <근초고대왕-칠지도, 2011> 공주문예회관, 각색·연출
연극 <밀란 쿤데라의 웃기는 사랑, 2013> <팜므파탈, 2013> 스타시티 극장, 각색·연출
오페라 <헨젤과 그레텔, 2014> 수원 SK아트리움, 각색·연출
UN의 날 기념(2010년), '인천대교 장애인 문화대축제' 연출
논문 '영화관람 동기 유형에 관한 일고찰' 2002년 영화진흥위원회 우수논문상 수상
《영상이론과 실제》 공동집필(2012)
그 외 다수 영화와 기호학 관련 논문 발표(한국방송학회), 다수 시나리오 저작.
lovotiger@naver.com

영화 매니아를 위한 스토리 체크 포인트
영화 구조론: 33포인트

초판발행 2023년 1월 15일

지은이 남궁 영
펴낸이 안종만·안상준

편 집 전채린
기획/마케팅 최동인
표지디자인 이영경
제 작 고철민·조영환

펴낸곳 (주) 박영사
서울특별시 금천구 가산디지털2로 53, 210호(가산동, 한라시그마밸리)
등록 1959. 3. 11. 제300-1959-1호(倫)
전 화 02)733-6771
f a x 02)736-4818
e-mail pys@pybook.co.kr
homepage www.pybook.co.kr
ISBN 979-11-303-1630-7 93680

정 가 20,000원